서문문고
305

니체의 사랑과 철학

정 영 도 지음

머리말

고독과 병고 속에서 "철학함"을 했던 니체는 지금도 여전히 철학 · 문학 · 예술 · 정치 등 다양한 분야에까지 그 영향을 강렬하게 미치고 있다. 마치 하늘에서 내리는 빗물이 땅을 적시는 순간 이곳 저곳을 두루 스며드는 것처럼 니체의 영혼으로부터 쏟아져 나온 생각과 말과 뜻이 오늘날 사상과 문화를 비롯한 여러 영역 속으로 흘러들어 갔고 또 흘러들어 가고 있다.

이처럼 우리 시대에 있어서 가장 크게 영향을 미친 천재적인 철학자로서 니체는 번개처럼 번쩍이는 착상력으로 위대한 철학사상을 창출했으면서도 정신의 붕괴로 폐인이 되기 전까지는 가슴이 찢어지는 아픔과 좌절과 절망 속에 동시대인들로부터 완전히 외면되고 소외되어 있었다.

니체는 참으로 불쌍하고 가련했다. 사람들로부터 철저한 무관심과 외면 속에 자기 홀로 자기의 내면세계에 칩거하면서 오직 깊은 철학적 성찰만을 삶의 낙으로 삼아야만 했다. 게다가 20대 초반 라이프치히 대학 시절 우연히 얻은 매독이 뇌리로 찾아들면서 자기의 생애 내내 엄청난 두통으로 온 몸을 뒤흔들던 고통까지 겹치면서 니체는 눈물과 한숨으로 수많은 날들을 보내야 했다.

스물넷에 스위스 바젤대학에 문헌학 교수로 취임하면서 세계철학사상 가장 젊은 나이에 교수가 되는 신기록을 세울 만큼 천재로서 갈채를 받기도 했지만, 고질적인 두통과 악화되어 가던 시력 때문에 선망의 대상이었던 교수직을 니체로서는 사임하지 않을 수 없었다.

천재를 아들로 두었던 어머니 프란치스카 니체에게 아들의 이토록 어처구니없는 교수직 사임, 간헐적으로 아들의 몸을 망가뜨리는 병마, 사회와 사람들로부터 잊혀지고 소외되면서 운명적으로 수반되었던 고독과 절망은 온 천지가 무너지는 참혹한 사건으로 느껴져 왔다.

가엽고 가련하고 불쌍한 니체! 고독과 병고 속에 몸부림치던 니체! 바젤대학을 떠난 이후 정신의 붕괴 직전까지 도시와 사람을 피해서 알프스의 오지만을 찾아다니면서 병마와 싸우기도 하고, 철학적 사유를 통해서 위대한 창조적인 철학사상을 창출하기도 하고, 그리고 그것을 주옥같은 詩語(시어)로 또는 헤라클레이토스 스타일의 隱喩(은유)로 표출하기도 했다.

니체는 이처럼 삭막하고 메마르고 척박한 삶만을 살지는 않았다. 금욕주의적인 듯 한 삶 속에서도 한 가닥의 낭만과 사랑도 있었다.

루 살로메와의 달콤한 사랑의 대화, 루 살로메와의 수없이 주고 받은 러브레터, 루 살로메와의 가슴 벅찬 여행, 코지마 바그너에 대한 마음 속의 존경과 사랑, 그리고 바그너와의 슈테른 프로인샤프트(Sternfreundschaft), 파울 레와의 뜨거운 우애, 프란츠 오버베크와의 진지한 인간적 사귐 등은 바로 그것을 입증시켜주고 있다.

이러한 낭만과 사랑과 우정도 궁극적으로 좌절과 실연과 절교로 轉變(전변)되기도 했다. 한 때의 즐거웠던 상황마저 슬픈 상황으로 전변되는 기구한 운명을 겪어야 했던 니체는—1890년 1월 3일 아침 이태리 토리노의 알베르토 광장에서 쓰러지면서 일어난 정신적 붕괴에 이르기까지—철학적 사유와 집필로 고독과 슬픔을 달랬다.

저자는 이 책에서 우선 니체의 이러한 삶의 모습, 즉 고독, 병고, 사랑, 좌절을 운명애로 받아들이는 가운데 "철학함"을 위하여 영혼의 혼불을 불태우는 니체의 위대한 철학적 사유의 모습을 묘사하고자 한다.

저자는 이 책을 쓰면서 부분적으로 다음과 같은 니체에 관한 연구 논문들을 우리말로 옮겨 여기에 수록했음을 밝혀둔다.

1) Mario Leis; Elisabeth Nietzsche, Lou Salome, Cosima Wagner, in; Frauen um die Nietzsche,(rowohlt Taschenbuch Verlag, Hamburg, 2000)
2) Karl Jaspers; Die ewige Wiedekehr des Gleichens, in; Nietzsche, Einführung in das Verständnis seines Philosophierens, (de Gruyter, Berlin, 1974)
3) Martin Heidegger; Wer ist Nietzsches Zarathustra, in ; Vorträge und Aufsätze, (Verlag Pfullinegen, Stuttgart 1954)

저자는 니체를 사랑하는 한국의 일부 독자들이 이 책을 읽을 수 있도록 출판의 기회를 준 최석로 사장님에게 깊은 감사를 드린다.

그리고 이 책이 세상에 나올 수 있도록 원고 정리와 교정에 아낌없이 열정을 바쳐준—저자의 제자로서 독일 Würzburg 대학 철학과에서 10여년 동안 니체를 연구하고 돌아온—김은철 군에게 진심으로 고마운 마음을 전한다.

저자는 끝으로 가사에 많은 시간을 쏟고 있는 주부로서 시간적 여유가 없음에도 불구하고 최초의 원고를 정리하고 교정하는 데 온통 정력을 기울인 저자의 子婦(자부)인 이영의 노고에 대해서도 감사하다는 말을 전하고 싶다.

2005. 12. 해운대 달맞이길 寓居에서
저자.

차 례

I. 니체의 사랑과 주변의 여인들

1. 니체의 '철학함'을 위해 삶의 정열을 바친 엘리자베트 푀르스터 니체

엘리자베트 푀르스터 니체(Elisabeth Förster-Nietzsche)는 니체의 유일한 두 살 아래의 누이동생으로 1846년 7월 10일 뢰켄(Röcken)이라는 자그마한 마을에서 태어났다. 그녀는 오빠인 니체와 마찬가지로 나움부르크(Naumburg)에서 교육을 받았다.

1912년에 출간되어 나온 그녀의 저서 ≪젊은 니체(Der junge Nietzsche)≫에서 엘리자베트 니체는 어린 시절 오빠와 함께 엄격한 家風(가풍) 속에서 가정교육을 받았던 것에 대해 자랑스럽게 이야기하고 있다.

"우리 오누이는 아주 얌전하고 착한 모범 아이들이었다. 우리는 할아버지가 어머니와 마주 앉아서 칭찬한 바와 같이 말 한마디만으로도 순종했을 뿐만 아니라 눈길 한번 주는 것만으로도 순종했다. 나는 어떤 훌륭한 행동이나 또는 막된 일들에 대해 즐겨 들었지만, 그러나 아무것도 생각나지 않는다."[1)]

이러한 묘사는 이 오누이가 얼마나 엄격한 규율 속에서 성장했는가를 짐작케 한다. 프란치스카 니체는 아이들이 소란을 피우며 심한 장난질을 할 경우 엄격한 규율을 적용하여 강한 반

---

1) Elisabeth Fröster-Nietzsche, Der junge Nietzsche., S. 41

성적 질책을 하곤 했다. 어머니 프란치스카(Franziska)는 엄한 통제하에 정상적인 소년기의 생활을 할 수 있도록 지도 했을 뿐만 아니라, 동시에 오누이들로 하여금 훌륭한 교육 프로그램에 근거하여 상상력을 키워나갈 수 있도록 가르쳤다.

"우리들의 살아 있는 상상력은 우리들에게 가까이 다가오는 일체의 것을 황금빛으로 칠했다."[2]

특히 오빠는 이런 면에서 출중했다. 그러므로 그는 예컨대 한 마리의 '도자기 다람쥐'를 주제로 한 극적인 시를 짓기도 했고, 누이동생은 열광적으로 詩作에 참여하기도 했다.

이 一心同体性은 두 사람의 인생에서 결정적으로 구현되어 나아갔다. 가령 그들이 때때로 심하게 다툴 경우에도 서로 간에 결별은 있을 수 없었다. 각자 해야 할 역할이 분명히 구분되어 있었다.

"나에게 오빠는 아주 어릴 적부터 제1순위의 권위에 자리 잡고 있었다. 그리고 훗날 오빠의 벗들이 토론을 할 때마다 내가 마치 헤라클레이토스의 제자처럼 그 토론을 불과 몇 마디의 말로 결정적으로 종결짓곤 했다라고 말했다면 그것은 전적으로 맞는 말이었다."[3]

니체는 권위자 및 교육자로서의 역할을 마음에 들어했다. 그는 자기의 임무를 매우 성실하게 수행했다. 그는 누이동생의 독서를 돌봐주면서, 학교선생같이 동생의 숙제를 검토하곤 했다.

니체는 엘리자베트를 자기의 관념에 의거하여 교육시켰다.

---

2) Ebd.
3) A.a.o., S. 44

그러므로 바로 여기에 니체가 많은 우려를 야기시킨 갈등의 가능성이 이미 胚胎(배태)되고 있었다. 니체는 자기 지배의 훈련에 특별한 가치를 두었다.

"나의 기억이 틀림없다면 그가 경고하는 훈계의 대부분은 나에게 자기 지배를 가르치는 데 있었다. 다시 말해서 고통, 근심, 부당함을 조용히 미소짓는 표정과 친절한 말로써 참아내는 데 있었다."4)

니체는 누이동생에게 훗날 자신이 그의 유고(遺稿)의 권리자로서 시종일관 실행할 수 있는 결정적인 단서를 주었다.

"자기 자신을 지배하는 것을 배운 엘리자베트는 또한 다른 사람도 지배한다."5)

시립초등학교, 사설 보충수업, 돔김나지움을 거쳐 1858년에 슐포르타(Schulpforta)에 있는 '김나지움 포르타'에 들어간 니체와는 대조적으로 엘리자베트 니체는 당시의 교육 관념에 따라서 별로 큰 기대를 받지 못했다. 그녀는 사립학교에서 통례의 필수적인 기초학습 과목들, 즉 수학·작문·독해·불어 등을 부지런히, 그리고 재빨리 습득했다. 그녀는 드레스덴에 있는 한 기숙여학교에서 우아한 인격을 연마했고, 그곳에서 6개월 동안 자유로운 생활을 향유했다. 나움부르크의 시골 좁은 바닥으로 슬픈 마음을 안고 돌아왔을 때 그녀는 교육프로그램이 종료되고 나면 전업주부가 되어야 한다는 것을 알고 있었다. 더욱이 어머니는 사위를 기대했다. 그렇지만 엘리자베트는 어머니의 뜻을 따르지 않고, 오빠의 자기 지배에 관한 가르침

4) A.a.o., S. 48
5) A.a.o., S. 49

대로 자기 뜻을 관철시켰다. 프란치스카 니체는 자신과 전혀 다른 엘리자베트의 생각에 슬퍼했다. 엘리자베트는 사랑하는 오빠의 시중을 들면서 살고 싶어했다. 그 경우 결혼은 매우 방해가 된다고 생각하기도 했다. 이 모든 것이 전적으로 오빠의 마음속에 있었다는 것은 1881년 7월자의 한 편지의 부분에 잘 나타나 있다.

"나는 네가 많은 여성들처럼 조용히 가정에 은거하며 독립적으로 살고자 하는 욕구를 결혼생활 도상에서 만족시킬 수 있다고 생각하는 그런 오류를 넘어설 것으로 생각한다. 이 경우 결과는 자기들의 기대와는 어긋나게 극히 드문 예외를 제외하고 보면 대체로 그 반대였단다."[6]

프리드리히 니체는 누이동생에게 결혼은 하나의 오류이며, 오히려 미지의 남편을 돌봐주는 것보다 천재적인 오빠를 돌봐주어야 하는 아주 중요한 임무가 있다는 것을 암시했다. 프리드리히가 말하는 독립성을 누이동생이 제발 받아들여서 오빠에게 몸 바칠 것을 바라는 것 이외 다른 어떤 것도 편지를 써내려간 문장들의 행간에는 없다. 편지 말미에서 니체는 다음과 같은 판독된 원문을 쓰고 있다.

"사랑하는 라마, 나를 뒷바라지해주렴. 멋진 메모지를 준비하고, 게다가 작업장까지 설치할 테다. — 나는 매년 적어도 한 권의 책을 집필하기 위해 지질이 좋은 흰色 종이 4묶음(한 묶음 100장)을 사용한다. ……어머니에게 마음으로부터의 사랑을, 그리고 안녕을 기원하면서."

누이동생의 뒷바라지는 오랜 세월 완벽하게 이루어졌다.

---

6) KGB, 1, S. 107f

엘리자베트 니체는 비록 결혼할 상대가 있었다고 해도 결혼은 생각하지 않았을 것이다. 그 당시 나움부르크에는 남편감으로서 좋은 사람이었던 루돌프(Rudolph)가 있었다. 그러나 엘리자베트는 그의 구혼을 거절했다. 루돌프가 결국은 베르타 양과 약혼했을 때 엘리자베트는 기뻐했다. 엘리자베트의 이런 반응을 어머니는 언짢아했다. 그 사이에 이미 24세가 된 엘리자베트는 이러한 일들에 대하여 오빠에게 알렸다.

"그때 엄마는 매우 익살맞게 말했어. 내가 루돌프의 약혼을 기뻐한 것이 아주 불쾌했던가 봐. 왜냐하면 내가 이 연인을 차지할 수 있었음에도 불구하고 그를 무시했기 때문이지. 엄마는 오늘 점심도 들지 않고 하루 내내 슬퍼하고 있었어. 그렇지만 나는 엄마를 위로해 드리지 못했어. 엄마가 누군가 교제하는 사람에게 희망을 둔다고 하더라도 나는 엄마의 희망을 충족시키는 그 어떤 일도 할 수 없어. 어떤 사람과의 약혼도 나를 진심으로 기쁘게 하지 못한다면 엄마가 얼마나 슬퍼할까! 그렇다고 하더라도 나는 엄마를 이해시킬 거야. 하지만 아무 소용도 없을지 모를거야. 엄마는 늘 하는 예언적인 말로 이야기 할 테니까. "먹이를 뿌리치다니, 너는 지푸라기야!""7)

어머니의 반응은 미숙했다. 더욱이 어머니는 단식으로 위협했다. 이와 반대로 엘리자베트는 침착하게 행동했다. 그녀는 프란치스카 니체가 울먹이며 나무라는 꾸짖음에도 결코 흔들리지 않았다.

결국 엘리자베트는 무엇보다도 먼저 오빠를 돕고 싶었고, 그리고 그 일에 자기의 우선권을 두었다. 엘리자베트 니체는

7) KGB II, 2, S. 310

섬김의 정신을 입증해보여 주었다.

니체는 그녀에게 짐을 싣는 동물 라마(Lama)라는 별명을 공연히 붙여 주지 않았다. 니체가 1869년 바젤에서 교수직에 들어서기 직전 신경을 죽일 정도의 힘든 아르바이트를 끝내야 할 처지에 있었다. 말하자면 '라인박물관'의 24호 연감의 색인을 완성하지 않으면 안 되었다. 그때 누이동생이 열심히 그를 도왔다. 그것으로 말미암아 그녀는 돈을 벌었다. 여기서 그녀는 최초의 편집 및 문헌학의 경험을 가졌고, 이 경험은 그녀로 하여금 훗날 니체의 문서보관소(일종의 니체기념관)의 관장으로서 커다란 이익을 얻게끔 했다.

니체가 바젤에서 교수생활을 했던 9년 동안 엘리자베트는 니체의 삶에서 아주 중요한 역할을 했다. 날이 갈수록 고통으로 괴로워했던 비실용적인 니체는 누이동생의 뒷바라지에 의지하고 있었다. 엘리자베트는 바젤에서의 교수생활 중단으로 말미암아 오빠의 해고 통보가 있을 때까지 '진심에서 우러나온 프리츠'의 살림을 꾸려나갔다. 그녀는 모든 것을 가장 정성들여서 정리했다. 바젤 시장이었던 발터 지그프리트는 두 사람에 관해서 다음과 같이 이야기했다.

"날마다 정오가 되면 시계처럼 규칙적으로 독일 교수인 듯한 한 신사가 젊은 여성을 동반하고 우리집 창문을 스쳐지나가곤 했다. 그는 똑바른 자세로 걸어갔고 언제나 검은색 상의와 엷은 회색바지를 입고, 그리고 엷은 회색의 테두리가 넓은 펠트 모자를 쓰고 있었다. 이 모든 것이 방금 상자에서 끄집어낸 것처럼 아주 꼼꼼하고 깨끗하게 솔질되어 있었다. 젊은 여성은 한결같이 부드러운 색깔의 옷에 하늘색 또는 담홍색의 모자를 쓰고 있었다."[8]

니체는 1875년 9월에 칼 폰 게르스도르프에게 말한 바와 같이 누이동생의 노고를 다음과 같이 평가한 바 있다.

"나는 나이 열세살이 된 이후 이따금 기분 좋은 환경 속에서 지내곤 했다. …… 나는 나의 기질과 잘 조화되는 여동생에 의해서 다른 많은 사람들과는 비교도 안 되는 형편이 좋은 환경에서 지낼 수 있었다."[9]

엘리자베트 니체는 바젤에서의 삶을 향유하기도 했다. 아무튼 그녀는 유명한 교수의 누이동생이었다. 오빠를 통해서 엘리자베트 니체는 바젤의 저명한 사교계의 일부를 알게 되었다. 이러한 사교계에서 그녀는 행복을 느꼈다. 그녀가 드레스덴 여성기숙학교에서 열심히 배웠던 예의범절, 즉 고상한 에티켓을 이제야 실천에 옮길 수 있었다. 그러나 궁극적인 세련은 코지마 바그너에게서 배웠다.

엘리자베트 니체는 1875년 1월 16일 오빠에게 도움을 간청했다. 바그너 부부는 2월에 프라하와 빈으로 연주 여행을 하고 싶어했고, 그 때문에 긴급히 도우미를 필요로 했다. 엘리자베트는 어머니처럼 코지마 바그너를 시중들어야 했다. 4년 반 전에 이미 트립셴에서 오빠의 소개로 알게 된 것처럼 그녀는 '몸가짐이 바르고 다소곳'[10]하도록 철저히 훈계를 받았다.

프리드리히 니체는 즉시 엘리자베트가 나움부르크에 머물 수 있도록 알렸다.

---

8) Zit. nach: Sander L. Gilman(Hg.): Begegnungen, a.a.o., S. 197
9) KGB Ⅲ, 2, S. 310
10) KGB Ⅱ, 6/1, S. 16

"나는 네가 기도하고 있는 것을 무조건 실현시켜줄 것을 애원하겠다. 우리들의 훌륭하신 어머니께서 기꺼이 그렇게 하마! 라고 말씀하실 것이다."[11]

결국 어머니는 니체에게 엘리자베트를 일종의 전문학교에 다닐 수 있도록 약속했다.[12] 5주 동안 그녀는 별장에서 생활했다. "오오, 이 별장, 이렇게 아름다울 수 있는가! 이것은 정말 동화 속의 집 같다. 내가 마치 나의 성에 와 있는 것 같다."[13]

엘리자베트가 바그너의 연주여행에 따라나서기 9일 전 바그너 별장에서 있었던 일은 특별히 즐겁고 흥미진진했다. 코지마 바그너가 그녀를 상류층의 세계로 인도했다.

"코지마와 나는 오전 내내 거의 30명의 방문객들을 영접했다. 친절한 매너를 가진 모든 프랑크 지방의 상류층 사람들이 내 곁을 스쳐 지나갔다."[14]

코지마 바그너는 정말 자랑스러웠다. 게다가 코지마는 엘리자베트에게 자기를 너라고 부를 것을 제안했다. 엘리자베트는 기뻐서 어쩔 줄을 몰랐다. 부지런한 노동에 대한 보답으로 코지마 바그너는 엘리자베트를 바이로이트 一族으로 받아들였다. 지금, 드디어 그녀는 항상 엘리트 그룹에 속하기를 꿈꾸어왔던 것을 창출한 셈이었다.

그러나 그녀의 행복은 그녀와 오빠 사이의 차이가 빈번하게 나타나면서 부서지고 말았다. '인간적인, 너무나 인간적인'에서

---

11) KGB Ⅲ, 5, S. 9
12) Ebd., S. 12
13) KGB Ⅱ, 6/1. S. 42
14) Ebd., S. 63f

의 자율사상이 그녀의 불만과 부딪치고 있다.

엘리자베트는 오빠가 이 저서로 나움부르크 가족의 기초뿐만 아니라 바그너 家와의 관계마저 위협하고 있다는 것을 알았다. 결국 그녀는 니체가 교수직을 포기하기 직전인 1878년 7월에 살림을 걷어치웠다.

엘리자베트 니체는 깊은 실망에 빠졌다. 더욱이 그녀에게는 어머니가 다시금 나움부르크로 끌어들이는 것 이외 아무것도 남는 것이 없었다. 그녀는 어쩔 수 없이 어머니의 살림을 도왔다. 더욱이 그녀는 먼 곳에서 생활하는 오빠를 걱정하면서 오빠가 늘 손보아 주곤 하던 단편소설 <작은 알>을 집필했다.[15]

1880년에 결정적인 변화가 일어났다. 1876년에 바이로이트의 페스트슈필하우스에서 있은 축제 공연에서 알았던 베르나르트 푀르스터 박사가 여름에 그녀와의 만남을 신청해왔다. 푀르스터 박사는 베를린에서 교사로 일하고 있었고, 객관적으로 인식된 유태인 배척자였다. 그는 비스마르크에게 보낼 한 청원서에 대한 서명을 받아 모아줄 것을 간청했다. 푀르스터와 그의 추종자들은 수상이 유태계 시민들로부터 자기들을 보호해 주기를 바랐다.

엘리자베트 니체는 특히 능변의 유태인 배척자가 찬란한 미래를 약속했기 때문에 유태인 배척운동에 관여함으로써 푀르스터의 동아리를 지원했다.

푀르스터는 '순수한 아리안族'의 삶은 독일에서는 불가능하다라고 확신하고 있었다. 그 때문에 '우리는 다른 나라로 이주

---

15) KGB Ⅲ, 1, S. 211

해서 게르만 민족의 식민지를 건설하지 않으면 안 된다.'라고 생각하고 있었다. 엘리자베트 니체는 이 어리석은 생각을 믿고 있었다. 왜냐하면 여기서 드디어 나움부르크라는 좁은 지역사회를 벗어날 수 있는 가능성이 엿보였기 때문일 것이다. 특히 루 살로메 문제로 해서 그녀와 오빠 사이의 거리감이 너무나 확대되었기 때문에 그녀는 더 이상 나움부르크에 머무르는게 싫었다.

결국 1883년에 푀르스터는 식민지 건설에 적합한 나라를 탐색하기 위해서 파라과이로 갔다. 이와 반대로 엘리자베트 니체는 자기 방식대로 이 일에 참여하고자 했다. 그녀는 통례의 戀書(연서)를 써서 보냈다. 그것이 이 선동가의 마음에 들었다. 결국 1885년 5월 22일에 결혼식이 거행되었다.

니체는 이 매제를 거부했다. 1885년 5월에 니체는 어머니에게 다음과 같이 편지를 썼다.

"이 결혼은 정말 위험합니다. 우리는 다소 경계해야 합니다. 나의 개인적인 취향에서 본다면 이와 같은 선동가는 가까운 왕래를 불가능하게 만듭니다."[16)]

이와 같은 이의에 대해서 누이동생은 전연 상관하지 않았다. 1886년 2월에 푀르스터 부부와 약간의 이민 지원자들이 파라과이에 식민지(Nueva Germania)를 건설하기 위하여 유럽을 떠났다.

그곳에서의 삶은 기대했던 것과는 달리 극도로 어려웠던 것으로 입증되었다. 엘리자베트 푀르스터 니체는 훌륭한 숙녀로서의 역할을 할 수 없었다. 그녀는 불가피하게 시골 농가의 여

---

16) KGB III, 3, S. 54

주인으로 격하되었다라고 느꼈음에 틀림없다. 그 모든 계획은 비참할 정도로 수포로 돌아가고 말았다.

자기의 책임에 대해 보상할 수 없었던 푀르스터는 결국 1889년 여름에 자살하고 말았다. 엘리자베트 푀르스터 니체의 인생경로는 최하점에 이르렀다. 결국 그녀가 파라과이로 떠나기 직전 1886년 2월 7일에 다음과 같이 진술한 니체의 평가가 옳았다.

"이 모든 사건의 배후에 원인으로서 내재하고 있는 이 격앙된 감정은 본래 이미 라마에게는 (정확하게 말해서 대립자 간에 화해하는 기술을 가진 우리들의 본래적인 가족 '유형'에 비하면) 너무나 열대적이다. 즉 나의 견해에 의하면 이는 결코 바람직하지 못하다.[17] 그리고 시골농가의 여주인으로서 버터와 밀크를 팔다니! 아니, 이 얼마나 희극인가!"[18]

이러한 희극이 끝나고 나움부르크에서 하나의 드라마가 시작되었다.

엘리자베트 푀르스터 니체가 1890년 12월에 어머니와 정신착란에 빠진 오빠가 살고 있던 나움부르크에 돌아왔을 때, 우선은 모든 것이 좋아지는 것같이 생각되었다. 프란치스카 니체는 오버베크에게 자기의 첫인상에 관하여 알리고 있다.

"나는 프리츠와 함께 역으로 갔습니다 니체가 역에서 누이동생을 장미꽃다발로 맞이했습니다. 엘리자베트는 여독으로 지쳐 있었던 첫날 우리들의 정신병 환자를 보고 몹시 괴로워했습니다. 지금 엘리자베트는 이 모든 상황을 조용히 관찰하고 있

17) Ebd., S. 147
18) KGB Ⅲ, 3, S. 250

습니다. 그리고 우리는 프리츠를 서로 경쟁하듯 껴안아 주었습니다."[19]

그러나 누이동생은 응분의 칭찬을 재빨리 멈추고는 마음속으로 다른 것을 기획했다. 푀르스터 에피소드는 그녀의 명예에 손상을 입혔다. 그 때문에 그녀는 성공의 중압감을 받고 있었다. 말하자면 기가 꺾인 이미지를 쇄신하는 것이 중요했다.

바그너와의 만남 이래 여성해방에 대한 자기의 견해를 지극히 이상주의적 심미적으로 기초지우고 그렇게 함으로써 자기의 로마적 상아탑 속에 앉아 있었던 말비다 폰 마이젠부크와는 달리, 엘리자베트 푀르스터 니체는 모든 수단을 다 해서 역사의 행로에 결정적인 개입을 시도했다. 우선 그녀는 나움부르크에는 거의 오지 않고 파라과이 계획을 실현시키고자 시도했다. 따라서 그녀는 모금을 위한 선전공세를 감행했다.

결국 엘리자베트 니체는 1892년 다시 한 번 남미로 떠났다. 그러나 남미에서 엘리자베트는 잃어버린 대지에 존재하고 있었다. 1893년 엘리자베트는 넘치는 활동욕에 따라 나움부르크로 돌아왔다.

1890년 첫 방문 때 엘리자베트 니체는 니체의 작품 전집을 라이프치히에서 출간해야 한다는 것을, 어머니의 의지에 저항하여 관철시켰다. 엘리자베트는 오빠와 관계하는 일체의 것—육체와 작품—을 획득했다. 맨 먼저 그녀는 집을 개조하고 아키프(문서보관소)를 세울 공간을 필요로 했다. 프란치스카 니체도 그것을 양해했다. 그러나 딸이 보다 큰 집에 세들고자 하는 계획을 세웠을 때 어머니와 딸 사이에 중대한 논쟁이 일어

---

19) Erich F. Podach(Hg.): Der Kranke Nietzsche, a.a.o., S. 105

났다. 엘리자베트는 특히 드디어 사회 전반에 알려진 오빠의 신분에 맞게 행동하고 싶었다. 정신착란에 빠진 철학자가 매력을 끌기 시작한 것이다.

여하튼 어머니는 이 모든 것을 거부했다. 결국 엘리자베트 푀르스터 니체는 나움부르크 내의 '니체 아키프'를 포함해서 이사를 했다. 오빠는 어머니의 집에 거주하도록 했다.

니체의 누이동생은 앙갚음할 줄 알았다. 1895년에 그녀는 전 3권으로 된 니체의 전기 가운데 제1부를 출판하여 시중에 판매했다. 잘 팔려나갔다. 어머니는 그 전기의 원문을 읽고 자기가 단지 보잘것없는 부차적인 인물로만 언급되었다는 것을 놀람을 가지고 확인하지 않으면 안 되었다. 그것은 어머니를 아주 심각할 정도로 비참하게 만들었다. 이와는 반대로 엘리자베트 푀르스터 니체는 이미 다음 공격을 취했다. 그녀는 어머니의 조카이면서 프리드리히 니체의 후견인인 아달베르트 욀러가 간교한 방식으로 니체의 저작권을 억지를 써서 획득하고자 하는 것을 좌절시켰다. 이제 엘리자베트 푀르스터 니체는 오빠의 정신적 작품을 소유하게 되었다. 선전 목적에서 필요로 했던 오빠의 몸, 말하자면 초상권을 그녀는 1897년 4월에 어머니가 죽고 난 다음에 획득했다.

1896년 8월에 엘리자베트 푀르스터 니체는 바이말로 옮겼고, 오빠는 2개월 후에 뒤따라왔다. 바이말—고전문화의 중심지—은 '니체 아키프'를 건립하기에는 가장 이상적인 장소였다. 더욱이 메타 폰 잘리스 마르쉴린스가 매입하여 마음대로 사용할 수 있도록 한 '빌라 질버블릭(Die Villa Silberblick)'은 그후 이 오누이의 마지막 거주지가 되었다.

엘리자베트 푀르스터 니체는 넓은 뜰을 가진 저택을 유지하고 있었고, 심지어 마부조차 그녀의 고용원으로 거느리고 있었다. 그녀는 바이로이트에서 바그너의 우상화를 촉진했던 코지마 바그너를 의심할 여지없이 본받으려고 노력했다. 엘리자베트 니체가 재정적인 후원자를 찾고자 했던 바이말에서의 기획은 결정적인 결과로 나타났다. 말하자면 스톡홀름의 은행가 에르네스트 티엘이 상당한 금액을 그녀에게 송금했던 것이다. 니체의 작품과 몸은 지극히 열정적으로 추진했던 엘리자베트의 선전 활동에 의해서는 특별히 매진되지 않았다. 프리드리히 니체가 자기의 집 위 층에서 홀로 지내고 있는 동안 아래층에서는 방문객에 대한 영접이 이루어지곤 했다. 위독한 전시품에 불과한 니체는 일부의 정선된 사람들에게 도덕적 가책도 없이 전시되기도 했다.

언젠가 니체와 함께 공기베개에 바람을 불어넣으려고 시도했지만 헛수고로 끝난 경험을 가진 바 있던 이사벨라 폰 운게른슈테른 베르거 여사가 니체가 죽기 불과 1개월 전에 니체와 만남을 가질 수 있도록 허용받았다. 한때의 여행동반자였던 베르거 여사는 다음과 같이 그의 매혹에 사로잡혔다.

"내가 그의 존재의 숭고함을 바라보았을 때, 무한히도 깊은 영혼의 아름다운 표현이 나에게 얼마나 감동적이었는지 모른다. 특히 안경으로서도 감추어지지 않는 눈빛은 정말 나를 압도했다. 먼 곳을 바라보다가 곧장 자기의 내면을 들여다보는 듯한 몹시 슬픈 눈동자로부터 강력한 작용이, 즉 어떤 섬세한 천성도 벗어날 수 없는 정신적인 마력이 나오고 있었다. …… 나를 바라보고 만족해하는 것이 우스꽝스러웠다."[20]

이 귀부인은 실제 상황을 비참할 정도로 왜곡·해석했다. 실제로 방 안에는 절반의 의식밖에 없는 부어오른 하나의 육체만이 있었을 뿐이었다. 그것은 확실히 바라만 보기에는 너무나 가슴이 찢어지는 비통한 모습이었다.

엘리자베트 푀르스터 니체 역시 경건함이 없이 오빠의 작품과 대면하고 있었다. 그녀는 니체 철학의 거짓된 형상을 공공연하게 내놓았다. 그녀는 니체의 창작물을 제대로 이해하지 못하고 있었다. 그 때문에 프리드리히 니체의 철학을 다른 목적에 사용하기 위해 쉽사리 바꾸어 쓰는 것을 좋아했다. 엘리자베트 푀르스터 니체가 니체 작품의 편집인으로서 초빙하고자 했던 루돌프 슈타이너는 그녀가 확실히 통찰력을 결여하고 있음을 인식하고 있었다.

"푀르스터 니체 부인은 예리한 판별력에의 감각, 말하자면 명백한 논리적 판별력에서 지각하는 감각을 결여하고 있다. 그녀의 사유에는 약간의 논리 정연성조차 깃들어 있지 않다. 그녀에게는 사태와 객관성에서의 의식이 결여해 있다. 오늘 일어난 사건은 내일의 그녀에게 현실적인 것과 어떤 유사성도 가질 필요가 없는 그런 형상으로 받아들여졌다."[21]

이처럼 결격사유를 가지고 있음에도 불구하고 그녀는 성공했다. 왜냐하면 그녀의 오빠가 유명해지는 것을 그녀가 이루었기 때문이다.

국가주의적 프로이센 국가를 증오했던 니체는 엘리자베트

---

20) Zit. nach: Sander L. Gilman(Hg.)Begegnungen, a.a.o., S. 730f
21) Zit. nach: Peter Merserburger: Zwischen Geist und Macht. Stuttgart 1999, S. 277

푀르스터 니체에 의해 국가주의자로 적당히 만들어졌다. 제1차 세계대전이 일어났을 때 그녀는 자신의 오빠의 '가르침'들을 인식하고 있다고 확신했다.

"우리의 군부대가 거친 파도처럼 벨기에와 프랑스로 굴러들어갔다. 이 전쟁은 오빠의 가르침이 얼마나 심각하게 영향을 미쳤는가를 드러내 보여주었다.22)

엘리자베트 니체는 소위 '차라투스트라'의 불가사의한 위버멘쉬를 때맞게 시장에 내놓는 것을 알고 있었다. 결국 독일은 강력한 지도자를 요구했다. 1917년과 1918년 사이에 대략 65,000부의 '차라투스트라'가 팔렸다.

엘리자베트 푀르스터 니체는 니체의 명목상의 주저인 ≪힘에의 의지≫를 출판하면서 더욱 조작하는 일을 저질렀다. 니체는 결코 이 책을 쓰지 않았다. 물론 기획조차 하지 않았다. 이 책은 방대한 유고에서 자기가 원하는 원문을 발췌하여 조각조각 붙여 만들겠다는 엘리자베트의 동기에서 이루어졌다. 이 조작에 대해서는 니체연구소가 수십 년 동안 진지하게 토의해 왔다. 1937년 칼 쉬렉타23)는 처음으로 니체의 누이동생의 사기를 폭로했다. 그는 다음과 같이 진단하고 있다.

"엘리자베트 푀르스터 니체는 자기가 필요하다고 생각하는 원문에 대해서는 그것을 조작하고 위조했다. 그러므로 그녀는 니체의 편지 어느 한 지점에다 잉크로 얼룩지우기도 했고, 뿐만 아니라 언짢은 문장을 발견한 곳에서는 편지의 수신인을 다

---

22) Zit. nach: H. F.Peters: Zarathustra Schwester. München 1983
23) Vgl. Karl Schlechta: Der Fall Nietzsche. Aufsätze und Vorträge. 2., erweiterte Auflage. München 1959

른 사람으로 바꿔놓기도 했으며, 경우에 따라서는 언짢은 부분을 자르거나 뜯어내기도 했다. 그리고 원문에서 뽑아낸 부분들 모두를 양초로 불태우기도 했다."

엘리자베트 니체는 국가사회주의자들의 권력 장악으로 인해 말년에 인생의 절정기에 이르렀다. 그녀는 니체를, 국가사회주의자들에게 게르만 민족의 우월성을 알린 先知者(선지자)로 팔아넘겼다. 아돌프 히틀러는 — 베니토 무솔리니와 마찬가지로 — 감동했다. 히틀러는 이 교만한 부인을 여러 번 방문했다. 1935년에 히틀러는 자기의 건축기사인 알버트 슈페르를 동반하고, '질버블릭 별장' 옆에 니체기념관을 세우고 싶다는 것을 알려 주기 위해 사전 예고도 없이 그녀 앞에 불쑥 나타났다.

엘리자베트 푀르스트 니체가 얼마 후인 11월 8일에 죽었기 때문에 그 계획은 실현되지 않았다. 엘리자베트 푀르스트 니체는 국장으로 존경의 예를 받았다. 그녀의 오빠는 30년 전인 1900년 8월 25일에 죽었다.

2. 니체의 영혼에 사랑의 상처를 남기고 떠난 루 안드레아스 살로메

1882년 12월 니체의 건강 상태는 놀라울 정도로 악화되었다. 니체는 파울 레(Paul Rée)와 루 안드레아스 살로메(Lou Andreas-Salomé)에게 보내는 편지 초안에서 자기의 건강이 절망적인 상태에 있다고 알리고 있다. 그런데 실제로 이 편지 초안에서 밝히고 있는 절망적인 건강 상태에 대한 이야기는 편지 초안의 구성 과정에서 삭제되었다. 나중에 니체는 이 수정한 편지를 파울 레와 루 살로메에게 보냈다. 수정하기 이전의 첫 편지 초안은 상당히 많은 관심을 불러일으키고 있다.

"매일 아침 나는 오늘 하루를 어떻게 하면 오랫동안 견디어 낼 수 있을까 하고 걱정합니다. 나는 이제 잠을 잘 자지 못합니다. 8시간을 잠 자려면 무엇이 필요할까! 이 격렬한 감정은 어디에서 오는 것일까! (中略)

오늘 저녁 나는 이성을 잃을 정도로 많은 아편을 복용했습니다. 사람들이 존경할 수 있는 그런 인간은 어디에 있습니까! 나는 당신들 모두를 철두철미 알고 있습니다. 과대망상이나 민감한 공허감이 나의 내면 속에서 생긴 것을 너무 걱정하지 마십시오. 그리고 나 자신이 이러한 격정에서 어느 날 자살을 할 경우에도 역시 조금도 슬퍼하지 마십시오. …… 당신들 둘 다

결국은 내가 고독이 야기시킨 절반의 정신병 환자라는 것을 깊이 생각하십시오. 나는 엄청난 양의 아편을 복용한 이후에 비로소 사물의 상태를 명료하게 인식할 수 있는 지경에 도달합니다. 아편 복용으로 말미암아 오성을 잃는 대신 마침내 오성이 나에게 오는 것같이 생각됩니다."[24]

이탈리아 라팔로(Rapallo) 해변에 머물던 니체는 의심할 여지없이 건강 상태가 호전되는 듯했다. 얼마 후에 오버베크(Overbeck)에게 알린 바와 같이 자살을 고려하고, 아편과 수면제를 복용했다. 루 안드레아스 살로메, 레, 니체로 구성된 이른바 三位一体(Dreieinigkeit)라는 운명적인 인격 결합체는 니체의 황폐한 건강 상태를 호전시켜 주는 해결사이기도 했다.

일반적으로 여성과 거리를 두었던 니체는 1882년에 21세의 러시아 출신 루 안드레아스 살로메를 무조건 정복할려고 시도했다.[25] 이처럼 열망했던 사랑의 대상으로서 루 안드레아스 살로메는, 1861년 2월 12일에 구스타프 폰 살로메(Gustav von Salomé) 장군과 그의 아내 루이제(Louise) 사이의 여섯째 아이이면서 외동딸로 페테레스부르크에서 태어났다.

루 살로메는 프로테스탄트의 개혁적인 베드로 학교를 졸업한 이후 결혼해야 했다. 그러나 루는 마음이 변해서 결혼을 거부했다. 25세의 설교가 헨드릭 길로트(Hendrik Gillot)와 밀접한 유대를 가졌을 때 루는 단지 17세에 불과했다. 길로트는 그녀의 첫 이름자를 루(Lou)로 줄여서 사용하도록 일러주기

24) KGB, III, S. 307
25) Vgl. Zu den folgenden:Ausführungen; Janz II, S. 110-172

도 했다. 길로트는 열심히 가르치면서 자기와 함께 스피노자, 칸트, 키르케코르 등을 읽기도 했다. 이 제자는 감격했다. 마침내 루는 1897년 아버지가 죽고 사랑하는 이 없는 어머니로부터 점차적으로 벗어나서 독립하는 사유체계를 확립하게 되었다. 루는 카리스마적인 길로트를 열광적으로 존경했다. 그러나 길로트는 루를 오해한 나머지 루에게 결혼신청을 했다. 그 당시 길로트는 아내와 두 딸을 둔 유부남이었다. 그런 유부남과 공동으로 독서하는 과정에서 많은 논쟁을 하기도 했다. 이런 길로트의 결혼신청을 루는 즉각적으로 거절했다. '아버지 교의'에 입각한 공상적인 사랑은 그 결혼신청으로 말미암아 돌발적으로 끝났다.

1880년 가을에 루 살로메는 어머니와 함께 취리히로 갔다. 그곳에서 루는 헤겔 학파의 철학자인 알로이스 엠마누엘 비더만(Alois Emanuel Biedermann)의 지도하에 신학과 철학을 연구했다. 비더만은 자기의 강의에 참여하고 있는 여학생인 루 살로메를 지원했다.

더욱이 예술사는 루 살로메의 마음의 양식에 속했다. 루는 너무 지나칠 정도로 밤낮없이 책만 읽었다. 몸이 쇠약해지면서 공부를 일시적으로 중단하고 어머니와 함께 쿠어(Kur)로 갔다.

결국 1882년 초에 루와 어머니는 로마로 갔다. 그곳에서 그들은 말비다 폰 마이젠부크(Malwida von Meysenbug) 주위의 문화적 동아리들을 알게 되었다. 여기서 루는 파울 레를 만났다. 그 만남이 이루어지던 즉시 젊은 루는 파울 레에게 감동을 받았다.

파울 레는 그 이후 즉각 이 예상치 못한 발견을 니체에게 편지로 알렸다. 이 편지는 사실 보존되지 않고 있다. 그런데 우리는 파울 레가 니체에게 정신적으로 통할 수 있는 루를 소개시켜줄 것으로 약속했을 것이다라는 것을 짐작할 수 있다. 파울 레의 이 편지는 언제나 고독 속에서 지냈던 니체에게 가까이 다가왔을 것이다. 왜냐하면 니체는 자신의 철학을 논의할 수 있는 대화 상대자들을 물색하고 있었기 때문이다.

니체는 1882년 3월 21일 게노아(Genua)에서 즐거운 기분으로 파울 레의 편지에 답신을 보냈다.

"이것이 어떤 의미를 가진다면 이 러시아 여성에게 나의 인사를 전해 주십시오. 나는 이런 유의 영혼을 열망하고 있습니다. 나는 가까운 장래에 이 영혼을 강탈하러 가겠습니다. — 내가 다음 10년 이내에 무엇을 행할 것인가를 고려할 때 나는 이러한 영혼을 필요로 합니다."[26]

더욱이 니체는 자기와 루 살로메가 결혼해 있을 것으로 여기서, 물론 조건부이기는 하지만, 공상하고 있다. "(……) 나는 결혼한 지 고작해야 2년쯤 되어 있기를 바랍니다. 이것 역시 내가 다음 10년 이내에 무엇을 행할 것인가를 고려할 때만이 생각할 수 있는 일입니다."[27]

여성을 주제로 한 막간극이 문제되었다. 그러나 그것은 니체의 연구에 방해가 되지는 않았다. 니체는 레와 마이젠부크가 루에 대해 집중적으로 강조했기 때문에 힘이 빠졌다. 결국 그들은 니체에게 그의 철학에 어울리는 이상적인 루를 소개시켜

26) KGB Ⅲ, 1, S. 185f
27) Ebd., S. 186

주기로 약속했다. 이 좋은 충고는 숙명적인 것으로 입증되었다. 왜냐하면 이 충고가 니체의 내면 속에서 비현실적인 희망을 일깨워 주었기 때문이다. 그는 이제 더 이상 주저하지 않고 오버베크에게 자신의 소망을 알렸다.

"나는 가까이에서 함께 일할 수 있을 만큼 지적이면서 우아한 젊은 사람을 필요로 합니다."[28]

니체가 염두에 두고 있는 젊은 사람은 바로 루 안드레아스 살로메였다. 물론 니체는 앞날이 촉망되는 여성을 알기 위해서 즉시 로마로 가지는 않았다. 결국 그는 1882년 3월 29일 작품을 집필하기 위해 배를 타고 메시나(Messina)로 갔다. 니체는 벗들에게 이 여행에 대해 알리지 않았다. 그는 메시나에서 파울 레의 편지를 받았다. 그 사이 파울 레는 니체가 메시나에 머무르고 있다는 것을 알고 있었다.

"당신은 이 걸음을 통해서 젊은 러시아 여성을 커다란 놀람과 곤궁 속으로 옮겨놓고 있습니다. 요컨대 이 여성은 당신을 만나서 대화하는 일에 호기심을 가지고 있습니다. (……) 그녀는 정열적이고 믿기 어려울 정도로 총명하며 소녀 같은, 실로 순진무구한 개성을 가진 여성입니다."

루 살로메조차도 레가 이야기한 것처럼 니체와의 대화를 고대했다.

"루는 그녀가 말한 바와 같이 적어도 즐거운 한 해를 보내고 싶어합니다. ……더욱이 그녀는 당신, 나, 그리고 마이젠부크와 같은 나이 든 여성이 필요한 것으로 생각하고 있습니다. (……) 그러나 마이젠부크는 이렇게 모이는 것을 별로 기뻐하

---

28) Ebd., S. 180

지 않습니다. 우리들이 이러한 공동 모임을 마련해 볼 수 없을까요? — 그러나 나이 든 여성으로서는 누가 좋겠습니까?"[29]

니체는 확실히 루 살로메의 소원으로 인해 의기양양해 있었다. 루 살로메의 三位一体가 감시되었다는 것은 장애가 아니고 오히려 소문을 예방하기 위하여 사교상 강제적으로 필요한 것이었다. 니체는 유혹의 소리를 따랐다. 니체는 소위 적응하기 어려운 기후 때문에 수개월 동안 머물기로 한 메시나 체류를 중단했다.

니체는 1882년 4월 23일 또는 24일 로마에 도착했다. 그는 도착 즉시 말비다 폰 마이젠부크를 방문했다. 마이젠부크는 니체를 루 살로메와 파울 레가 체류하고 있던 베드로 성당으로 보냈다. 레는 告解席(고해석)에 앉아서 경건한 잠언들과는 다른 자기 논문의 註(주)에 몰두하고 있었다. 그때 니체가 들어와서 루에게 "우리는 어떤 별들에서 떨어져 여기에서 서로 만나게 되었을까요?" 하고 인사를 했다.[30] 바로 그 자리에서 루에게 반해 버린 니체는 6년 전 마틸데 트람페다하(Mathilde Trampedach)에게 행동했던 바와 같이 대체로 재빨리 행동했다. 니체는 자기의 최선의 벗인 레에게, 자기의 결혼 신청을 루에게 전달하여 줄 것을 위임했다. 니체는 레가 이미 루에게 구혼한 사실을 짐작하지 못했다. 니체는 퇴짜당하고 말았다.

루 살로메는 로마에서 레와 가졌던 매일 밤의 낭만적인 산책에도 불구하고 감성적, 육감적인 결합에는 전연 관심이 없었다. 루는 자기의 ≪삶의 회고(Lebensrückblik)≫에서 레의

29) KGB Ⅲ, 2, S. 251
30) Lou Andreas-Salomé: Lebensrückblick., S. 180

구혼을 거절한 이후 레에게 말한 것을 상기시키고 있다.

"우선 나는 무엇 때문에 생애 내내 연애생활을 종결하며, 무엇 때문에 스스로 나의 자유에의 열망을 중단시켜야 하는지를 레에게 설득하지 않으면 안 되었다."31)

그러므로 니체 역시 처음부터 루 살로메에게 어떤 기회도 가지지 못했다. 친숙한 관계라는 것도 루에게는 문제가 되지 않았다. 니체의 구혼은 정중하게 거절되었다. 파울 레는 니체에게 친절하고 인정스럽게 알리고 있다. "루는 원칙상 결혼을 반대하며, 더욱이 결혼할 경우 자기의 연금을 상실하게 될 것으로 생각하고 있습니다." 이러한 논거는 루와 레가 함께 지어낸 것이었다.

니체는 상처를 받지 말았어야 했다. 왜냐하면 三位一体가 손상을 당한 위험에 처해 있었기 때문이다. 셋이서 모여 파리에서 공부하고자 하는 소망을 루 살로메는 무조건 관철시키고 싶었다. 루는 완강했다. 니체 역시 그러했다. 구혼은 거절당했지만 니체는 흔들리지 않았다.

2週 후인 5월 2일에 니체와 파울 레, 루 살로메, 그리고 루의 어머니가 이탈리아 상부 지역인 오르타(Orta)에서 만났다. 몬테 사크로(Mote Sacro)의 소풍은 예정되어 있었다. 그러나 루와 니체만이 언덕 정상에 도달했다. 살로메 부인이 언덕 아래에서 정상으로 오르는 것을 포기했기 때문이다. 루 부인이 갑자기 두통을 일으켰던 것이다. 파울 레는 불쾌했지만 예의상 루의 어머니 곁에 머물러야 했다. 반대로 니체는 기쁨으로 가득 찼다. 드디어 연인과 단둘이 있게 된 것이다. 두 사람은 신

---

31) Ebd., S. 76

성하고 의기양양한 기분으로 오랫동안 정상에 머물러 있었다. 그것은 루이제 살로메와 파울 레를 화나게 만들었다. 니체는 이 두 사람이 언표했던 비난을 냉정하게 무시해버렸다. 그만큼 니체는 들떠 있었기 때문이다. 아무튼 니체는 루 안드레아스 살로메와 정상에 머물러 있었던 일을 '나의 인생에서 가장 황홀한 꿈이었다.'라고 훗날 일기에 쓰고 있다.[32]

이 언덕 정상에서 무슨 일이 일어났는지는, 어쩌면 두 사람 간에 키스가 있었는지 없었는지 하여간 비밀로 남아 있다. 물론 니체가 이 젊은 루 살로메에게 열정적으로 불타오르고 있었다는 것은 확실하다.

몬테 사크로 인터메조로 여행한 이후 니체는 1882년 5월 7일 바젤로 갔다. 바젤로 가는 도중 중간 기착지로서 루체른에 들렀다. 이곳에서 니체는 파울 레에게 다음과 같은 편지를 쓰고 있다.

"벗이여, 내가 '賢人의 돌'(心魂)을 발견한 이후 여러 번 언급한 바 있는 금덩어리를 어떻게 발견했는가? (……) 나는 무조건 루 살로메 양에게 한 번 더 말하지 않으면 안 됩니다. 어쩌면 뢰벤가르텐에서 말입니다."[33]

니체는 자기가 오랫동안 열망해 왔던 현인의 돌을 루 안드레아스 살로메에게서 찾았다라고 사실상 확신했다. 그렇게 함으로써 처음으로 니체는 루와의 거리를 근본적으로 제거했다. 그것은 특히 니체가 여성과 관계되는 일이라면 어찌 할 바를 몰

32) Ernst Pfeiffer(Hg.): Friedrich Nietzsche, Paul Rée, Lou von Salomé., Die Dokumente ihrer Begegnung., S. 183
33) KGB Ⅲ, 1, S. 191

랐기 때문에 더 문제였다. 그러나 비실제적인 니체는 우선 목표에 어긋나지 않게 행동했다. 니체는 파울 레와 루 살로메와 함께 루체른에서 만나기로 약속했다. 니체는 두 사람이 마침내 자기와 자리를 함께 하겠다고 했을 때 몬테 사크로(Monte Sacro)에서 자기의 내면을 일깨운 것을 확정짓는다는 높은 기대감에 불타 있었다. 세 사람은 뢰벤가르텐으로 진군했다. 그러나 뢰벤가르텐에서의 모임도 문제를 완화시키진 못했다.

파울 레는 의견 개진을 위해서 두 사람을 공원으로 끌어들이지 않으면 안 되었다. 니체는 루와 함께 베르텔 토르발젠스(Bertel Thorvaldsens) 공원에 있는 사자像 앞에 멈추어 섰을 때 결심을 했다. 추측건대, 니체는 그때 수줍음 속에서 자기가 남편으로서 논의될 수 있는지 어떤지를 루에게 직접 물었다. 루는 니체에게 자기는 단지 공부의 수준에서만 二位一体 또는 三位一体를 감수한다는 이유를 들어 니체의 간청을 거절했다. 그밖에 루는 끝없는 자유에의 열망을 만끽하고 싶었다. 자기의 ≪삶의 회고≫에서 루는 이러한 입장을 한 문장 속에 개진하고 있다. 루는 다음과 같이 쓰고 있다.

"니체가 생각할 때, 그는 자신을 위한 파울 레의 (로마에서의) 대변이 불충분했고, 또한 그 당시 루체른에 있는 뢰벤가르텐에서 있었던 일을 나와 함께 개인적으로 이야기하고 싶어했기 때문에 우리와 함께 루체른에 왔다."[34]

그러나 니체는 조용히 행동하면서, 아직도 놀라울 정도로 확신에 차 있었다. 루 살로메의 자율적인 표명에 의하면, 세 별 사이에는 문제가 주는 중압이 생기기 시작했다. 간과될 수

---

34) Lou von Salomé: Lebensrückblick, a.a.o., S. 81

없는 이 젊은 러시아 처녀는 그녀의 매력에서 벗어날 수 있는 위치에 있지 못한 이 두 남자들을 자기 마음먹은 대로 가지고 놀았다. 아마도 니체는 그 때문에 이러한 강제를 — 확실히 무의식적으로 — 구상적(具象的)으로, 즉 웃고 우는 모습으로 묘사하기 위해 루와 레를 유레스 보네트(Jules Bonnet)의 사진 촬영으로 떠밀어 넣었을지 모른다. 거기에서 이 두 벗들이 루의 채찍 아래 서 있는 저 유명한 하찮은 사진이 만들어졌다.

1882년 5월 16일 세 사람은 루체른을 떠났다. 니체는 수주 동안 나움부르크에 머물기 위해 어머니와 누이동생에게로 갔다. 그는 아직도 루에 관해 아무것도 가족에게 알리지 않았다. 우선 그는 집필에 전념했다. 그는 바로 그 해에 출간된 ≪즐거운 학문≫의 원고를 정리했다. 누이동생과 파산한 한 상인이 그를 지원했다. 그러나 새로운 일조차도 루에 대한 생각을 지우지 못했다. 루는 여전히 그의 머릿 속에서 맴돌았다. 5월 말에 니체는 루에게 편지를 썼다.

"이 곳 나움부르크에서 나는 지금까지 당신과 관계하면서 말 한마디 하지 않았습니다. 그래서 나는 계속 독립적으로 살면서 당신을 한층 더 잘 도와드리고 싶습니다.

밤꾀꼬리들이 한밤 내내 나의 창가에서 노래를 부르고 있습니다.

레는 모든 점에서 나보다 훨씬 훌륭한 벗이며 또 그런 벗이 될 수 있습니다. 나와 레와의 이 차이를 잘 보십시오!

전적으로 홀로 있을 경우 나는 가끔 아주 자주 당신의 이름을 되뇌일 것이라는 것을 말입니다."[35]

---

35) KGB Ⅲ, 1, S. 194f

루는 밤꾀고리가 노래를 부르고 있다라는 은유를 해독했다. 니체는 여전히 루를 유혹하고자 했기 때문에 궁극적으로 위험을 무릅쓰고 있었다. 레에게 보인 애매한 풍자는 불타오른 자가 그 동안 인식하고 있었던 것을, 즉 벗이 자기의 연적(戀敵)임을 나타내고 있다. 같은 날 니체는 또한 레에게도 편지를 썼다. 두 사람 간의 최초의 불일치가 명백하게 드러나고 있었다.

"나는 침묵했고 또한 앞으로도 침묵할 것입니다. 당신은 무엇 때문인지 그 사유를 알고 있습니다. 우리는 지금 우리가 우정으로 나누고 있는 그 이상의 경탄스러운 방식으로 벗이 될 수 있습니다. 그렇지 않습니까? 나의 사랑하는 옛벗 레여!"36)

그것은 파울 레가 루 살로메에게서 손을 떼야 한다는 것을 현실적으로 이해했는지 어떤지에 대해 파울 레에게 던진 물음처럼 들린다. 니체와 레 사이의 이 긴장은 나중에 니체에 의해서 달갑지 않은 極点(극점)으로까지 몰아넣어진다.

결국 니체는 사려 깊게 오버베크를 신뢰 속으로 끌어들인다. 니체는 1882년 5월 28일, 다음 주 화요일에 계획한 루 안드레아스 살로메의 방문에 대비하여 이다 오버베크의 도움을 요청한다.

"존경하는 교수님, 저에 관해 거리낌없이 이야기하여 주십시오. 교수님은 목표에 도달하기 위해 제가 무엇을 긴급히 행해야 하는지를 알고 있고 또한 헤아리고 있습니다. — 교수님은 또한 결코 '행동의 인간'이 아니고, 유감스럽게도 저의 최상의 배후로 물러나 있음을 알고 있습니다. 저는 또한 위에 언급한 목표 때문에 아주 나쁜 이기주의자입니다. — 그리고 벗 레는

36) Ebd., S. 194

모든 점에서 저보다 훨씬 좋은 벗(루는 믿으려고 하지 않습니다)입니다.

벗 오버베크는 이 특별한 훈계에 참석하지 않으려고 하겠지요? 그렇지 않습니까?"37)

이다 오버베크는 수줍어하는 니체가 인사말을 통해 루 살로메에게 매력 있게 보이도록 했다. 이와는 반대로 이다의 남편 프란츠 오버베크는 니체에게 심한 고통을 줄 뚜쟁이질을 결코 하려고 하지 않았다. 니체는 자신의 목표에 도달하기 위하여 외관상 만반의 준비를 하고 있었다. 그러나 그는 루 살로메와 레 간의 사귐이 그 동안 더욱 깊어지고, 더욱 열렬해지고, 두 사람 다 서로간에 너라고 호칭하고, 서로간의 편지 교환에서 수많은 사랑의 말을 교환했다는 것을 알 수 없었다. 그러므로 루는 '달팽이'이고 레는 '달팽이의 집'이었다. 최후에 예의상 당연한 것으로 실현했던 오버베크의 도움은 아무런 쓸모가 없었다. 니체는 물론 계속해서 루를 둘러싸고 戀敵과 투쟁을 감행했다. 그것은 1882년 6월 16일에 호사스럽게 일어났다.

루 살로메는 그 동안 머물고 있던 베를린을 떠나 수주 동안 레와 그의 어머니가 체류하고 있던 슈티베(Stibbe)로 간다고 니체에게 알렸다. 니체는 루가 레와의 결혼 여부를 결단해야 할 시점에 놓여 있는 듯하다고 추측했다. 질투심이 생긴 니체는 편지를 받은 즉시 다음과 같은 답신을 보냈다.

"나의 사랑하는 프로인딘, 30분 전부터 나는 우울해졌고, 30분 전부터 나는 왜?라고 자문해 보았습니다. … 그리고 나는 당신의 戀書를 통해서 제시된 의견 진술 이외 다른 어떤 이

37) Ebd., S. 196

유도 발견하지 못하고 있습니다. 자, 내가 어떤 종류의 인간인지 보십시오! 내일 11시 40분에 나는 중간 기착지인 베를린역에 있을 것입니다. (……) 나의 속마음은 1) …… 그리고 2) 당신이 보다 좋은 동반자를 찾지 못하고 있다고 가정한다면 내가 수주 내에 바이로이트까지 감히 당신을 동반하고 싶다는 것입니다. 이 속마음은 갑작스럽게 이루어진 결심입니다."[38]

니체는 예기치 못한 일로서 자발적으로 반응했다. 그는 다음 날 아침 완성한 원고뭉치를 집어들었다. 결국 그는 루를 방문하기 위해 어떤 구실을 필요로 했고, 그래서 베를린으로 갔다. 그러나 마음속에 간직하고 있던 계획은 루가 그 동안 자신의 어머니와 함께 슈티베로 여행을 떠났기 때문에 실현되지 않았다. 다음 날 실망한 니체는 다시금 나움부르크로 돌아왔다. 성급한 여행을 결심한 지 이틀 만에 레에게 써서 보낸 편지에서 니체는 자기가 이성을 잃었음을 고백했다. 비록 표면상으로는 기후조건 때문이라고는 하더라도 말이다.

"나의 사랑하는 옛 벗이여, 구름으로 뒤덮인 기후가 나에게 햇볕을 가한 것 같습니다. 그러므로 나의 이성 또한 때때로 더 이상 이성적일 수 없었습니다."[39]

루 안드레아스 살로메의 예상치 못한 여행은 실질적으로 니체를 괴롭게 만들었다. 그는 반죽음이 되어 집으로 돌아왔다. 귀여운 러시아 여성 루에 관한 한 니체가 얼마나 민감하게 반응했는가가 여기서 분명히 드러난다. 절망에 빠진 니체는 베를린으로 가는 계획을 포기했다. 그는 침착성을 잃었다. 그는 자

---

38) Ebd., S. 204
39) Ebd., S. 205

기의 방위 결정 감각의 상실을, 즉 당혹을 인식할 수 있는 위치에 있었다. 이러한 당혹을 극복할 수 있는 능력이 나중에 그를 구했다. 그 동안 상당히 괴로웠다고 하더라도 니체는 여전히 루에 대한 구애를 포기하지 않았다. '三位一体'는 여느 때와 같이 진지하게 토론을 했다. 이 세 사람은 오는 가을에 빈에서 함께 공부하고자 했고, 나중에는 뮌헨과 파리를 고려하고 있었다.

루 살로메와 니체는 자기들이 레와 함께 이 企圖(기도)에 착수하고자 한다는 점에 일치하고 있었다. 그러나 이 계획은 실현되지 않았다. 다른 상황이 조성되었다. 비참함이 느껴지는 베를린 客演(객연) 이후 이틀 만인 6월 18일 니체는 루 살로메에게 자기의 소원에 관해서 알리고 있다.

"나는 기꺼이 곧 당신과 함께 그 무엇을 작업하고, 연구하고, 그리고 멋진 일들을 — 당신이 두 눈으로 기꺼이 원전을 찾고 싶다라고 가정한다면(나의 두 눈은 그렇게 하기에는 신선하지 못하니까!) 원전을 찾는 분야의 일들을 — 꾸미고 싶습니다. 당신은 내가 당신의 스승이 되고 싶어 한다는 것을, 즉 학문적인 생산의 길을 가르쳐주는 당신의 이정표가 되고 싶어한다는 것을 알고 있습니다."[40]

레도 이 계획에 포함되었다. 여하튼 니체는 이렇게 생각하고서, 슈티브에서 자기의 미래의 여제자와의 제휴를 향유했다. 니체는 그 며칠 뒤 이를 루 살로메에게 알렸다.

"나의 사랑하는 벗이여! 늙은 괴테가 자기의 고독을 향유했던 도른부르크(Dornburg)에서 30분 거리 아름다운 숲 속에

---

40) Ebd., S. 206

타우텐부르크(Tautenburg)가 위치하고 있습니다. 이곳에다 나의 착한 누이동생이 나를 위해 금년 여름을 피서하기에 좋은 牧歌的(목가적)인 작은 보금자리를 마련했습니다.

요컨대 당신이 8월을 잘 보내기 어려워서 나와 함께 이곳 숲 속에서 지내기가 적절하고 또한 가능하다라고 생각한다면 나의 누이동생이 당신을 바이로이트로부터 여기까지 동반하여 와서 당신과 함께 어떤 집에서 기거했으면 합니다."[41]

이러한 제의는 궁극적으로는 위험한 것으로 입증되었다. 비록 니체가, 가령 예를 들면 오버베크와 같은 벗들에게 보낸 편지에서 언제나 다시금 어떤 경우에도 어머니와 누이동생에게 루에 대해 알리고 싶지 않았다는 사실을 쓰고 있다고 하더라도. 그럼에도 불구하고 그는 엘리자베트 니체를 끌어들이고 싶었다. 이것은 나중에 하나의 과오로 밝혀졌다. 그러나 그것은 역시 불가피했다. 왜냐하면 조만간 가족의 결속이 절감되었기 때문이다.

더욱이 니체는 긴급할 정도로 샤프롱을 필요로 했고, 그 샤프롱으로서는 유연한 누이동생만이 논의되었다. 나움부르크의 도덕적 원리로 무장한 소시민적인 누이동생이 그 당시의 도덕적 개념들에 대해 극단적으로 저항했던 루 안드레아스 살로메를 결코 이해할 수 없었던 것은 분명했다.

두 여성 간의 조화로운 관계가 얼마나 불가능한 것이었는가는 루 살로메에 대한 엘리자베트의 첫 인상에서 잘 드러나고 있다. 1882년 10월 2일, 그녀는 벗 클라라 겔첼에게 보낸 편지에 그 당시를 이렇게 묘사하고 있다.

---

41) Ebd., S. 210

"그러나 그후 루를 알게 되었을 때, 나는 비록 그녀를 당시에는 친절하게 대해 주었다고 하더라도 루가 아주 이상적이고 순진하다라고 가정한다면 루와의 동거란 순전히 어리석은 짓이라는 것을 즉각 알아보았어. 그녀의 생활습관은 우리들의 생활습관과는 전연 달랐어. 프리츠는 정말 지나치게 주도면밀하고 금욕적으로 기울어져 있어."42)

품행이 방정한 오빠를, 예측할 수 없는 루에게서 지켜내기 위해 엘리자베트 니체는 뒤이은 달(月)부터 자기의 모든 에너지를 가동했다.

루 안드레아스 살로메는 엘리자베트 니체의 개입이 얼마나 위험한가를 예감할 수 없었다. 그 때문에 니체는 루가 4주 동안 체류하기 위해 타우텐부르크에 오고 싶어한다는 것을 아주 솔직하게 엘리자베트에게 알렸다. 니체는 매우 행복했다. 드디어 니체는 루를 자기의 철학 속으로 끌어들일 수 있었다. 2주 이후 말비다 폰 마이젠부크에게 보내는 편지 초안에서 니체는 자랑스럽게 자기가 결국 이상적인 제자를 발견했다는 것을 알렸다.

"이 아가씨는 지금 나와 확고한 우정으로 결속되어 있습니다. 나는 오래 전부터 보다 좋은 성과를 거두지 못했습니다. 나는 그녀가 나의 여제자가 되어 주기를 원하고 있습니다. 만일 이 아가씨가 장기간에 걸쳐 나의 삶과 좋은 관계를 유지한다면 그녀는 나의 사상적인 여상속인이 되는 것입니다."43)

니체는 물론 루의 약속을 확고한 우정으로, 너무 조급하게

42) Ernst Pfeiffer(Hg.): Friedrich Nietzsche, a.a.o., S. 253
43) KGB Ⅲ, 1, S. 223f

즐거운 것으로 해석했다. 사랑을 경험해 보지 못한 니체는, 자신의 생각으로는 루의 약속을 보다 잘 이해한 것처럼 느꼈을는지는 몰라도 루의 동의를 완전히 오해했던 것 같다

루 살로메의 '빗장을 빼서 문을 연 자유를 향한 열망'은 난공불락의 장애물이었다. 니체는 근본적으로 말해서 자기의 소원만을 일방적으로 루에게 투영한 셈이었다. 이러한 심리학적인 메카니즘을 니체는 알고 있었지만, 그것을 자기 자신에게 적용시키지는 못했다.

1년 전에 니체의 ≪아침 놀(Morgenröthe)≫이 출간되어 나왔다. 그는 ≪아침 놀≫에서 다음과 같이 쓰고 있다.

"사랑은 다른 사람 속에서 가능한 한 많은 아름다운 것을 보든가 또는 다른 사람을 가능한 한 높이 들어올리고자 하는 은밀한 충동을 가지고 있다."44)

그러나 니체는 고독 속에서 자기의 루를 실제의 루와는 다른 사람으로 만들어내고 있었음을 인식하지 못했다.

이와 반대로 루 안드레아스 살로메는 그 동안 바이로이트에서 행패를 부렸다. 그것은 적어도 고상한 지배권을 나타내 보인 셈이다. 엘리자베트 니체는 충격을 받았다. 엘리자베트 니체는 7월 24일 라이프치히에서 루를 만났다. 두 사람은 함께 '팔시팔 축제극(Parsifal-Festpielen)'을 관람하러 갔다. 엘리자베트 니체는 솔직한 루의 행동을 질투심과 불쾌한 기분으로 관찰했다.

루 살로메는 음악에 대한 관심보다도 러시아 출신인 파울 요코브스키(Paul Joukowsky)에게 더 많은 관심을 표명했다.

---

44) KSA 3, S. 225

두 사람 사이에는 이미 몇몇 정숙한 숙녀들, 즉 엘리자베트 니체와 말비다 폰 마이젠부크가 불쾌감을 느끼는 그런 억제되지 않는 관계가 이루어졌다.

누이동생 엘리자베트가 그런 행동에 대해 최초의 반격을 가하기 시작했다. 결국 금욕적인 오빠가 이 젊은 여성의 파렴치한 포박으로부터 해방되지 않으면 안 된다고 엘리자베트는 생각했다.

8월 1일 엘리자베트 니체는 다시금 나움부르크에 도착하여 오빠에게 즉각 루의 행동에 관하여 알렸다. 확실히 엘리자베트 니체는 몇 가지 점에서 도를 넘었지만, 오빠의 분노를 이끌어내는 데는 성공했다.

이와는 반대로, 아직도 바이로이트에 체류하고 있는 루는 8월 2일 전연 아무것도 모르고 니체에게 다음과 같이 편지를 써서 보냈다.

"지금 역시 거의 나의 자매가 되다시피 한 당신의 누이동생이 금후 당신에게 나의 모든 것을 이야기할 것입니다. 당신의 존재는 나에게는 커다란 발판이며, 나는 당신에게 진심으로 감사드립니다."45)

바이로이트에서 아주 즐겁게 지낸 루는, 은밀하게 진행된 비판을 감지할 만한 직감력을 지니고 있지 못했다. 여하튼 엘리자베트 니체의 당혹스러움을 반영하는 경직된 얼굴 표정도 루의 눈에는 들어오지 않았다. 그 때문에 루는 새로이 얻은 '자매'에 대해 니체에게 기쁜 마음으로 이야기할 수 있었다. 루는 엘리자베트 니체가 그 동안 자기의 적이었다는 사실을 알 수

45) KGB Ⅲ, 2, S. 271

없었다.

니체는 루 살로메를 즉각 비판하는 것 이상의 어떤 행동도 하지 않았다. 루는 반항적으로 반응했다. 루는 타우텐부르크에로의 여행을 연기하고 싶었다. 그후 니체는 불안감을 느끼며 루에게 즉시 다음과 같은 편지를 써서 보냈다.

"나는 홀로 살고 싶었습니다. — 그러나 그때 한 마리의 사랑하는 새, 루 살로메가 길 위로 날아갔습니다. 나는 그 새가 한 마리의 독수리일 것이라고 생각했습니다. 이제 나는 주위에 독수리를 가지고 싶습니다. 자, 오십시오. 나는 당신을 괴롭히는 것이 너무 괴롭습니다. 우리는 그것을 서로 다 함께 잘 견디어내야 합니다."46)

타우텐부르크를 동경하던 독수리는 니체의 성급한 질책을 관대하게 받아들였다. 루는 타우텐부르크로 오게 되었다. 그럼에도 불구하고 우선 두 여성 간의 달갑지 않은 사건이 일어났다.

루 살로메는 바이로이트를 출발해서 8월 7일 예나(Jena)에 도착했다. 그곳에서 루는 약속한 대로, 한때 니체가 바젤 대학 교수시절 동료 교수였던 역사학자 하인리히 겔첼의 집에서 니체의 누이동생 엘리자베트를 만났다.

루 안드레아스 살로메와 엘리자베트 니체는 바로 그날 함께 타우텐부르크로 갔다. 결국 두 여성 간에 서로 놀라서 바라보는 그런 긴장감이 감돌았다. 엘리자베트 니체가 큰 소리로 루의 태도를 비판했다. 루가 즉각 막힘없이 역습했다. 어떻든 루는 형제자매 간의 우애와 같은 심정으로 엘리자베트를 만났다.

---

46) KGB Ⅲ, 1, S. 236

왜냐하면 싸움을 좋아하는 루가 니체로부터 언젠가 '황량한 결혼'을 제의받았다고 주장했기 때문이다.

클라라 겔첼(Clara Gelzel)에게 보낸 편지에서 엘리자베트는 다음과 같이 흥분한 것으로 알려진 루 안드레아스 살로메의 비난을 자기의 시각에서 묘사했다.

"누가 먼저 공존 계획을 비열한 의도를 가지고 더럽혔는가 …… 그것은 바로 너의 오빠다. (……) 그렇다, 너의 고상하고 순수한 마음을 가진 오빠가 먼저 황량한 결혼의 더러운 의도를 가지고 있었다!"47)

경건한 나움부르크人 니체의 도덕설에 대한 파국적인 비난을 엘리자베트 니체는 철저하게 전복시켜 버렸다. 그녀는 가열찬 토론 동안 말문이 막혀 논증을 포기할 정도로 흥분했던 것으로 알려져 있다.

서로 간의 난타전에도 불구하고 엘리자베트와 루는 함께 타우텐부르크로 왔다. 타우텐부르크에서 두 사람은 헤르만 오토 슈퇼텐(Hermann Otto Stölten)의 목사관에 숙박했다. 니체는 가까운 거리에 있는 한네만(Hahneman) 부부의 농가에 기거했다. 니체는 루 살로메와 엘리자베트에게 최상의 기분으로 환영했다. 그러나 그는 누이동생으로 인해 기분이 상해 있었다.

엘리자베트가 겔첼의 집에서 있었던 불쾌한 사건에 대해 이야기했다. 다음 날 아침 루와 니체 간에 논쟁이 일어났다. 결국 두 사람은 이 돌발적인 사건을 잊기로 합의했다. 엘리자베트 니체는 다음 주에는 다소간 무시되었다. 보복을 받았던 셈

47) Ernst Pfeiffer(Hg.): Friedrich Nietzsche, a.a.o., S. 254

이다.

이와는 반대로 니체는 자기의 철학함을 연구하는 제자 루에게 효과적으로 봉사했다. 루 살로메는 잠언들을 썼는데, 이 잠언들을 니체가 문체론적인 측면에서 수정을 했다. 더욱이 두 사람은 자주 수시간 동안 토론했다.

그밖에 루는 일지를 써서 레에게 보냈다. 그 일지는 니체의 질투심 많은 라이벌을 진정시킬 수 있었다. 그 일지는 받은 즉시 기록으로서 비축되었다. 1882년 8월 14일 루는 자기의 첫 인상을 다음과 같이 썼다.

"니체는 전체적으로 보면 시종일관 강철 같고, 개별적으로 하나하나 살펴보면 무리할 정도로 기분에 따라 좌우되는 사람이다. 만일 우리가 교제를 하게 된다면……."[48)]

모든 터부가 토의되었다. 예를 들면 兩性性(Bisexualität)에 관해서 두 사람이 보고만 있을 수 없을 정도로 효과적으로 이야기했다. 더욱이 니체는 저녁마다 루 살로메의 부드러운 손에 감히 키스하곤 했다. 루가 며칠 동안 기침을 수반한 열 증상으로 침대에 눕게 되었을 때 니체는 깊이 배려하는 마음으로 루를 돌보았다. 그는 그녀의 편지를 붙여 주기도 하고, 단둘이서 문을 닫은 채 담소하기도 했다.

상호간의 영속적인 담소가 루 살로메로 하여금 자기와 스승 간에 단절된 거리가 있다는 것을 인식시켰다.

"우리는 아주 가까운가? 아니, 전연 그렇지 않다. …… 우리들 존재의 어떤 숨겨진 심연으로 인해 우리는 서로 아득히 멀리 떨어져 있다. — 니체는 옛 城과 같은 자기의 본질 속에 많

48) Ebd., S. 181

은 어두운 지하 감옥과 숨겨진 지하실을 가지고 있다. 이러한 숨겨진 지하실은 일시적인 안면의 경우에 주의를 끌지 못하지만, 그럼에도 불구하고 자기의 본래적인 것을 포함할 수는 있다."[49]

아마도 니체는 루 살로메로 하여금 자신의 가면 뒤에 숨겨진 배후를 들여다볼 수 있도록 했을지 모른다. 그 배후에 숨겨진 것에 관하여 사람들은 깊이 생각할 수 있을 뿐이다. 아마도 커튼 뒤에 다시금 젊은 니체의 실체가 나타날 것이다.

니체와 루를 서로 疎遠(소원)하는 방향으로 이끌어간 것은 스승으로서 니체가 때때로 신비적 시적으로 논증하는 인식의 태도였다. 파울 레의 분석적인 가르침을 관통했던 루 살로메는 이러한 철학으로 자기의 마음을 정리하고 싶지 않았다. 결국 루 안드레아스 살로메는 8월 26일 레가 있는 슈티베로 떠났다. 레는 그리움에 가득 찬 상태로 루를 기다렸다.

"연인이여, 내가 너와 다시금 재회하기를 얼마나 갈망했는가! 너는 이번 4주 동안에 참으로 대단한 삶을 살았으리라!"[50]

니체는 우선 행복했다. 니체는 루가 타우텐부르크에 체류했던 것을 일종의 성과로 생각했다. 왜냐하면 루 살로메가 작별의 선물로서 自作詩(자작시) <삶의 기도>를 그에게 獻呈(헌정)했기 때문이다. 니체는 이 시를 분명한 사랑의 증거로 이해했다. 니체는 8월 27일에 서둘러 나움부르크로 가서 루의 시를 음악으로 작곡했다. 니체는 이 음악을 루에게 즉각 알렸다.

---

49) Ebd., S. 185
50) Ebd., S. 217

"나움부르크에서 음악의 데몬이 다시금 나에게 왔습니다. — 나는 당신의 삶의 기도를 작곡했습니다."[51]

니체는 감정의 혼란을 음악에서 吹奏(취주) 방식으로 즐길 수 있었다. 니체는 사랑하는 루가 슈티베에 있는 戀敵(연적)의 집에 머물고 있는 동안 이러한 심미적인 방식으로 루와 하나로 일치할 수 있었다.[52]

이 음악적인 정점에 의해 우정의 절정이 극복된다. 니체의 下降(하강)이 시작되었다. 우선 니체는 물론 일시적이긴 하지만, 어머니 및 누이동생과의 관계를 끊었다. 엘리자베트 니체는 자기를 3주 동안 냉대 속에 무시한 오빠와 동반하는 것을 거부하며 여전히 타우텐부르크에 머물러 있었다.

어머니는 이 불화를 숨기지 않았다. 어머니가 니체를 아버지의 무덤에 대한 치욕[53]이라고 표현했을 때 어머니와 아들 사이에 다툼이 일어났다.

니체는 9월 7일에 달아나듯 라이프치히로 떠났다. 10월 1일 루와 파울레가 라이프치히에 도착했다. 다음 주에 니체 또한 루의 타우텐부르크 진단이 옳았다는 것을 명료화시키지 않으면 안 되었다. 두 사람은 아득히 멀어졌다. 세 사람 간의 '三位一体'는 망상적이고, 연말에 파리로 가려는 계획도 포기되었다. 더욱이 니체는 계속 오류를 범했다. 니체는 루의 면전에서 레를 비방하려고 시도했다. 그가 레에 대한 반대자의 입장에 이를 것이라는 것은 이해되지만, 여하튼 루는 불쾌했다. ≪삶

---

51) KGB Ⅲ, 1, S. 247
52) Vgl. Janz Ⅱ, S. 151
53) KGB Ⅲ, 1, S. 326

의 회고≫에서 루는 이 점에 대해 다음과 같이 진술하고 있다.

"나와 니체와의 내면적인 관계를 무엇이 가장 먼저 약화시켰는가를 자문한다면, 그것은 파울 레가 기분 나쁘게 만들었던 것과 같은 그런 암시를 니체가 더욱더 반복했기 때문이다.」[54]

결국 실패한 트리오는 갈라섰다. 니체는 두 사람을 더 이상 볼 수 없으리란 사실을 예감할 수 없었다. 파울 레와 루 살로메는 11월 5일에 베를린으로 떠났다. 그곳에서 루는 열망했던 연구공동체를 현실화시켰다. 그것은 니체없이 실현되었다. 니체는 그것에 대해 전연 몰랐다. 파울 레는 여성 친구들의 교양에 대한 갈증을 충족시켜 주기 위해 베를린에서 젊은 여성들을 끌어모았다. 헤르만 에빙하우스(Hermann Ebbinghaus), 페르디난드 퇸니스(Ferdinand Tönnies), 게오르그 브란데스(Georg Brandes) 등이 이 연구공동체에 속했다.

이 연구공동체에서 루 살로메는 적극적인 사유로 교육받았으며, 그럼으로써 니체 철학과의 결별은 분명해졌다. 루와 레는 그 이후 더욱더 철학으로부터 분명하게 멀어졌다. 레는 나중에 전문의가 되었고, 루 살로메는 프로이드 학파의 정신분석학자가 되었다.

결국 니체는 이 결별이 최종적임을 분명히 했다. 니체는 자기가 착각했다고 생각했다. 그는 오버베크의 생일에 바젤로 가서 오버베크 부부에게 '三位一体'가 실패했음을 알렸다. 오버베크 부부는 물론 사랑으로 번민하는 벗에 대해 잘 모르고 있었다. 이다 오버베크는 이러한 상황에 대하여 다음과 같이 보고하고 있다.

54) Lou von Salomé: Lebensrückblik, a,a.o., S. 85

"1882년 11월에 이 결별의 원인이 무엇인지 나는 전연 몰랐다. 니체는 그것에 관하여 전연 언급하지 않았다. 그는 금년 들어 우리를 찾은 세 번째 방문에서 그들 세 사람 사이에 모든 것이 끝나고 있다고 말했다. 그는 괴로운 듯했고, 오히려 그 괴로움을 말함으로써 도움이 된다는 것, 즉 위로의 말을 들음으로써 자기에게 도움이 된다는 것을 이해하지 못하는 듯했다."55)

자기의 절망을 내면에서 억제했던 절망적인 니체는 이틀 후 이탈리아로 떠났다. 그곳에서 그는 수 개월 동안 머물러 있었다.

심각한 고뇌에 괴로워했던 니체는 11월에 한 번 더 루 살로메에게 純化(순화)를 애원하고자 했다.

"자, 사랑하는 心魂 루여. 순수한 하늘을 창조하십시오! 나는 모든 점에서 순수한 밝은 하늘 그 이외의 어떤 것도 원하지 않습니다. ……"56)

이처럼 간청받은 루가 니체에게 답신을 보냈다. 그러나 루의 편지는 유감스럽게도 보존되지 않고 있다. 니체의 항변으로 기술된 편지의 초안에 근거하여 본다면 다음과 같은 결론이 나온다. 즉 루가 니체를 확정적으로 거절했다는 것이다.

"당신은 무엇을 하고 있습니까, 나의 사랑하는 루여, 나는 우리들 사이에 청명한 하늘을 간청했습니다. 그것은 이미 지나갔다고 말해야 합니까? 우리가 서로간에 화를 내고 싶습니까? 우리가 큰 소동을 일으키는 것을 즐거워해야 합니까? 나는 전

---

55) Zit. nach: KSA 15, S. 131
56) KGB Ⅲ, 1, S. 281

연 그것을 원하지 않습니다. 나는 우리들 사이에 청명한 하늘을 원합니다. 그러나 당신은 정말 작은 부랑자! 예전에 나는 당신을 살아 있는 덕과 존경으로 생각했습니다."57)

이와는 반대로, 베를린에서 결성한 새로운 공동체에서 니체를 쫓아내는 것이 루 살로메에게 어려운 일이 아니었다. 니체는 위기 속으로 빠져들었다. 그는 다른 사람들에게 보내는 편지 초안을 절망 가운데서 썼고, 다시금 루를 물리쳤고, 결국은 루의 어머니와 파울 레의 형 게오르그에게 편지를 썼고, 그리하여 그는 루의 거부에 직면하게 되었다.

우선 무엇보다도 니체는 1883년 7월에 게오르그 레(Georg Rée)에게 보낸 한 편지에서 파울 레와 루 살로메에게 모욕적인 감정을 표출했다.

"이 거짓된 가슴을 가진 바싹 마르고 더럽고 악취가 나는 암놈 원숭이 — 하나의 운명!

용서를 바랍니다!

이 원숭이가 당신의 형에 관해서 어떻게 말하고 생각했는가 하는 것은 나의 思慮·分別(사려·분별)에 속하는 일입니다. 라이프치히에서 이 암놈 원숭이는 당신의 형을 쓰레기라고 불렀습니다. 나를 매우 격분시켰습니다."58)

그것은 허리 아래에 대한 가격이었다. 비록 이 단절이 이미 반년 전에 확증되었다고 하더라도, 니체는 이와 같은 미움의 장광설로 두 사람을 박해했다. 니체가 이처럼 자유분방하게 행동하는 일은 드물었다. 게오르그 레가 그를 고소하고자 위협한

57) Ebd., S. 283
58) Ebd., S. 402

것은 이해됨직 하다. 그러나 실망한 니체가 이 딜레마를 정확하게 분석하는 순간들도 있었다. 그러므로 그가 1882년 말에 쓴 편지 초안에는 다음과 같이 쓰여져 있다.

"제발, 도대체 작은 처녀는 무엇을 생각하며, 어떤 연애 감정을 가지고 있는가, 여기저기서 병들어 침상에 드러눕는 것 이외 그 어떤 행동도 하지 말라. 무료한 사람과 파리들을 쫓아내기 위해 아직도 이 작은 처녀의 꽁무니를 따라다녀야 하는가? …… 나는 산뜻한 겨울에 무엇을 행해야 하는가? 나는 이 겨울을 위하여 기여하는 영예를 가져야 하는가?"[59]

정확히 말해서 니체는 이러한 영예를 가지고 있다. 모든 절망에도 불구하고 니체는 좌절에서 회복되었다. 그의 철학이 이 좌절을 치유했다. 1882년 12월 25일에 니체는 오버베크에게 다음과 같이 알리고 있다.

"만일 내가 황금 옹기를 만드는 연금술사의 재주를 발명하지 못한다면 나는 패배합니다."[60]

니체는 행동으로 옮기고 황금색을 칠하고 자기의 고통을 순화했다. 1883년 1월에 니체는 ≪차라투스트라는 이렇게 말했다.≫의 제1부 원고를 완성하여 출간했다. 이 저서는 니체가 벗들에게 여러 번 비장한 감정으로 보고한 바와 같이 자기의 삶을 구했다. 저술하고 사유하면서 그는 드디어 다시금 자기 자신을 발견할 수 있었다. 그러므로 1883년 2월 1일에 벗 하인리히 쾨젤리츠(Heinrich Köselitz)에게 다음과 같이 알렸다.

59) Ebd., S. 284
60) Ebd., S. 312

"그 사이 다시금 날씨가 청명해졌습니다. 즉시 나는 다시금 나 자신의 주인이 되었습니다. 만일 사람들이 고독 속에서 스스로 자기를 완성시킬 수 있다면, 그 경우 행복은 있게 됩니다. (……)! 대체로 100페이지에 불과한 작은 책이지만 중요합니다. 그것이 나의 최선의 것입니다. 나는 이 작은 책으로써 나의 영혼의 무거운 돌을 굴렸습니다. 나에게는 진지한 것도 청명한 것도 없습니다. 이 책으로써 나는 새로운 "圈(권 Ring)"으로 들어갔습니다."[61]

아직도 약간의 감정적인 반향이 있다고 하더라도 '차라투스트라' 저술 작업은 프리드리히 니체로 하여금 점점 루를 잊게 만들었다.

니체는 오버베크에게 (하인리히 쾨젤리츠에게 보낸 편지에 찍힌 날짜와) 같은 날 자랑스럽게 알렸다.

"나는 나 자신을 심연에서 '수직으로' 나의 높이만큼 끌어올렸습니다. 이제 다시금 잘 되어갈 것입니다. 우리는 적어도 그렇게 되기를 희망합니다."

61) Ebd., S. 312

3. 니체의 영혼의 왕국에서 여왕처럼 군림했던 코지마 바그너

1) 니체 주변의 여성들

고독과 병고에 몸부림치며 시달리다 처절하게 삶을 마친 프리드리히 니체는 한 평생 홀로 시대와 인간에 대한 회의와 절망을 고뇌하며 살았다. 사람들과 도시를 피해서 홀로 스위스의 깊은 알프스 산자락에 위치한 실스마리아에서 철학적 사유, 앞으로 올 시대에 대한 豫診(예진), 열정적인 저술활동 등을 하면서 외로움을 달랬다.

이러한 고독 속에서 니체는 사유와 저술을 감행하며, 가끔씩 자기의 주변을 서성이던 우아하고 아름다운 여성과의 낭만적인 관계를 가지기도 했다. 그러나 일반적인 기준에서 본다면 그러한 여성 관계도 지극히 삭막하고 황량하기 이를 데 없으며 냉철한, 지성적인 관계에 지나지 않았다.

니체와 가까운 관계를 가졌던 여성으로는 가장 센세이션날했던 여동생 엘리자베트 푀르스트 니체(Elisabeth Förster Nietzsche), 루 안드레아스 살로메(Lou Andreas-Salome), 코지마 바그너(Cosima Wagner), 말비다 폰 마이젠부크(Malwida von Meysenbug) 등이 있다.

이 여성들은 니체의 삶에서 중요한 의미를 가진 운명의 여성으로 작용했다.

특히 엘리자베트 푀르스트 니체는 니체보다 두 살 적은 동생으로서 미운 정 고운 정을 더불어 쌓았던 보호자였다. 니체가 10년 동안 정신병자로서 폐인이 되어 있다가 1900년 8월 25일 바이말에서 죽을 때까지 간병한 사람도 바로 엘리자베드 니체였다.

1900년 8월 25일 마지막 슬픈 죽음을 맞이하던 날에도 니체는 여동생의 품에 안긴 채 숨을 거두었다.

니체의 철학사상이 아돌프 히틀러에 의해 일반적으로 나치즘의 이론적인 배경으로 이용되고, 그리고 유감스럽게도 엘리자베드 니체가 히틀러 찬양자로 처신했던 이유로 해서 니체와 엘리자베드 니체가 근친상간의 관계에 있었다는 추악한 루머들이 나돌기도 했다. 그러나 이 루머들은 제2차 세계대전 당시 연합군, 특히 연합국 정보 당국에 의한 조작이었다. 이 조작극에서 만들어진 산물이 바로 ≪니체와 누이≫라는 책이다. 이 책은 일고의 가치도 없다. 이 책이 한국에서 번역되어 한때 서점가에서 베스트 셀러가 되었다는 것은 참으로 어처구니 없는 일이다.

아무튼 니체에게 엘리자베트 니체는 결정적인 영향을 미친 여성이다.

엘리자베트 니체 다음으로 중요한 의미를 가지고 니체에게 나타난 여성들은 대체로 루 살로메와 코지마 바그너이다.

여기서는 주제가 니체와 코지마 바그너 간의 관계이기 때문에 루 살로메와의 관계는 배제하고, 다만 니체와 코지마 바그너와의 관계에 대해서만 집중적인 조명을 시도하고자 한다.

2) 니체, 리하르트 바그너, 그리고 코지마 바그너 간의 운명적인 만남

인류 역사상 그리스도교를 가장 혹독하게 비판했던 소수의 反그리스도교도 가운데 한 사람인 니체는 한 평생 품위있게 행동하고 처신하며 살다 간 지극히 고상한, 귀족적 철학자였다. 공교롭게도 그리스도교의 한 독실한 목사의 아들이었던 니체는 자기가 귀족 가계의 혈통을 이어받은 것으로 열망한 나머지 생전에 항상 그러한 환상에 젖어 있곤 했다. ≪이 사람을 보라(Ecce Homo)≫에서 니체는 "나는 폴란드 귀족이다."[62] 라고 쓰고 있다. 훗날 니체가 짧은 문장으로 언급한 바와 같이 자기와 동일한 높이에서 왕위에 오를 수 있는 사람이 자기 가까이에 있는데, 그 사람이 바로 코지마 바그너라는 것이였다. 니체 자신이 정신병에 걸려 가끔 발작 증세를 나타내는 헛소리를 칠 때면 이러한 언표가 입 바깥으로 튀어나오곤 했다.

"코지마 바그너 부인은 가장 고귀한 품성을 가진 여성이다."[63]

코지마 바그너는 니체가 ≪즐거운 학문(Die Fröhliche Wissenschaft)≫에서 역설하고 있는 니체 자신의 관점을 실현하고 있다. 니체는 그렇게 생각하고 있었다.

"우리는 갑자기 이 세계 내 그 어디엔가 고귀하고 영웅적이

62) KSA 6. S. 268
63) A,a,O.,

며 왕자다운 영혼을 가진 여성, 장엄한 항변이며 결의며 희생을 각오한 여성, 남성들마저도 지배할 수 있는 여성, 자기 자신의 내면에 남성이 가지고 있는 가장 좋은 것마저도 性別을 초월해서 체현하고 있는 여성, 이러한 여성이 존재하고 있다고 믿는다."64)

니체는 정신분열에 이르기까지 코지마 바그너에게 이러한 이상적 여성이 구현되어 있음을 보았다. 코지마 바그너는 니체에게 결코 그냥 던져놓고 보고만 있을 수 없는 유일한 부인이었다. 그러나 코지마 바그너를 천사 같은 여성으로 우러러본 데에 대한 어떤 보상도 받지 못했다.

코지마는 1837년 프란츠 리스트(Franz Liszt)와 품격 있는 마리르 플라휘그니 다고울트(Marie de Flavigny d'Agoult) 사이의 사생아로 태어났다. 코지마는 아버지와 어머니가 딸에 대해 특별한 관심을 기울이지 않았기 때문에 가정교사에 의해 교육을 받았다.

결국 리스트 코지마는 리하르트 바그너가 사랑하는 제자였던 지휘자 한스 폰 뷔로(Hans von Bülow)와 깊은 관계를 가졌다. 1857년에 두 사람은 결혼했다. 그들은 허니문을 취리히에 있는 리하르트 바그너의 집에서 보냈다. 그 당시 젊은 신랑인 한스 폰 뷔로는 바그너를 매우 존경하고 있었다. 이와 반대로 코지마 폰 뷔로는 자살하고 싶은 충동에 사로잡혀 정신적 고통 속에 괴로워하고 있었다. 왜냐하면 코지마는 한스 폰 뷔로와의 결혼을 처음부터 괴로운 짐으로 생각하고 있었기 때문이다. 이러한 괴로움에 시달리고 있던 코지마를 정신적으로 구

---

64) KSA 3, S. 428

제한 것이 바로 바그너였다.

바그너는 그 당시 민나 플라너(Minna Planer)와 결혼해 있었다. 그럼에도 불구하고 1864년 드디어 두 딸의 어머니였던 코지마 폰 뷔로 부인은 바그너와 불륜의 관계를 맺고 말았다. 한국적 언표에 의하면 코지마와 바그너는 은밀한 사랑을 나누는 가운데 서로 넘어서는 안 되는 선을 넘어섬으로써 결국에는 간통이라는 불륜을 저지르고 만 것이다.

코지마는 그토록 미워했던 남편에게서 도망쳐 나와서 결국 바그너의 품에 자기의 몸을 던진 셈이다. 이러한 불륜의 연인 관계는 어쩔 수 없이 문제를 불러일으켰다. 코지마 폰 뷔로 부인이 드디어 바그너의 아이를 잉태한 것이다.

3) 니체와 리하르트 바그너와의 감동적인 만남

니체는 다섯 살 때부터 대학 졸업(방학을 제외하면 주로 라이프치히에서 하숙생활) 때까지 가족과 함께 살았던 나움부르크(Naumburg)의 도덕적인 환경세계와는 완전히 대조적인 불륜의 임신 스캔들이라는 환경세계 속으로 소개된다. 1868년 11월 8일에 니체는 라이프치히에 있는 동양연구가 헤르만 브록하우스(Herman Brockhaus)의 집에서 리하르트 바그너를 알게 되었다. 니체를 소개받은 바그너는 오히려 니체를 더욱 알고 지내고 싶어했다. 왜냐하면 니체의 박사 지도교수인 리츨(Ritschl)의 부인 소피 리츨(Sophie Ritschl)이 이 청년이야말로 바그너의 '마이스터징에른(Meistersingern)'의 최고 音調(음조)에 심취해 있다라는 것을 알려주었기 때문이다.

리하르트 바그너는 니체를 더욱 어루만져 주어야겠다고 생각했다. 이러한 생각에 상응이라도 하듯 니체는 바그너와의 첫 만남에서 감격했다. 대학에 재학하고 있던 청년으로서 니체는 바그너라는 이름만 들어도 존경의 念(념)으로 가슴 벅차던 당시에 바그너를 직접 가까이서 보며 음악에 대해 논의한다는 것이 여간 감격스럽지가 않았다.

바그너는 마이스터징에른 가운데 약간의 樂節(악절)을 연주하여 들려주고는 쇼펜하우어에 관하여 열광적으로 논의하고, 아직 집필 도상에 있던 자신의 전기 가운데 일부분을 성심성의껏 최선을 다하여 들려주곤 했다. 니체는 깊은 영혼의 변화를 느꼈다. 마치 마법에 걸린 듯했다. 그 다음 날 니체는 벌써 자기의 벗 엘빈 로데에게 바그너와 알게 된 사실을 말했다.

"나의 기분은 이날 현실적으로 소설을 읽은 것 같았네. 이러한 첫 面識(면식)의 서두에서, 말하자면 가까이 갈 수 없는 천재를 알게 되는 서두에서 마치 내가 동화에 접하는 그런 기분을 가졌네."65)

자주적, 카리스마적 예술가의 전형으로서 바그너는 젊은 니체를 감동시켰다. 음악가로서의 바그너의 존재 전형은 니체의 아카데믹한 존재 전형과는 근본적으로 구별되고 있었다. 니체는 드디어 바그너의 별장을 방문하기 위해 트립셴으로 갔다.

4) 니체를 향한 코지마의 음흉한 조롱

트립셴에 있는 바그너의 별장에서 니체는 코지마 폰 뷔로

---

65) KGB 1, 2, S. 338

(Cosima von Bülow)를 알게 되었다. 그녀는 한스 폰 뷔로의 부인으로써 그 당시 이미 리하르트의 연인이 되어 바그너의 세 번째 사생아를 임신하고 있었다. 그런데도 그녀는 니체와 첫 인사를 나눌 때, 자기가 임신하고 있는 아이가 남편인 한스 폰 뷔로의 아이가 아니라 바그너의 아이라는 사실을 숨기고 있었다. 니체는 이러한 음험하고 부도덕한 태도에 대해 상당히 분노하고 있었다.

코지마 폰 뷔로를 알게 된 첫 주에 니체는 이 邪惡(사악)한 짝과는 거리를 두었다. 여하튼 대학교수로서 그의 명예가 농락당한 셈이었다.

코지마 폰 뷔로는 일기에 그날 저녁 니체가 방문했던 정황을 다음과 같이 적고 있다.

"리하르트가 브록크하우스 집에서 알았고, 리하르트의 작품을 근본적으로 이해하고 있고, 그리고 자기 자신이 강의에서 바그너의 '오페라와 드라마'의 내용들을 인용하곤 하는 문헌학 교수 니체를 초대하다. 조용하고 쾌적한 방문."66)

코지마는 연인인 리하르트 바그너가 그를 추종하는 신선한 니체에 의해 대학 강단에서 인용되곤 하는 사실에 대한 보답으로 니체에게 친절과 호의로 환대했다. 코지마는 니체를 알게 된 것이 바그너에게는 유익하다는 사실을 알고 있었다.

그 무렵 바그너는 자기의 작품을 공연할 수 있는 전문적인 오페라극장을 건립하고자 하는 기획을 하고 있었다. 이 기획에 따라 바그너는 이 오페라 극장을 손수 설계하며 건립하고자 했다. 바그너는 당시 직접 현장에 나가서 오페라 극장의 건립공

66) Cosima Wagner: Die Tagebücher, Bd. I, S. 96

사를 진두지휘하기도 했다. 장차 완공될 이 오페라극장을 바그너는 페스트슈필하우스(Festspielhaus)라고 일컬었다. 바그너는 이 페스트슈필하우스의 완공을 위하여 혼신의 힘을 바치고 있었다.

니체 역시 바그너의 이러한 열정을 잘 알고 있었기 때문에 바그너의 이 거창한 기획을 공개적으로 찬양하기도 했다.

그런데 코지마 폰 뷔로는, 몹시 수줍은 니체를 사로잡아 완전한 바그너 추종자이면서 찬양자로 만드는 간교한 전략적 과제를 떠맡고 있었다. 그러므로 코지마는 의도적으로 니체에게 친절과 온정을 베풀었다.

니체는 이 음흉한 의도를 전혀 눈치채지 못하고 자기가 코지마의 마음에 꼭 든것으로 착각했다.

코지마와 바그너는 간교할 정도로 니체를 적절하게 이용하는 법을 알고 있었다. 니체는 코지마가 부탁하거나 지시하는 것마다 성실을 다하여 완벽하게 해결하곤 했다.

1869년 크리스마스 축제가 열렸을 때 코지마는 니체를 특별히 배려했다. 그때 코지마는 니체에게 여러 가지 물건들을 구입하여 직접 보냈다. 만일 니체가 자기에게 부여한 지시나 주문을 제대로 실현하지 못했다면 코지마로부터 격심한 비난을 받았을 것이다.

코지마가 지시하고 부탁했던 과제들은 사실 니체가 기꺼이 해결하고 싶어했던 그런 것은 결코 아니었던 것 같다. 여하튼 니체는 그 모든 지시와 주문들을 만족스러울 정도로 실현했고, 그 보답의 차원에서 1869년 니체는 코지마, 바그너, 그리고 그들의 아이들과 함께 크리스마스의 축제를 함께 보낼 수 있었다.

12월 24일에 코지마는 다음과 같이 적고 있다.

"니체 교수가 아침에 와서 인형극을 조정하던 나의 일을 도왔다. …… 나는 말라죽은 나무 앞에서 아이들과 함께 기도를 드렸다. 니체 교수는 나에게 호머에 관하여 강의하여 주었다."67)

코지마는 그날 찾아온 니체에게 효과적으로 신경을 썼다. 새해 직후 코지마는 다음과 같이 회고했다.

"한 週 내내 책을 읽지 않았다. 거의 대부분 시간을 니체 교수와 함께 보냈다. 니체 교수는 어제 떠났다."68)

바그너 집에 모였던 사람들은 플라톤, 아리스토텔레스, 아이킬로스, 소포클레스, 헤로도투스, 투키디데스 등에 관하여 읽고 토론했다. 여기서 문헌학의 거장으로서 니체의 능력은 출중할 정도로 번적하게 빛났고, 그로 말미암아 니체는 그곳에 모인 모든 사람으로부터 많은 칭찬을 받았다.

코지마는 파르시팔(Parzival)의 텍스트를 오로지 니체에게만 낭독하게 함으로써 그에게 기쁨을 주었다. 니체는 이때 코지마에게서 유혹과 정열을 경험할 수 있었다.

따라서 니체가 머릿 속에서 두 사람만의 음탕한 관계가 일어날 수 있는 장면을 상상한다는 것은 있을 법한 일이다. 1870년 8월에서 1871년 12월 말 사이에 바그너의 감독・관리하에 진행된 바이로이트 기획을 위한 자선공연을 위해 4일 동안 만하임으로 함께 가게 되었을 때, 코지마에 대한 니체의 생각은

---

67) Cosima Wagner: Die Tagebücher. Bd. I. S. 181f.
68) Ebd., S. 185

온통 자기 위주의 달콤한 정서로 채색되어 있었다.

니체는 바그너의 음악에만 상기되어 있지 않았다. 이러한 경험과 달콤한 생각에 젖어 있던 10일 만에 니체는 코지마에게서 한 통의 편지를 받았다. 니체는 코지마의 편지를 황홀경에 빠진 상태에서 읽었다.

"우리는 둘 다 근자에 다시금 행복해졌습니다. 상호 신뢰의 결합 속에서 우리는 진정 행복했습니다. 우리는 새해의 守護神(Dämon)에게 행복을 빌고, 그리고 사랑과 성실을 느낄 수 있는 그런 시간이 다시금 오기를 기원합니다."69)

코지마는 그러면서도 근본적으로는 니체에 대해서 별로 큰 의미와 관심을 두지 않았다. 코지마는 만하임에서 오직 자신이 진정 마음속에서 우러나오는 존경을 보내고 있는 남편의 예술에 귀기울여 들을 수 있는 그런 시간에만 열중하고 있었다. 니체가 자기 옆에 앉아 있는 것은 부차적인 일이었다. 그러나 니체에게는, 비록 자신이 숙련된 오페라 텍스트의 해석자라고 하더라도 코지마 옆에 앉아서 텍스트를 해석하는 것은, 코지마가 사소하게 생각하는 것과는 전연 달랐다.

무엇보다도 특히 말할 수 없는 것에의 동경은 니체에게 최고로 가치 있는 일로 생각되었다.

여기서 코지마가 과연 사랑스런 윙크를 니체에게 주었을까? 그러나 그런 희망은 실망으로 끝났다. 코지마는 오로지 자기가 존경의 念으로서 마이스트(Meister)라고 부르고 있는 남편 리하르트 바그너만을 위해서 살았다. 지난 날들을 뒤돌아보면서 니체는 코지마와 리하르트 바그너 간의 불가분적인 共生(공생)

69) KGB II. 2, S. 492

을 알고 있었다.

“여성의 정신력은 그 여성이 한 남성과 그 남성의 정신에 대한 사랑 때문에 자기 자신의 정신을 제물로 바침으로써, 그리고 그럼에도 불구하고 그 남성의 성향이 여성의 정신으로 하여금 몰아 붙여나가는 새롭고 그 본성상 근원적으로 낯선 영역에서 즉시 제2정신으로 성장함으로써 가장 잘 입증된다.”70)

니체는 가망없는 처지에 놓여 있었다. 그의 두 손은 묶여 있었다. 왜냐하면 우선 아버지와 같은 바그너를 부인과 떼어놓는다는 것은 생각조차 할 수 없었기 때문이다. 특히 니체는 바그너와는 달리 양심 없는 방탕자 및 난봉꾼과는 근본적으로 다른 사람이었다. 아직도 니체는 코지마와 바그너 부부를 지지하고 있었다.

1870년 크리스마스에 니체는 코지마 바그너에게 자기의 논문 <비극사상의 탄생>을 보냈다. 리하르트 바그너는 그 논문을 호의를 가지고 읽었다. 코지마는 일기에서 다음과 같이 적고 있다.

“우리는 니체의 사상 발전 단계를 강렬한 관심을 가지고 지켜보고 있다. 리하르트의 이념이 이 영역에서 뻗쳐나갈 수 있다는 것이 나에게는 특별한 기쁨을 자아내고 있다.”71)

니체는 바그너의 이념을 더욱더 부지런히 확장시켰다. 1872년 1월에 그의 저서 ≪음악의 정신으로부터 비극의 탄생≫이 발간되어 나왔다.

문헌학자로서 니체는 이 저서가 세상에 나옴으로써 문헌학

---

70) KSA 2, S. 494
71) Cosima Wagner: Die Tagebücher. Bd. I, S. 330

전문학회로부터 회원 자격을 박탈당한다. 그가 학문적, 문헌학적 토의에서 벗어나서 논의했기 때문이다. 쇼펜하우어(Schopenhauer)와 바그너의 미학의 바람막이 속에서 니체는 고전문헌학의 한계를 돌파하고 있다. 니체 자신도 문헌학의 영역에서 벗어나고 있음을 인식하고 있었다.

바그너에게 바치는 獻呈文(헌정문)에는 다음과 같은 글이 쓰여져 있다.

"문헌학자들이 지금 아무것도 배우려고 하지 않는다면 하느님께서는 이 문헌학자들을 혼쭐내리라!"[72]

이 헌정문은 트립셴의 바그너 부부에게 기쁨을 주었고, 또한 마이스트를 그리스 비극의 개혁자로 확인했다. 그러나 문헌학 동아리의 니체 비판은 니체에게는 흔적조차 없이 지나갔다. 그의 문헌학 지도교수였던 프리드리히 리츨과 문헌학계에서 우뚝 솟은 새로운 별 울리히 폰 빌라모비츠 묄렌도르프(Ulrich von Wilamowitz Moellendorf)가 니체에게 파괴적인 비판을 가했다.

5) 니체와 코지마 (그리고 바그너) 간의 슬픈 갈등

니체와 코지마 및 바그너 간의 관계가 이 무렵 첫 균열을 맞이하게 되었다는 것은 그리 놀랄 만한 일이 아니다.

문헌학 동아리로부터 심각한 비판을 받은 니체는 1872년 부활제를 맞이하여 코지마와 함께 그녀의 아이들을 위해서 부활제 장식용 계란을 여기저기에 숨겼다. 그러나 니체의 기분은

---

72) KGB II. I, S. 272

우울한 상태였다. 바그너 가족이 모두 트립셴을 떠나기로 되어 있었기 때문이다.

코지마와 바그너, 그리고 아이들, 그밖에도 그들과 특별한 관계를 가지고 있었던 사람들이 바이로이트(Bayreuth)에서 페스트슈필의 기획을 실현시키기 위해서 모두 바이로이트로 이사갔다. 니체로서는 사랑하는 고향을 잃은 그런 슬픔을 느꼈다. "트립셴은 오늘로서 끝났다."[73]

그 이후, 그러니까 바그너家가 트립셴을 떠난 지 수개월 만에 니체와 바그너 사이에는 하나의 균열이 생기기 시작했다. 이 당시 니체의 삶 속에는 코지마와 바그너에 대한 사랑이 미움을 동반한 상태의 그런 기분이 혼융을 이루고 있었다.

코지마와 바그너 부부는 니체에게 마침내 결혼할 것을 종용했다. 니체가 독신생활을 지속한다는 것은 바그너 부부의 생각으로는 사교상 결코 바람직하지 못하고, 또 그것이 니체 자신에게도 오랫동안 견디어 낼 것만 같지 않았다. 어쨌든 결혼 종용으로 니체는 기분이 상해 있었다.

니체의 분노는 ≪비시대적 고찰: 제4부, 바이로이트에서의 리하르트 바그너(Unzeitgemäße Betrachtung: Richard Wagner in Bayreuth)≫에서 숭고할 정도의 상태로 드러나고 있다. 근원적으로 이 저서는 작가로서 리하르트 바그너에 대한 찬양으로서 생각되었다. 그러나 니체는 이제 바그너에게서 거리를 두기 시작했다.

페스트슈필하우스의 문을 열기 전 바그너와 마찬가지로 이 저서를 기증받은 코지마 바그너 역시 몹시 화가 나 있었다. 니

---

73) Ebd., S. 313

체가 1876년 7월 23일에 바이로이트에 도착했을 때, 그는 자기들을 배신했다고 생각하는 코지마와 바그너로 부터 다소 무시되고 있었다.

바로 그 해 소렌트(Sorrent)에서 바그너와 니체 간의 마지막 만남이 이루어졌다. 그 이후에도 여전히 몇 통의 서신 교환이 있었다. 1년 뒤 바그너 부부가 지극히 신성하게 생각한 <바이로이트 기획>에 대한 니체의 혐오를 엄청난 배신행위로 낙인찍었던 바그너 부부로부터 몹시 쓰라린 보복이 돌아왔다.

1877년 니체의 주치의 오토 아이저(Otto Eiser)는 신뢰받는 바그너주의자로서 바그너에게 충실한 추종자가 되겠다는 맹세를 했다. 오토 아이저는 의사로서 환자의 비밀을 지켜 주어야 할 의무가 있음에도 불구하고, 바그너 부부에게 니체의 건강 상태에 관하여 서신으로 상세하게 보고했다.

리하르트는 니체가 매일 Masturbation(手淫)을 즐겨하고, 그밖에도 性愛(성애)의 관점에서 볼 때 여성에게 보다는 오히려 남성에 대해 사랑을 느끼고 있다라고 암시함으로써 아이저에게 정신분석학적인 문제를 제기하기도 했다. 아이저는 바그너의 이러한 진단을 받아들였다. 바그너의 문제제기에 동의한 아이저는 1878년 바그너의 추측에 따라 니체를 선의로 애처럽게 생각하고 있었다.

니체는 제정신의 상태에 있지 않았다. 그로부터 5년 뒤 니체의 노여움은 심각했다. 1883년 4월에 니체는 작곡가 하인리히 쾨젤리츠(Heinrich Köselitz, 筆名 Peter Gast)에게 바그너의 보고를 배반이라고 말했다. 이때 바그너 부인에 대해서도 역시 비판을 가했다.

"코지마는 나를 다른 사람의 신뢰 속으로 몰래 기어들어가서 자기가 의도하는 것을 모두 성공시키고는 곧장 도망가 버리는 그런 스파이라고 말했습니다. 바그너는 악의에 찬 착상을 풍성하게 가지고 있습니다. 하지만 나의 변화한 사유방식이 나를 남색(男色)의 인간으로 시사하며, 부자연하고 과도한 성생활의 결과인 것처럼 확신하는 견해를 표현하기 위해 바그너가(하물며 나의 주치의와의) 서신을 교환했다는 것을 당신은 어떻게 생각합니까?"74)

1878년 결국 바그너 가족과의 결정적인 파국이 왔다.

바로 그 해 4월에 ≪인간적인 너무나 인간적인 — 자유정신을 위한 책≫이 출판되어 나왔다. 이 책은 니체의 초기 저작에서 논의했던 입장과는 너무나 확연한 차이를 보여주고 있다. 이 책의 중심점에는 전통적인 문화 의미론의 파괴가 주로 논의되어 있다. 니체는 냉정하게도 자기의 형이상학적인 옛 짐을 벗어던졌다.

"그것은 하나의 전쟁, 그러나 화약과 연기조차 없고, 전투태세도 없고 정열과 접질러진 四肢(사지)도 없는 전쟁이다. — 이 모든 것이 관념론에 대해서 치르는 전쟁이다. 오류마다 하나씩 얼음 위에 놓여진다. 그 이상은 반박되지 않고 얼어죽는다."75)

따라서 바그너 부부와의 최종적인 다리가 끊어졌다. 코지마 바그너는 일기에서 다음과 같이 적고 있다.

---

74) KGB III, S. 365
75) KSA 6, S. 323

"리하르트는 니체의 신간 저서에서 독단적 일상성에 관하여 놀라운 것을 읽고 있다."[76]

바그너는 니체가 자기의 형이상학적 예술이론을 파기하고 있는 것에 놀랐다. 니체가 보여 준 철학적 입장 변화는 리하르트의 평생의 사업에 문제를 제기하는 것과 같았다. 바그너의 형이상학적 예술이론을 넘어서 저편에로 이주한 니체의 수필풍의 합리적인 세계는 작곡가로서 바그너에 의해 무조건 거부되었다.

니체는 더 이상 바그너의 형이상학적 예술세계에 머물러 있지 않았다. 니체는 이제 자기가 바그너와 동등하다고 느꼈다. 그러나 리하르트 바그너는 자기 옆에 자기와 동등한 인간이 있는 것이 참을 수 없었다. 코지마 바그너는 1871년 5월 11일에 이 긴장을 명증이 확실할 정도로 묘사했다. 코지마 바그너는 다음과 같이 낌새를 감지했다. "여기에는 배신의 병적 욕망과 같은, 말하자면 위대한 인상에 대하여 앙갚음하고자 하는 위험한 성향이 있다."[77]

니체는 바그너 부부에게 여전히 '구역질나는 물건'에 불과했다. 그러므로 니체는 자기의 정신 붕괴에 이르기까지 코지마와 바그너 부부에 의해서 결코 방기될 수만은 없었다.

더욱이 니체는 바그너를 되풀이하여 날카롭게 비판하면서도, 다른 한편으로는 되풀이하여 바그너에 대해서 호의적으로 진술하고 있다.

1888년 봄에 니체는 ≪바그너의 경우(Der Fall Wagner)

---

76) Cosima Wagner: Die Tagebücher. Bd. II, S. 124.
77) Cosima Wagner: Die Tagebücher. Bd. I, S. 387.

≫를 썼다. 예리한 논박과 쾌감을 느끼는 외경이 이 책에서 여전히 대립하고 있다. 니체는 바그너와의 분명한 단절에도 불구하고 코지마 바그너는 계속 존경하고 있었다. 물론 니체는 다시금 그들과의 접촉을 받아들이려고는 하지 않았다. 1880년 1월 14일 니체는 말비다 폰 마이젠부크에게 다음과 같이 고백하고 있다.

"바그너 부인이 내 인생에서 만난 부인들 가운데 가장 호감가는 부인이라는 사실을 당신은 알고 있습니다. — 그러나 모든 것을 轉倒(전도)시키고 다시금 재결합을 시도한다는 것은 전적으로 쓸데없는 일이 될 것 같습니다. 그것은 너무 늦은 것 같습니다."[78]

현실적으로 코지마 바그너는 불가침의 부인이었기 때문에 니체는 마침내 1889년 성공할 가망이 있는 수단을 강구했다.

6) 디오니소스의 아리아드네 정복을 통한 코지마에의 동정

니체는 리하르트 바그너, 프리드리히 니체, 그리고 코지마 바그너 — 이 세 사람 간의 관계 구조를 신화적으로 구성한다. 니체는 자기의 환상 속에서 존경하는 숙녀를 정복하여 그녀의 남편을 배제시킨다. 이제 드디어 억제력이 없어지고 현실의 상실이 가면 배후에서 분명히 보여진다.

아리아드네의 탄식

---

78) KGB III, S. 5f.

누가 아직도 나를 따뜻하게 감싸주는가
누가 아직도 나를 사랑하는가?
뜨거운 손을 다오!
마음의 화로를 다오!
넘어져 무서움에 떨면서
사람들이 발을 따뜻하게 해주고 있는
가사 상태에 있는 사람처럼—
벌벌 떨면서, 아! 알지 못할 열병 때문에,
날카롭고 얼음 같은 서리의 화살 앞에서 전율하며,
그대의 사냥감이 되면서, 사상이여!
이름지어 부를 수 없는 자여! 싸서 감추어진 자여! 놀라움을 주는 자여!
그대 구름 뒤에 있는 사냥꾼이여!
그대로 말미암아 번개를 맞고 쓰러져
어둠 속에서 나를 바라보고 있는 그대 조소하는 눈이여!
나는 이렇게 누워서,
몸을 굽히고 허우적거리며
온갖 영원한 고문에 시달리며
그대의 화살을 맞으면서
가장 잔인한 사냥꾼이여
그대 미지의 神이여……
더 깊이 화살을 맞혀라!
다시 한 번 더 화살을 맞혀라!
이 마음을 꿰뚫어 부수어 버려라!
촉이 무딘 화살에 의한 이 고문은
무엇을 목적으로 하는가?
그대는 인간의 고통에 지치지 않고
인간이 손상을 입는 것을 즐거워하는

神들의 번개의 눈으로 무엇을 다시 바라보는가?
그대는 죽이려고는 하지 않고
단지 고문하고 또 고문만 하고자 한다.
인간이 손상을 입는 것을 즐거워하는
그대 미지의 神이여!
무엇 때문에 — 나를 고문하는가?
하하!
그대는 살금살금 기어오는가?
이런 한밤중에 그대는 무엇을 하고자 하는가?
말하라!
그대는 나를 몰아대고 나를 억누른다.
하! 벌써 너무 가까이 왔다!
그대는 나의 숨소리를 듣고
그대는 나의 가슴에 귀를 기울인다
그대 질투심이 강한 자여!
도대체 무엇에 대해 질투하는가?
가라! 가라!
무엇 때문에 사다리가 필요한가?
그대는 들어오고자 하는가
마음속으로, 오르고자 하는가,
나의 은밀한 사상 속으로 오르고자 하는가?
부끄럼 없는 자여! 미지자여! 도둑이여!
그대는 무엇을 훔치고자 하는가?
그대는 무엇을 엿듣고자 하는가?
그대는 무엇을 고문하고자 하는가,
그대 고문하는 자여!
그대 — 형리 — 神이여!
그렇지 않으면 내 개처럼

그대 앞에서 뒹굴어야 하는가?
헌신적으로 나를 망각한 채 열광하여,
꼬리를 흔들어 — 사랑을 표시하란 말인가?

헛된 일이다!
좀 더 찔러라!
가장 잔인한 가시여!
나는 개가 아니고 — 사냥감일 뿐이다.
가장 잔인한 사냥꾼이여!
그대의 가장 자랑스러운 죄수여!
그대 구름 뒤의 강도여……
마지막으로 말하라!
그대 번개 뒤에 — 숨어 있는 자여! 미지자여! 말하라.
노상강도여, 그대는 나로부터 무엇을 바라는가?……
무엇이라고?
몸값?
그대는 몸값으로 얼마를 바라는가?……
많은 몸값을 요구하라 — 나의 긍지가 그렇게 충고한다!
간단하게 말하라 — 나의 다른 하나의 긍지가 그렇게 충고한다!
하하!
나를 — 그대는 원하는가? 나를?
나를 — 내 전부를?……

하하?
그리고 그대 어릿광대여, 나를 고문하고
나의 긍지를 괴롭히고자 하는가?
나에게 사랑을 다오 — 누가 아직도 나를 따뜻하게 감싸주는가?
누가 아직도 나를 사랑하는가?

뜨거운 손을 다오,
마음에 화로를 다오,
나, 고독한 자에게
얼음을 다오, 아! 일곱 겹의 얼음은 적 스스로를
적을 동경하는 것을 가르친다,
나에게 다오, 그렇다, 맡겨 다오.
가장 잔인한 적이여,
나에게 — 그대를!……
달아났다!
그때 그가 스스로 달아났다,
나의 유일한 동무여
나의 커다란 적이여
나의 미지자여
나의 형리 — 神이여!
아니!
돌아오라!
그대의 모든 고문과 더불어!
나의 모든 눈물은 흐른다
그대를 향해 흐른다
그리고 나의 마지막 마음의 불꽃
그것은 그대를 향해 불타오른다
오 돌아오라
나의 미지의 神이여! 나의 고통이여!
나의 마지막 행복이여!……

1889년 1월 3일 니체는 코지마에게 보내는 狂氣(광기)어린 메모를 쓰고 있다. 아리아드네 왕비, 나의 사랑하는 사람이라는 호칭에 귀를 기울이게끔 만들고 있다. 이제야 비로소 니체는 코지마를 사랑하고 있음을, 오랫동안 침묵을 지킬 수밖에 없었음을 언표하고 있다.

아리아드네에게 보내는 복음 속에서 니체는 자기를, 압도적인 승리를 거둔 디오니소스로서 알리고 있다. 니체-디오니소스(Nietzsche-Dionysos)는 결국 코지마-아리아드네(Cosima-Ariadne)를 정복한다. 바그너-테세우스(Wagner-Theseus)는 패배자의 위치에 선다.

아리아드네, 테세우스, 디오니소스의 이야기는 고대 이래 여러 가지 變種(변종)으로 나타나고 있다. 구체적으로 말해서 아리아드네는 크레타(Kreta) 섬의 미노스(Minos) 왕의 딸이다. 아테네인들은 통례적으로 미노스에게 종속되어 있어서, 14명의 인간들이 제물로 바쳐진다. 이 제물들은 미로 속에 살고 있던 크레타 섬의 미노타우로스(Minotauros) 괴물에게 먹이로 던져진다. 그러나 이번에는 용감한 테세우스(아테네의 영웅)가 무서운 계획을 좌절시킨다. 테세우스는 자발적으로 풀어놓은 제물들을 데리고 크레타로 향하는 선박에 승선한다. 크레타에서 테세우스는 아리아드네를 만나 사랑에 빠진다. 자기의 연인을 구하고자 하는 아리아드네는 그의 손 안에 있는 한 뭉치의 양털을 꽉 잡는다. 그는 양털에서 뽑아낸 실로 미로에서 벗어나는 길을 구획한다. 그리고 그는 괴물을 죽이고, 마침내 미로에서 벗어나서 햇빛을 발견한다.

테세우스는 아리아드네와 함께 낙소스(Naxos)로 도망간다. 낙소스에서 테세우스의 꿈에 디오니소스가 나타나서 아리아드네를 자기에게 넘겨주도록 강요하며, 결국 아리아드네는 자기의 신부가 될 것이라고 확인한다. 이 경건한 사나이는 복종한다. 아리아드네는 혼자 낙소스에 남는다. 아리아드네가 절망으로 바다 속에 빠져들고자 할 때 디오니소스가 나타나 그녀를 빼앗아 달아난다.

니체 역시 약탈 결혼을 하는 디오니소스의 형상으로 나타난다. 1월 1일과 1월 3일 사이에 니체는 디오니소스 頌歌(송가. Dionysosdithyramben)의 원고를 완성한다. 이 원고는 새로운 시를 포함하고 있고, 그 가운데는 아리아드네의 탄식도 있다. 거기에서는 주목할 만한 가치가 있는 일이 일어난다.

이름지어 부를 수 없는 자여! 싸서 감추어진 자여! 그대 구름 뒤에 있는 사냥꾼이여! — 감추어진 神은 자기의 天國望樓(천국망루)로부터 탄식자의 아픔을 듣는다.

> 나는 이렇게 누워서,
> 몸을 굽히고, 허우적거리며,
> 온갖 영원한 고문에 시달리며,
> 그대의 화살을 맞으면서,
> 가장 잔인한 사냥꾼이여,
> 그대 미지의 神이여…….

디오니소스는 神들의 번개의 눈으로 부인을 고문한다. 아리아드네는 구원을 간청한다.

> 더 깊이 화살을 맞혀라!
> 다시 한 번 더 화살을 맞혀라!
> 이 마음을 꿰뚫어 부수어 버려라!

촉이 무딘 화살에 의한 이 고문은
무엇을 목적으로 하는가?

촉이 무딘 화살로는 이 탄식하는 아리아드네에게 고통을 줄 수 없다. "더욱 찔러라! 잔인한 가시로!" 그러나 디오니소스는, 만일 그가 마침내 자신의 힘을 보여주고자 한다면, 강력한 완력으로 세게 찌를 수 있다.

이러한 사도마조키스티쉬(Sadomasochistisch, 虐待·被虐待性倒錯症的)한 낙소스-인테메조(Naxos-Intermezzo, 낙소스間奏曲)는, 역으로 니체에게 어떻게 비쳐지고 있는가를 잘 드러내 보이곤 했다. 이미 17세 고등학교 학생의 병적 상쾌감을 드러내고 있는 조각글(Euphorion-Fragmente)에서와도 같이 <아리아드네의 탄식>에서도 역시 폭력과 性의 혼융이 작용하고 있다.

가장 자랑스러운 죄수인 아리아드네는 결국 기꺼이 자기의 몸을 바친다. 그녀는 디오니소스의 뜨거운 손, 디오니소스의 마음의 화로를 간청한다. 그러나 디오니소스는 갑자기 자기의 신성한 술잔을 빼앗는다. 아리아드네는 즉시 반응을 나타낸다. 아리아드네는 자기의 형 — 神에게 念願(염원)과 아픔을 간청한다.

돌아오라!
그대의 모든 고문과 더불어!
나의 모든 눈물은 흐른다
그대를 향해 흐른다
그리고 나의 마지막 마음의 불꽃

그것은 그대를 향해 불타오른다
오 돌아오라,
나의 미지의 神이여! 나의 고통이여!
나의 마지막 행복이여!

디오니소스는 자기의 소망을 지향하고 있다. 번개가 번뜩인다. 디오니소스는 에메랄드 빛의 아름다움 가운데서 보이고 있다. 마침내 神이 아리아드네에게 말한다.

현명하라, 아리아드네여!
그대는 작은 귀를 가지고 있다,
그대는 나의 귀를 가지고 있다:
현명한 말을 끼워 넣어라! —
자기를 사랑해야 한다면 절대로 미워하지 마라!…….
나는 그대의 미로이다…….

코지마 바그너와 니체, 두 사람 역시 서로 미워하지 않으면 안 된다. 두 사람이 서로 사랑하기에는 필연적인 제약이 만들어져 있다. 그렇게 추측될 수 있다.

따라서 두 사람 다 상대방에 대해 신중한 경계를 요하지 않으면 안 된다. 그 때문에 현명하게 처신해야 한다는 충고가 아리아드네에게 주어지고 있다. 왜냐하면 디오니소스-니체가 자기의 역할을 전도했기 때문이다.

아리아드네-코지마는 계속해서 니체의 미로에 사로잡혀 있다. 따라서 그녀는 거기에서 빠져나올 길을 찾지 않으면 안 된다.

이러한 사실의 토대 위에서 코지마가 니체의 죽음 이후에도 니체에 대한 미움의 장광설을 계속 늘어놓고 있는 것이 부가되어야 할 것 같다. 코지마는 그 이후 반년이 지나서 후고 폰 추디(Huog von Tschudi)에게 다음과 같이 써서 보냈다.

"우리가 지금 읽고 있는 독서물이 도대체 어떤 성질의 책인지를 자문해 주시겠습니까? ≪차짜라투스트라는 이렇게 말했다.≫라는 책을 말입니다! 나는 저자의 병든 상태를 이전부터 알고 있었기 때문에 이 책이 狂氣(광기)와 천재성이 혼융을 이룬 상태에서 쓰여진 것으로 이해합니다. 그러나 그가 어리석은 언동을 표출할 때까지도, 내가 그것을 제대로 알아차리지 못한 것은 참으로 기대 밖입니다. 나는 이 책에다 성교불능자의 경련이라는 제목을 붙여 주고 싶습니다."[79]

이 서신에 대해서는 단지 한 마디의 답신이 있을 뿐이다. 이 답신은 니체가 1888년 9월에 작성한 것으로 추정되는, 이른바 코지마 바그너에게 보내는 편지 초안에서 발견된다.

"코지마, 당신이 침묵을 지켰으면 더욱 좋았을 것을……."

---

79) Dietrich Mack: Cosima Wagner. Das zweite Leben. Briefe und Aufzeichnungen 1883-1930. München 1980 S. 573

II. 니체에게 철학적 정신을 심어 준 스승들

1. 니체를 불가사의하게 만든 영원회귀

1) 영원 회귀에 관한 가르침의 기초

니체의 영원회귀(Die ewige Wiederkehr. 永遠回歸) 사상은 본질적이면서 동시에 이해하기 어려운 사상이다. 불가사의하다고 할 만큼 쉽사리 접근할 수 없는 사상이다. 이 영원회귀 사상은 니체에 의해 창출된 이후 아직 어느 누구에 의해서도 진지하게 연구되지 않았다.

영원회귀 사상은 니체의 철학함 가운데 가장 결정적인 것이다. 그럼에도 불구하고 니체를 연구하는 사람들은 니체의 철학함을 體得(체득)하는 과정에서 대체로 이 영원회귀 사상을 배제하곤 한다.

이 가르침은 다음과 같이 간단하게 서술될 수 있다. "존재는 끝없는 새로운 생성이 아니고, 영원한 시간의 순환 속에서, 즉 생성의 영원한 해(年)의 순환 속에서(6, 321, *이 숫자들(이하 모든 숫자들)은 니체의 누이동생 엘리자베트가 편집한 16권의 니체전집의 권수와 페이지를 가리킨다.) 모든 것은 돌아온다." 존재하는 모든 것은 이미 무한히 여러 번 현존했고, 또한 무한히 여러 번 다시 돌아올 것이다. "모든 것은 다시 돌아왔다. 말하자면 시리우스(星)도, 거미도, 지금 이 시간의 너의 사상도, 모든 것은 돌아온다라는 이러한 너의 사상도(12, 62), 나무들 사이로 비추어지는 이 달빛도, 그리고 이 찰라와 나 자신조차도(5, 265) 다시 돌아왔다."

비유해서 말한다면 다음과 같다. "강물은 흘러 언제나 다시 자기에게로 돌아온다. 그리고 너희들은 같은 강물로 같은 것으로서 언제나 다시 거슬러 돌아온다."(12, 369)

"현존재의 영원한 모래시계도 언제나 다시 반복하여 회전한다."(5, 265)

차라투스트라의 짐승들은 이 가르침을 차라투스트라에게 다음과 같은 말로 되돌려주고 있다.

"모든 것은 가고, 모든 것은 되돌아온다. 존재의 수레바퀴는 영원히 굴러간다. 모든 것은 죽고 모든 것은 다시 꽃핀다. 존재의 세월은 영원히 흘러간다……모든 찰라에 존재는 시작한다. 모든 여기를 돌아 저기라는 공은 굴러간다. 중앙은 도처에 있다. 영원의 오솔길은 구부러져 있다."(6, 137)

이 가르침의 철학적 형태를 이처럼 단순한 표상으로 충분히 언표했다고 생각한다면 그것은 하나의 오류에 불과하다.이 가르침을 너무 유려하게 언표하고 있는 것이 오히려 그 의미를 파괴하고 있다. 그러므로 차라투스트라는 이 가르침을 말하는 짐승들을 '손풍금'이라고 일컫고 다음과 같이 꾸짖고 있다. "너희들은 손풍금으로부터 꼭 칠현금의 노래를 만들어야 한다."(6, 317)

영원회귀를 이해하기 위해서는 니체가 이 영원회귀에 대해 천명한 모든 사상을 총괄하는 것이 불가피할 것 같다. 그럴 경우 사람들은 물리학적으로 기초지워진 우주론을 보게 될 것이다. 그러나 영원회귀 사상은 이처럼 이해되어서는 안 된다.

왜냐하면 이 세계 내에서의 단순한 물리적, 기계적인 존재와는 본질적으로 다른 어떤 존재에로의 초월함이 문제 되고 있기 때문이다.

니체는 세 가지 전제로 영원회귀에 관한 가르침을 논증하고 있다.

첫째는 사물들의 끊임없는 생성과 자기변화라는 현재의 사실에서 영원회귀에 관한 가르침을 논증하고 있다. 즉, 이 찰라에서는 사실 어떤 궁극적 상태로도 도달할 수 없다.

둘째, 시간은 무한하고 동시에 그 자체로서 존재한다라는 주장에서 이 가르침을 논증하고 있다. 즉 "변화는 본질에 속하고, 시간성 역시 그러하다."(16, 398) "공간은 물질과 마찬가지로 주관적인 형식이며, 시간은 결코 아니다."(12, 54)

셋째, 공간도 유한하고 힘도 유한하다(12, 54)라는 주장에서 이 가르침을 논증하고 있다. 마지막 이 두 전제는 통찰될 수도 없고 증명될 수도 없다. 니체는 이러한 전제들을 정반대의 사유 불가능한 방법을 통해서 여기저기서 확인하려고 시도하고 있다. "힘이란 확고하지 못한 것이다라는 것은 우리로서는 생각할 수 없다."(12, 57) "힘으로서의 세계는 무한정으로 생각될 수 없다. 왜냐하면 그것은 그렇게 생각할 수 없기 때문이다. 우리는 무한한 힘의 개념을 '힘'이라는 개념과 통합할 수 없는 것으로서 금지한다.(16, 397)

따라서 그는 칸트의 이율배반론(二律背反論)에서 전개된 문제들을 사실상 피상적으로 다루고 있다. 말하자면 그것을 명백하게 현전시키지 않고 있다. 그러므로 그는 전체자에 관해서는 단순한 모순율로서도, 또한 다른 방법으로서도 타당하고 확실한 언명을 할 수 없다는 칸트의 통찰을 고려하지 않고 있다. 비록 그가 이러한 통찰을 다른 것과 관련에서 가지고 있다고 하더라도 말이다. — 이처럼 기초가 없는 전제에서 니체는 다음과 같이 추론하고 있다.

첫째, "무한한 새로운 생성은 불가능하다. 왜냐하면 그것은 모순이기 때문이다. 다시 말해서 그것은 무한히 발생하는 힘을 전제로 할 것이기 때문이다. 그러나 그것은 어디로부터 발생하는 것일까!"(12, 52)

만일 이 힘이 발생하지 않는다고 한다면 다음과 같은 두 가지의 가능성이 있을 뿐이다. 즉 지속적으로 정지 상태라는 궁극적 상태이거나 또는 영원회귀가 바로 그것이다. 균형의 가능성을 배제하면 "에너지 보존의 법칙이 영원회귀를 요구한다."(16, 398)

둘째, 힘은 유한하기 때문에 이 힘의 상태, 변화, 결합, 발전의 수는 엄청날 정도로 크고 실제로 헤아릴 수 없을 만큼 많지만, 그러나 여하튼 규정적이며, 무한하지는 않다. 더욱이 시간은 "무한하기 때문에 모든 가능적 발전이 이미 현재하였음에 틀림없다. 따라서 순간적인 발전은 반복이다. 그러므로 반복은 이 발전을 낳는 그런 것이다. 모든 것은 헤아릴 수 없을 만큼 수없이 현재해 있다."(12, 51; 53; 57)

셋째, 모든 가능성은 이미 현재해 있었던 것이기 때문에 사실상 지금의 일시적인 상태를 배제한, 현존해 있었음의 존재의 상태는 그 자체로서 불가능한 것이 틀림없다. 그러나 그것은 존재의 궁극적 상태, 균형, 머물러 있음, 경직됨이 불가능하다는 것을 의미한다. 균형 상태가 궁극적 상태로서 단 한 번 순간적으로 현재한다면 이 상태도 지속되어 있었을 것이다. 시간의 무한성 때문에 그것이 가능하다면 정지도 또한 일어났을 것이다.(12,55;56;16, 369) 그러나 "균형 상태가 결코 획득되지 않는다는 것은 그것이 가능하지 않다는 것을 증명한다."(16, 398) — 이와 반대로 현재의 순간 상태와 완전히 같은 하나의 상태가 존재했다는 사실을 가정한다면 이 가정은 — 언젠가 일어나게 될 균형의 가정과는 달리 — 현존재의 순간적 상태에 의해서 반박될 수 없다.(12, 55)

니체는 이 가르침(영원회귀)의 물리학적 수학적 定礎가 가능하다고 생각했다. 1882년에 니체는 어떤 대학에서의 새로운 연구를 통해서 이 가르침에 대해서 과학적 기초를 창출하고자 했다. 그러나 그것은 생각대로 이루어지지 않았다. 왜냐하면 이 방법은 사상의 철학적 의미로서는 결정적이지 못했기 때문이다.

니체는 이 문제와 관련한 유고에서, 다른 어떤 경우에는 자기로서는 믿지 않는, 이 문제와 관련한 遺稿(유고)에서 하나의 논리(모순율과 사유 가능성)로서 논증하고 있다. 그는 한동안 동시대의 과학성에 순응하여 본래적 存在知(존재지)의 기초가 되는 것을 동시에 강제적인 과학의 성과로서 제시하고자 한다.

2) 물리학적 가르침의 지양(止揚)으로서 이 사상의 초월

이 (영원회귀의) 가르침은 기계적인 것같이 생각된다. 세계내의 개별적인 사건들의 사유되어진 순환이 바로 이 영원회귀의 모델인 것같이 생각된다. 이 순환에 의하여 영원회귀가 세계의 전체로 옮겨진다. 니체는 세계 내의 개체적인 사건에 있어서 동일한 것의 완전히 동일한 반복을 결코 나타내지 않는 이 모델을 이미 기계적인 순환에 대한 異論으로 사용하고 있다.

"우리를 둘러싸고 있는 세계 내에서의 어떤 상이성을 가지고 있으면서 완전한 순환 형식을 가지고 있지 않는 존재가 존재한다는 것은 모든 불변적인 것의 한결같은 순환 형식에 대립하는 충분한 반증이 아닐까?"(12, 58 ff)

그러나 이러한 순환 형식이 기계적으로 동일한 것의 회귀로 나아가지 않는다고 하더라도 모든 힘의 전반적 상황은 아마도 회귀할 것이다. 그러나 여하튼 "어떤 동일한 것이 이미 현재했는지 어떤지 하는 것은 증명 불가능하다. 생각건대 전반적 상황은 가장 미세한 것에 이르기까지 諸(제)성질을 새로이 형성하고, 따라서 두 개의 다른 상이한 전반적 상황은 동일한 것을 가질 수 없다."(22, 5) 그러나 니체가 전체적인 세계 존재 일반의 회귀로서의 순환을 세계 내에서의 모든 가능한 기계적 순환으로부터 철저하게 떼내고 있다는 사실은 결정적이다.

그는 회귀에 있어서 세계 발전에 주시하고 있다. 이 세계 발전에서 현존재의 가장 보편적인 형식은 아직 기계적이 아닌 세계에 불과하다. 다시 말해서 기계적 세계의 생성은 전체의 내부에서는 우선 무법칙적인 놀이이며, 이 놀이는 결코 자기 자체에 있어서 견고함을 획득한다. 그러므로 우리들의 기계적인 법칙은 영원하지 않고 생성된 것, 즉 예외와 우연으로서 생성된 것이라고 생각된다.

"우리는 그 자신 力學(역학)에 있어서는 아무런 쓸모 없는 임의, 현실적 비합법칙성, 근원적인 우직성 등을 필요로 하는 것같이 생각된다."(12, 59) 우리가 보는 합법칙성은 근원적인 법칙이 아니다. 그것은 단지 규칙이 된 임의에 불과하다. 그러나 영원회귀(고리)는 현존재의 가장 보편적인 형식과 관계하지 않으면 안 되지만, 기계적인 개별 사건과는 관계하지 않는다.

일반적으로 말하자면 영원회귀는, 존재의 전체와 관계하기 때문에, 현존재의 어떤 특수한 형태를 목표로 하는 것으로 생각된다. 그러므로 니체는 영원회귀를 다음과 같이 특별히 논의하고 있다.

"우리는 고리의 내부에 있어서의 순환운동의 거짓된 類推에 따라 이 순환법칙이 생성되는 것으로 생각하지 않도록 주의하지 않으면 안 된다. 처음에는 혼돈이……. 마침내는 모든 힘의 확고한 순환 형식의 운동이 있었던 것은 아니다. 오히려 모든 것은 영원하지만, 생성된 것은 아니다. 가령 힘의 혼돈이 있었다고 하더라도 이 혼돈 역시 영원하였고 각각의 고리로 회귀하였다."(12, 61)

그러므로 영원회귀의 순환은 세계 내에서의 현실적 또는 사유 가능한 순환과 같은 것이 아니다. 영원회귀의 순환은 규정 불가능하지만, 반면에 세계는 규정 가능하다.

순환의 근원적 법칙은 자연법칙과 같은 것이 아니다. 그것은 모델로서 표상 불가능하고 규정 불가능하지만, 반면에 자연법칙은 세계 내에서의 한 사건의 타당한 규칙이다. 회귀의 필연성도 또한 세계 내에서의 어떤 법칙적 필연성과는 다른 성격을 함유하고 있다.

"우리가 모든 것 가운데서 절대적 필연성을 믿을 경우에, 우리는 그것이 우리의 경험의 소박한 기계적 법칙이라고 할지라도, 어떤 법칙에 관해서 이 법칙이 모든 것을 지배하고 그것이 영원한 성질이라고 주장하는 것을 경계해야 한다."(12, 60) 목적의 법칙 역시 회귀의 필연성 가운데 나타날 수 없다.

"목적 활동을 배제한 모든 것의 혼돈은 순환의 사상과 모순되지 않는다. 후자는 진실로 비이성적인 필연성이다."(12, 61)

그러므로 니체는 다음과 같이 확신하고 있다.

"세계는 필연적인 경과를 가진다. 그러나 그것은 법칙이 세계를 지배하기 때문이 아니고, 오히려 법칙이 절대로 不在하고, 그리고 모든 힘이 매순간 그 궁극적인 귀결을 이끌어내기 때문에 그러한 것이다."(7, 35)

가장 보편적인 것, 그러므로 不可解(불가해)한 것, 이 영원회귀의 전체자인 바의 것은 어떤 존재에 있어서도, 즉 유기적인 것에 있어서나 기계적인 것에 있어서나, 그리고 법칙성에 있어서나, 기하학적 형식으로서의 순환에 있어서나 읽혀질 수 없다. 그러나 니체에게 이 모든 것은 상호연관에서 말해져야 하기 때문에 일시적인 비유로서 표현될 수 있다. 그러므로 역사성이 없는 동일적 반복의 철저한 가능성을 나타내는 표현에 관한 한 무기적인 물질의 역학이 비유가 된다. 무기적인 물질은 "아무것도 배우지 않았고, 항상 과거도 가지고 있지 않다. 그렇지 않다고 한다면 반복은 결코 존재할 수 없었을 것이다. 왜냐하면 그 무엇이 항상 새로운 과거에서 발생했을 것이기 때문이다."(12, 60)

이와 반대로 전체자가 상기시키고 변화하는 역사와도 같이 보인다면 그것은 다음과 같이 말해진다. "너는 그것을 모르는가? 네가 행하는 모든 행위에 모든 生起하는 역사가 반복하고 축약되어 있다."(12, 370)

회귀의 원환, 그 근원적 법칙, 그 필연성 등과 세계 내에서의 순환과의 혼동을 방지함으로써 니체는 범주들(필연성·법칙)로써 이 범주들을 넘어 존재의 어둠으로 초월함을 수행한다. 그러나 그렇게 함으로써 니체는 곧 다시 한 번 현존재의 가장 보편적인 형식으로서의 현실적 세계의 표상에 치우치고, 따라서 형식적 초월함을 감행함으로써 획득하는 철학적 초월의 자리에 하나의 세계 가정을 설명하고자 한다.

그 경우 니체는 자기의 사실상의 철학함의 방법에 관한 논리적 의식성이 불충분할 경우에 자기가 본래적으로 원했던 것을 망각하고 자기 시대의 과학에 의존해서 자기의 가르침의 증명이라는 의미에 있어서 수학적, 물리학적 기초를 설정하고자 노력한다. 그럼에도 불구하고 초월함이란 諸思想(제사상)의 철학적 動因(동인)으로 작용한다.

3) 이 사상이 착상되던 순간

이 사상의 근원은 니체에게 사변적, 지적 유희가 아니고, 오히려 사상을 창출함으로써 이 순간에 그 사상에 의하여 결정적, 형이상학적 의미를 부여한 한 순간의 존재 경험이다.

니체는 영원회귀 사상의 착상의 순간을 아주 생생하게 파악하고 있다.

"영원회귀의 사상은 …… 1881년 8월에 착상되었다. …….. 그 날 나는 실바플라나 호숫가 숲속을 걷고 있었다. 수르라이에서 멀지 않은 거대한 피라미드처럼 우뚝 솟아 오른 바위 곁에 멈추어섰다. 바로 그때 나에게 이 사상이 떠올랐다."(15, 85)

여기서 한 번 더 니체의 말을 들어보자. "내가 회귀를 탄생시킨 순간은 불멸이다. 이 순간을 위해서 나는 회귀를 견딘다."(12, 371) 이 순간은 분명히 일상의 평범한 착상의 순간이 아니다.

우리가 이 순간에 무게를 두는 본래적 경험에 관해서 물음을 물을 경우 하나의 심리학적 연구는 우리를 저버릴 것이다. 왜냐하면 니체가 자기의 비정상적인 상태하에서도 역시 현재적인 것의 체험을 가졌는지 어떤지 하는 것은 하찮은 문제이기 때문이다. 이 사상에 대한 약간의 구체적 설명이 그것을 시사할 수 있을 것이다.

"달빛 속에 기어가는 이 느린 거미와 이 달빛 자체, 그리고 문길(門路)에서 함께 속삭이고 있는, 영원회귀에 관해서 속삭이고 있는, 나와 너, 우리 모두는 이미 현재해 있었던 것이 아닐까? — 그때 나는 갑자기 한 마리의 개가 가까이서 짖는 것을 들었다. 일찍이 개가 이렇게 짖는 것을 나는 들은 적이 있었던가? …… 그렇다, 내가 어린이였을 때, 아득히 먼 어린 시절에 — 그때 나는 한 마리의 개가 이렇게 짖는 것을 들었다. ……"(6, 232)

어떤 임의의 순간의 회귀가 가지고 있는 이와 같은 확실성이 모든 현존재에 미치는 하나의 추론이 형식적으로 통용될 것이다. "세계의 한 순간이 회귀했다면 — 모든 순간도 회귀하지 않으면 안 되었다."(12, 370) 니체로서는 자기의 철학적 내용을 통해서 가지는 순간의 의미만이 결정적이다.

순간인 동시에 존재의 啓示性(계시성), 즉 이와 같은 것으로서 영원성이라면 회귀는 단지 이 영원성에 대한 하나의 상징에 불과하다. 니체는 초월함으로써 순간에 있어서 존재의 계시성으로서 시간의 근절을 인식하고 있었다.

"위대한 정오의 시간에 (니체는 차라투스트라로 하여금 말하게 하고 있다.) 조용히! 조용히! 세계는 실로 완성했던 것이 아닌가? ……. 나는 떨어진 것이 아닌가 — 들어보렴! 영원의 샘물을?"(6, 402 ff) 이 정오는 '정오와 영원성'이다.(12, 413; 16, 414)

정오는 니체에 있어서는 동시에 세계사적 순간에 대한 상징이다. 그리고 영원회귀 사상의 탄생은 니체에게 세계사적 순간을 의미한다.

"인간 존재 일반의 모든 원한에는 모든 사물의 영원회귀라는 가장 강력한 사상이 처음에는 한 사람에게, 다음에는 많은 사람들에게, 마지막에는 모든 사람들에게 떠오르는 시간이 항상 있다."(12, 63)

니체는 이 순간에 관해서 다음과 같이 말하고 있다.

"인식의 태양은 다시 한 번 정오에 서 있다. 그리고 영원의 뱀이 태양의 빛 가운데 고리 모양을 하고 있다. 너희들의 시간이 왔다. 너희들 정오의 형제들이여!"(12, 426)

니체에게는 그때마다 시간 속의 영원성인 바 실존적 역사성이 존재 전체의 역사성과 영원회귀 사상의 순간 속에서 얽혀 있다. 이 존재 전체의 역사성은 자기 자신을 파악함으로써 영원한 순환으로서 이 철학적 사상의 순간에 있어서 항상 고양된다. 니체는 그 자신 사상가로서 여기서 개인의 역사적 실존뿐만 아니라, 또한 민족과 인류의 역사에 대해 결정적인 창조자일뿐만 아니라, 말하자면 전 존재의 차축(車軸)이기도 하다. 이 전 존재의 순환과정은 다시 한 번 그에게 "인간이 인간과 동물 사이의 궤도 중앙에 섰을 때 위대한 정오라는 점에 이르렀다."(6, 115) 그러므로 이 사상의 의의는 니체에게는 다른 것과 비교할 바가 아니다. 다른 어떤 사상도 중요성에서 이 사상과 비교할 때 고려되지 않는다.

니체는 낯선 사람에게 다음과 같이 말한다.

"별들처럼 내 앞에 떠올라 빛처럼 너와 모든 사람들을 내려 비추고 싶은 사상에 관해서 너에게 이야기하게 하라!"(12, 62)

이 사상의 효과는 엄청난 것임에 틀림없다라고 그는 생각했다. 이 효과를 상징적으로 알리기 위해 '차라투스트라'의 구성은 이미 은밀히 이 사상을 지향하고 있다. 이 사상은 그것을 사유하는 자에게는 비할 데 없이 위험하다. 그러므로 차라투스트라는 우선 먼저 자기 자신이 그것을 감행하지 않으면 안 된다. 더욱이 차라투스트라는 그 사상에 직면하여 전적으로 변화하는 본질의 위기를 맞는 가운데 자기의 몰락을 가지고 오는 그 사상의 告知(고지)에 상응할 채비를 차리고 성숙해 있지 않으면 안 된다.(6, 313)

니체는 하나의 비밀처럼 공포의 표정을 띠우고 낮은 목소리로 속삭이면서 이 사상을 루 살로메와 오버베크에게 알렸다. (루 안드레아스 살로메, Fr. N.S. 222-베르노울리, 니체, 그리고 오버

베크 II, 216 ff)

니체가 이 사상의 결과를 특히 어떻게 생각했는가 하는 것은 다음과 같은 두 가지 방향에서 추구된다. 첫째, 니체는 개인으로서 이 사상의 실존적 의의를 어떻게 이해하고 있는가. 둘째, 니체는 전체로서 인간 존재의 걸음에 있어서 역사적 의의를 어떻게 이해하고 있는가 하는 것이 그것이다.

4) 이 사상의 실존적 영향

이 사상이 진리이든가 진리로서 이해될 경우에, 또는 인간은 결국 진리에 귀착되는 것이지만 하여간 그것이 적어도 참으로서 확신될 경우에 무슨 일이 일어날 것인가?

첫째, 그 결과는 니체에게 압도적인 공포이다.

"아아, 인간은 영원히 회귀한다! ……. 왜소한 인간도 영원히 회귀한다. ……. 가장 위대한 인간도 너무나도 왜소하다. — 그것이 인간에 대한 나의 혐오였다! 가장 왜소한 인간도, 또한 영원히 회귀한다! — 그것이 나에게는 모든 현존재에 대한 혐오였다!"(6, 320)

이 사상은 인간을 질식시킨다. "현존재는 그것이 현재하는 그대로는 의미도 목적도 가지고 있지 않지만, 그러나 불가피적으로 영원히 회귀한다. 종막 없이 무 속으로 ……. 그것이 허무주의의 가장 극단적인 형식이다. 무(무의미한 것)는 영원하다!"(15, 182)

그러나 이 극단은 정반대의 것으로 급변할 수 있다. 완전한 절망적인 부정이 현존재에 대한 완전한 긍정으로 급변한다.

이 사상은 그것을 확신하는 사람을 으스러뜨리는 대신에 개조시킬 것이다.

"이 사상이 너를 지배하게 된다면 지금 있는 그대로의 너를 변화시킬 것이다. ……. 네가 이것을 다시 한 번 더욱 많이 의지할 것인가라는 물음(모든 것과 저마다의 것에서의 물음)은 최대의 중량으로서 너의 행동 위에 놓여질 것이다."(5, 26)

그래서 다음과 같은 것이 과제로서 주어진다.

"네가 다시금 사는 것을 소망하지 않으면 안 되도록 삶을 사는 것, 그것은 과제이다." 그것은 하나의 새로운 윤리적 명령과도 같다. 이러한 윤리적 명령은 내가 느끼고, 의지하고, 행하고 나 자신으로 존재하는 바 모든 것에 대하여 가치 평가할 것을 요구한다. 요컨대 이 윤리적 명령은 내가 수없이 지속적으로 수행하고자 하는 것을 내가 수행하는가 어떤가를, 달리 표현하면 이 현존재가 지속적으로 있는 그대로 존재하기를 내가 바랄 수 있는지 어떤지를 가치 평가할 것을 요구한다. 그것은 단순한 형식이다. 그것의 실천 가능성은 내용적으로 무한하다. 왜냐하면 아마도 모든 사람에게 영원성에의 영원은 결코 보편타당한 것이 아니고, 단지 그 사람에게만 고유한 방식으로 나타나기 때문이다.

"노력을 통해서 최고의 감정을 얻는 자는 노력한다. 휴식을 통해서 최고의 감정을 얻는 자는 휴식을 얻는다. 정리, 계승, 복종을 통해서 최고의 감정을 얻는 자는 복종한다. 최고의 감정을 얻는 자는 자기에게 그것을 주는 것을 의식해야 하며, 그리고 어떤 수단도 두려워해서는 안 된다. 영원성이 중요하다!"(12, 64)

이 명령은 어떤 종류의 일정한 행동, 태도, 그리고 생활방법도 요구하지 않는다. 가장 대립적인 것과 반가치적인 것으로서 반대적으로 보이는 것이 가능하다. 이 명령은 단지 하나의 것만을 요구한다. "영원성의 模寫(모사)를 우리의 삶에서 강조하자."(12, 66)

절망적인 부정에서 돌아오는 긍정은 그것이 단지 한순간만을 성취하는 경우, 니체에 의하면 모든 것에 대한 긍정, 즉 원하지도 않고 고통으로 가득 찬 사물들에 대한 긍정이 되기도 한다. 왜냐하면 현존재에 있어서는 모든 것이 모든 것과 관련하고 있기 때문에 내가 한순간을 경험할 경우에, 즉 그 때문에 내가 삶에 대한 긍정을 말할 경우에 삶과 더불어 그 삶의 제약과 동시에 전체적인 삶도 긍정하는 것이 되기 때문이다.

"너희들은 언젠가 쾌락에 대한 긍정을 말한 바 있었던가? 오, 나의 벗이여, 그렇다면 너희들은 모든 슬픔에 대한 긍정도 말하는 것이 된다. 모든 사물은 쇠사슬처럼 연쇄되어 있다. ……. 너희들이 언젠가 다시금 두 번 바란다면 ……. 너희들은 모든 것이 되돌아오기를 바라는 것이다!"(6, 469) "한 사실을 시인하는 것은 모든 것에 동의하는 것이다."(13, 74) "모든 쾌락은 모든 여러 사물들의 영원성을 意志한다."(6, 470)

현존재에 대한 긍정이 인간에 의하여 한순간이 영원히 지속적으로 체험되도록 그 한순간을 살 것인지 어떤지 하는 것에 달려 있는 한, 이 인간은 니체에게, 그가 이 한순간만을 살 경우에 "구원된다." 그러므로 차라투스트라가 만나는 가장 절망적인 인간, 즉 가장 '추악한 인간'도 한순간의 삶 때문에 "자,

다시 한 번 더!"라고 말할 수 있을 때 그것이 차라투스트라의 행복이다.(6, 462)

그러나 살아 있는 존재는 언제든지 존재하는 바 모든 것에 대해서 결코 실제로 긍정할 수 없다. 인간은 '이 세계 내에서는 경멸, 구토, 무관심이라는 보호 본능'을 필요로 한다. 그리고 인간은 이러한 본능에 의해 고독 속으로 재촉된다. 그러나 여기서 직접 '고독에 빠진' 니체는 다음과 같이 말한다.

"내가 모든 것을 필연적으로 결합시켰다고 느낀 곳에서 모든 존재는 나에게 神的이다."(13, 73 ff)

모든 존재에 대한 이와 같은 긍정은 생성의 영역 내에서는 그 어떤 무엇이 '그것의 각 계기에서' 획득된다는 것 — "그리고 항상 동일한 것"을 의미한다. 그러나 이 동일한 것은 보편자로서, 초월자로서, 진리로서, 규정 가능한 것으로서 진술될 수 없다. 그것은 무한히 규정 가능한 순수 내재이다. 그것은 단지 암시적으로 호소할 경우에만 感知될 뿐이다.

그것은 그때마다 긍정하는 사람 자신의 본질이다. 이 본질은 긍정 속에 나타난다.

"스피노자는 모든 계기가 논리적 필연성을 가지는 한 이와 같은 긍정적인 입장을 획득했다. 그는 자기의 논리적 근본 본능으로써 개선했다. 그러나 그것은 긍정의 가능적 방식하에서의 한 입장일 뿐이다. 사건의 모든 근본적 성격은 그것이 하나의 개체에 의하여 그 근본적 특성으로서 감지될 경우 긍정의 원천이 된다."(15, 183)

그러나 생성이 매순간 정당화되는 경우 그것은 다음과 같은 결론에 귀착한다.

"현재적인 것은 미래적인 것을 위해서, 또는 과거적인 것은 현재적인 것을 위해서 절대로 정당화되어서는 안 된다."(16, 167)

영원회귀 사상이 강제하는 삶의 가장 높은 긍정은 삶이 절멸되지 않는 한 해방과 구원의 성격을 가진다.

내가 다시 한 번 더 사는 것을 원하지 않을 수 없도록 살아야 한다라는 명령에 대한 복종에서 첫째, 삶에의 사랑과 함께 본래적인 용기가 획득된다. 이 용기는 "그것이 삶이었던가? 자, 다시 한 번 더!"라고 말할 때 죽음조차도 절멸시킨다.(6, 230)

그러나 내적 태도에서 영원회귀 사상은 긍정에 의하여 認定(인정)에 이른다. 이 영원회귀 사상은 "내적 삶에 무게를 주고 있다. 그렇다고 해서 이 사상은 이와 다르게 사유하는 사람으로 하여금 악의적이거나 광신적이 되게 하지는 않는다."(12, 63)

삶에의 사랑을 지배하기 위해서 개인마다 항상 생각해내는 것은 "다른 사람들에게도 통용된다. 그리고 그것에 대한 새로운 관용도 획득되지 않으면 안 된다."(12, 67)

그리고 만일 우리가 삶의 가치를 훼손하고자 하는 사람들에 대한 적의를 가진다는 점에서 하나가 되기를 작정할 경우에 "우리들의 적의 자체가 우리의 기쁨의 수단이 되지 않으면 안 된다!"(12, 67) 만일 회귀 사상에 의하여 개인이 자기에 대한 긍정을 획득했을 경우 모든 현존재는 새로이 본 것처럼 새로이 되돌아온다.

구제하는 긍정은 셋째 不死(불사)에 관한 知가 된다. 니체는 이미 불사에의 충동 그 자체 속에서 삶에의 긍정을 보고 있다. 이별의 저녁놀이 너의 행복 속에서 빛날 때 "이 징후에 주의하라. 그것은 네가 삶과 너 자신을 사랑하는 것, 더욱이 지금까지 네가 직면했던 것과 같은 삶을 사랑하는 것, 그리고 네가 삶의 영원화를 위해 애써 노력하는 것을 의미한다. — 그러나 알아야 할 것이 또한 있다! — 너의 짧은 가곡은 언제나 덧없음을 노래하고 있다는 것 말이다."(12, 66) 그러나 영원회귀의 사상은 삶을 확신하도록 만든다.

"의식의 궁극적 순간과 새로운 삶의 최초의 광휘 사이에는 시간이 존재하지 않는다. — 가령 수억 년 이후의 살아 있는 생물이 삶을 측정하고 있거나 또는 한번도 측정하지 않을 수도 있었다고 하더라도 번개처럼 급히 지나가 버린다."(6, 334 ff)

존재하는 모든 것은 이 불사에 참여하고 있다. 니체의 근본 태도는 사물을 너무 중요시하지 말라는 요구를 수반한 모든 사물의 無常性(무상성)에 관한 가르침과 대립하는 정반대에 立脚(입각)해 있다.

"나에게는 반대로 모든 것이 너무나도 가치가 많은 것같이 생각된다. 그러므로 그것이 너무도 덧없는 것이 되어서는 안 된다. 나는 어떤 것에서도 하나의 영원성을 추구한다. …… 나의 위안은 존재하는 모든 것은 영원하다라는 사실이다. — 바다는 존재하는 모든 것을 휘몰아 갔다가는 다시 되몰아쳐 가져다 준다."(16, 398)

영원회귀의 긍정은 넷째 모든 과거를 구제하는 가운데 결정적인 승리를 축하한다. 그 이전의 상황은 다르다. 의지는 행하여진 것에 대해서 無力하다. 즉 의지는 모든 과거에 대해서는 단지 악의적인 관객에 불과하다.

"시간이 되돌아가지 않는다는 것은 그의 원한이다. 이미 존재했던 것, 그것은 시간의 원한으로서는 굴릴 수 없는 돌을 뜻한다."

'이미 존재했던 모든 것'은 시간의 원한으로서는 굴릴 수 없는 돌을 의미한다. 이미 존재했던 모든 것은 부서진 조각이요 우연이다. 인간은 절망적인 눈으로 뒤를 돌아보는 가운데 의욕을, 그것이 되돌아오는 것을 의욕할 수 없기 때문에, 파악했고, 따라서 삶 자체를 형벌로 보았다.

그러나 지금 인간은 영원회귀의 사상하에서 다음과 같은 것을 알 수 있다.

"존재했던 모든 것은 부서진 조각, 수수께끼, 무서운 우연이다. — 창조적 의지가 존재했던 모든 것을 향해서, 그러나 나는 그것을 의욕하고 있었다."라고 말한다. 왜냐하면 자기의 역사성 가운데 있는 창조적 의지가 모든 旣在(이 旣在로부터 창조적 의지가 나왔다)를 떠맡을 뿐만 아니라, 나아가서는 그 旣在(기재)를 뛰어넘어 과거의 것을 동시에 회귀하는 미래의 것으로서 떠맡고자 하기 때문이다.

나는 사물의 순환에서 나를 만들어낸 과거의 것을 그것이 회귀하는 미래로서 다시금 만들어낸다. 무덤들이 열린다. 존재했던 것은 단지 이미 존재했던 것만이 아니다.

그러나 — 니체 자신에게는 의식되지 않았지만 — 모든 초월적 사유에서 나타나지 않으면 안 되는 이율배반이 여전히 존재한다. 미래에 존재하는 것을 역시 창출하는 자유가 의욕에서 나타나고, 그 의욕이 또한 이미 과거에 존재했던 것을 반복하는 그런 순환의 형태로 존재한다.

그러므로 진정으로 이 철학함의 순수성에 있어서 명제는 서로 止揚(지양)되지 않으면 안 된다. 전체적 상태는 회귀하지만 개체적 상태는 동일적이 아니다라는 語法(어법)에는 다른 또 하나의 語法이, 즉 "우리 자신은 모든 위대한 해마다, 최대의 것에 있어서든 최소의 것에 있어서든, 자기 동일적이다라는 語法이 대립한다."(6, 321)

"그러나 내가 그 속에 얽혀 있는 바 여러 원인들의 매듭도 회귀한다. — 그 매듭은 나를 재창출하리라! 나 자신은 영원회귀의 원인들에 속한다."(6, 322)

그 어떤 무엇을 수중에 둔다고 생각하면 바로 즉시 다른 사람이 그것을 다시금 집어넣는다.

"나는 되돌아온다. — 새로운 삶이라든가, 보다 좋은 삶이라든가, 그 유사한 삶이라든가가 아니다. — 나는 이 동일한 자기자신의 삶으로 영원히 회귀한다. ……"(6, 322)

영원회귀의 원환에서 불가피적으로 이미 규정되어 있는 생성, 그리고 내가 이 삶을 영원히 되풀이해서 살아라는 새로운 명령하에서 사는 자유, 이 양자는 상호 배척적인 것같이 생각된다. 그러나 하지 않으면 안 됨의 이 의욕은 긍정을 언명하는 창조적 자유의식의 표현이다. 이 표현은 니체의 고유한 형태이면서 이율배반적 언명으로서는 모든 초월적 자유론에 속한다. (아우구스티누스와 루터, 하물며 칸트에게서도 그러하다.)

5) 영원회귀 사상의 역사적 배경

니체는 엄청난 변화를 기대한다. 이 사상이 현재하는 순간부터 "모든 빛깔은 변화되지 않으면 안 된다. 그리고 다른 역사가 시작된다."(12, 65) 위대한 정오의 시간이, 가장 공포스러운 밝음의 시간이 왔다."(15, 238) 무엇이 일어날 것인가?

인간들이 자신들의 삶을 되돌아봄에 있어 이 삶을 다시 한 번 더 살기가 힘든다는 점에서 서로 일치한다는 것은 자명하다라고 니체는 청년시대에 이미 생각한 바 있다.(1, 291) 반면에, 훗날 그는 다음과 같은 상이점을 보여 주고 있다. 즉 이 사상을 견디어내지 못하는 사람들은 이 사상이 주는 부담으로 말미암아 죽고 말 것이다. 그러나 이 사상 앞에서 삶에 대한 가차없는 긍정에 이르는 사람들은 보다 높은 곳으로 올라가도록 강요받을 것이다. 그것은 하나의 훈련된 사상이다.(16, 393 ff; 12, 369)

'황홀한 허무주의' — 견디어내기 어려운 회귀의 사상에 의하여 완성된 종국에의 요구로서 황홀한 허무주의 — 는 퇴화한 종족을 파괴시키는 함마가 된다.(16, 393)

"자기의 현존을 영원히 반복시킬 수 있는 능력을 유지하고 있는 자만이 살아남는다."(12, 65) 그러나 "그것을 확신하지 못하는 자는 그 본성상 마침내 죽지 않으면 안 된다."(12, 65)고 한다면, 그것은 '가장 온유한' 방식으로 일어날 수 있다. 이 가르침은 이러한 사람들에 대해서 부드럽다.

"이 가르침은 지옥도 협박도 내포하고 있지 않다. 이 가르침을 믿지 않는 사람은 그의 의식에서 가장 덧없는 삶을 함유하고 있다."(12, 68)

여하튼 동일한 것이 순환하여 자기의 위치로 되돌아온다는 이른바 동일한 것의 영원회귀 사상은 인간이 자기를 超克(초극)하여 위로 솟구쳐 오르고자 하는 욕구의 결정적인 충동이 다.

그러나 이 작용은 결코 一義的(일의적)이 아니다. 우리가 不死(불사)를 견디어낼 수 있는 것이(12, 369) 최고의 일이라고 생각할 경우에 "아마도 최상의 본성을 가진 자들이 그것 때문에 몰락할 것이며, 그리고 최악의 본성을 가진 자들이 그것을 받아들이지 않을까?"라고 생각될 것이다.(12, 370)

"영원회귀의 가르침은 첫째, 냉정하고 많은 내적 곤란을 고뇌하지 않는 賤民(천민)에게 미소를 지어 보낼 것이다. 가장 범속한 삶의 충동이 무엇보다도 먼저 동의할 것이다."(12, 371)

니체는 이 잘못된 영향을 일시적인 것으로 생각하고 있다. "위대한 진리는 궁극적으로 최고의 인간을 획득한다."(12, 371)

니체는 자기의 가르침을 역사적 영향권 속으로 끌어들이기 위해서 다음과 같이 요구한다.

"우리는 이와 같은 가르침을 갑작스러운 종교처럼 가르치는 것을 경계하도록 하자! 이 가르침은 천천히 흡수되지 않으면 안 된다. …… 가장 강력한 사상에게는 많은 세기가 필요하다. 이 강력한 사상은 오래오래 작고 無力하지 않으면 안 된다!"(12, 68)

이 강력한 사상은 "30년 동안의 북과 피리를 수반하는 영광을 요구하는 것이 아니고, 오히려 30년 동안의 무덤을 파는 자의 노동을 요구한다."(12, 69)

"나는 輕信者(경신자)와 광신자로부터 나를 지키고자 한다. 나는 나의 사상을 사전에 방어하고자 한다. 나의 사상은 가장 자유하고, 가장 명랑하고, 가장 숭고한 영혼의 종교이어야 한

다. — 황금빛 鐵(철)과 맑은 하늘 사이에 펼쳐진 사랑스러운 牧草地(목초지)이어야 한다."(12, 69)

그러나 니체가 더욱이 자기에게 가장 본질적인 사상을 문제시하면서 浮動(부동) 상태에 둘 수 있었던 것은 다음과 같은 문장으로 잘 드러나고 있다. "아마도 이 사상은 참이 아닐 것이다. — 다른 사상들이 이 사상과 싸워야만 할지 모른다!"(12, 398)

총괄, 그리고 神이냐 순환이냐? 하는 문제. 영원회귀는 첫째, 물리학적 · 우주론적 가설이다. 니체는 이 사상의 창시자로서 강제적인 실증과학과의 추정상의 일치라는 매력에 사로잡혀 있다. 그러나 그 결과 이 사상은 철학적 의미를 상실하고 있고, 그렇다고 해서 과학이 될 수는 없다.

영원회귀는 둘째, 이 사상의 실제적인 현실에 대한 신앙 내용이다. 그러나 이러한 것으로서 영원회귀는 공허한 것으로 나타난다. 왜냐하면 이전의 현존재의 존재방식을 상기하지 않은 회귀는 단순히 무의미할 뿐이기 때문이다. 내가 한 번 또는 여러 번 아주 동일한 방식으로 현존하고 있는가 어떤가 하는 것은 가령 첫회가 다른 회에 대해서 어떤 想起的(상기적)인 또는 예상적인 또는 변화적인 관계마저 가지지 않을 경우 나는 단지 첫회에 한해서만 현존하는 것과 똑같다.

그럼에도 불구하고 니체는 왜 이 사상에 엄청난 무게를 두는 것인가 하는 문제가 돌출한다. 이 문제에 대해서 니체는 스스로에게 다음과 같이 대답하고 있다.

"이 사상으로 비로소 '神의 죽음'이 궁극적으로 극복되지만, 그러나 동시에 無도 극복된다."

이 세계 자체는 존재의 전체이며, 여기만이 현실성이 있으며, 그리고 모든 다른 세계는 그 자신 無일 뿐만 아니라 현실세계를 평가절하시킨다라는 니체의 통찰은 神性의 대체물을 강요한다. 그러나 이 대체물은 불행한 상실에 있어서 대용품과 같은 것이어서는 안 되고 오히려 상실한 그 이상의 것이어야 할 것이다. 이것이 니체의 영원회귀이다. 그러므로 영원회귀는 神의 사상과의 직접적인 투쟁에 있어서도 역시 이기지 않으면 안 된다. 니체는 묻는다. 만일 神이 믿어진다면 사상적으로 무엇이 일어날 것인가라고 말이다.

이 경우에는 다음과 같은 것이 생각될 수 있다. "神이 무엇을 하고자 한다면 神은 아무 소용 없다."(16, 167) 그러나 세계가 그 자신으로서 이미 존재하는 것이 아니었다면 神의 의도성은 그 경우에만 필요할 것이다. 모든 사물의 생성에 있어 동일한 기획의 우연적인 실현은 절대적인 비동일성보다도 있을 법한 일이기 때문에 동일한 것은 결코 회귀하지 않는다는 것은 "어떤 의도성에 의해서만 설명될 수 있을 뿐이다."(12, 56)

그러므로 세계에 대해서 영원한 새로움에의 능력을 부여하려고 하는 모든 사람들은 — 세계는 의도적으로 목적을 회피하고, 더욱이 순환으로 빠져들어가는 것을 기술적으로 방지할 수 있다는 그런 착상에 이르지 않으면 안 된다.(16, 396) 그러나 이 의도성은 순환과정을 방해할 수 있는 상태에 있는 神性이다.

그러므로 "만물의 순환과정을 확신하지 않는 사람은 恣意的

(자의적)인 神을 믿지 않으면 안 된다."(12, 57) 이 신앙은 사실상 쇠퇴하고, 게다가 진정한 철학함에 대해서는 허약하기 때문에 남는 것은 오직 세계 존재의 순환과정뿐이다. 이 순환과정은 神의 존재도 넘어서는 진리이다.

신앙되는 神은 아무것도 의욕하지 않을 것이다. 이 경우 神에 대한 신앙은 생성의 전체 의식에 대한 신앙으로서 ……. 生起(생기)를 더불어 느끼고, 더불어 인식하고, 그리고 여하튼 아무것도 의욕하지 않는 존재의 관점 아래로 가져다 놓을 것이다. 그러나 "고뇌하고 전망하는 神, 전체 의식, 絶對精神(절대정신)은 존재에 대한 가장 큰 항변일 것이다."(16, 167 ff)

영원회귀 — 만일 神이 존재하지 않는다면 니체에게 유일한 가능성 — 는 역시 그로 하여금 세계 모독으로 빠져나오는 것을 가능하게 하는 사상이다. 이 사상은 세계의 현실화를 고양시키고, 그러한 과정에서 인간의 지위를 고양시킨다. 다시 말해 이 사상은 근거없는 무제약적인 긍정을 그 절정에로 인도한다. 그러나 이 사상은 神性과 — 타자로서 이 세계에 대립하는 — 모든 존재를 불필요한 것으로 만들어 버린다.

그러므로 니체는 영원회귀에 관해서 다음과 같이 말할 수 있다.

"이 사상은 이 세계의 삶을 덧없는 것으로서 경멸하는 모든 종교를 능가하는 위대한 것을 포함하고 있다.(12, 66) 이 사상은 종교들의 종교이다."(12, 415)

이 사상은, 그 객관성과 비초월성에 있어서 진술될 경우 그것이 우리에게 공허하다고 하더라도 이 사상이 니체에게 나타난 것처럼, 전체적인 사상의 전개에 있어서 우리 자신과 관계를 가진다.

영원회귀는 첫째 실존적 근본 경험에 대한 표현 수단이다. 영원회귀는 나의 삶과 행위를 극도로 긴장시켜야 한다. 그러므로서 나는 최고의 가능성에 도달한다. 왜냐하면 한번 존재하는 것은 영원하며, 내가 지금 행하는 것은 나의 영원한 존재 그 자체이며, 내가 영원히 존재한다는 것은 시간 가운데서 결정되기 때문이다.

둘째, 회귀한다는 것은 존재 자체에 있어서 모든 사물이 지양되어 있다는 것의 표현을 의미한다. 어디에도 처음은 없으며 어디에도 끝은 없다. — 세계는 항상 완전하며, 항상 전체적이며, 어느 때나 중앙이고 어느 때나 시작이면서 끝이다. 모든 사물들은 구제되어 있다. 시간과 시간의 극복은 하나가 된다. 사랑이 사랑에 의하여 감동된 모든 존재를 불멸의 완성에로 끌어올릴 경우 영원성은 모든 순간 속에 존재한다.

활동의 가장 높은 긴장과 존재의 가장 깊은 몰두 역시 이 사상 속에서 만나는 것같이 생각된다. 니체는 사랑하는 존재의 하나됨과 더불어 동시에 실존의 고양을 강제하는 자유를 경험하고 있다. 니체는 근원적인 긍정, 그리고 모든 辯神論(변신론)의 기원과 목표가 나타나고 확인되고, 즉 실현되고 정당화되는 것을 이 사상 속에서 보고 있다. 니체는 이 사상 속에서 근원적이면서, 우리의 마음에 호소하는 방식으로 현존재의 한계를 감지한다.

그럼에도 불구하고 이 사상은 그 직접적인 내용을 수반한 단순한 합리성으로는 우리를 전연 감동시킬 수 없다. 이 사상은 인간 존재의 근원적 경험을 표현하는 수단으로서는 우리에게는 아무 쓸모가 없다.

현재라는 시간 속에서의 행위에 의하여 그 어떤 무엇이 영원한 것으로 결정되는 그때 그때마다의 현재가 가지는 중요성은 곧바로 영원회귀와 반대되는 사상에 의하여 높아진다. 다시 말해서 그것은 이미 존재하였던 것은 결코 회귀하지 않는다라든가, 또는 이미 일어났던 것은 불가피적으로 일어난다는 사실에 대한 知에 의하여 높아진다.

지금 일어나고 있는 현존재는 실존으로서 초월자와의 관계에 의해서만 이해될 수 있다. 실존은 시간의 비회귀성과 시간적 현존재의 일회성에 의해서 영원한 충실, 또는 궁극적인 상실의 가능성 속에서 결코 회귀하지 않는 것으로서 바로 초월자와 관계하고 있다.

그러나 우리가 니체 사상의 無超越性(무초월성)에 관해서 니체에 대립해서 말한다면, 그것은 우리가 이 사상을 사유할 수 있는 방법에 있어서만 진리이지 니체가 이 사상을 경험했던 방법에 있어서는 진리가 아니다. 니체는 이 사상에 의해서, 말하자면 우리로서는 가까이 하기 어려운 분위기 속에 잠겨 있다. 우리에게 비쳐지기로는 그는 마치 無에 빠져있는 것 같다.

그럼에도 불구하고 이 사상은 우리가 이 무에 있어서 그와의 모든 철학적 결합을 상실하지 않도록 만든다. 이러한 내용에 의해서 그를 윤리적·신비적 사유의 커다란 연쇄 가운데서 받아들이는 것이 바로 이 사상이 가지는 명백한 의미이기도 하다.

그러므로 이 의미들을 빠뜨리고 이 사상을 단순한 객관성에서 시도하는 기술은 이 사상으로부터 니체的 의미를 詐取(사취)하는 일일 것이다.

이 의미는 이미 한 말 속에 영구적으로 현재하고 있다. 니체는 무한회귀라고 말하지 않고 영원회귀라고 말하고 있다. 그렇다면 '영원한'이란 무엇인가?

키에르케고르는 순간과 영원을 사유하는 세 가지의 방법을 구별하고 있다.

순간이 본래적인 것이 아니라면 영원은 뒤로부터, 과거에서 나타난다. (방향과 목표도 없이 걷는 사람에게 자기의 길이 자기의 배후에 뒷길로서 나타나는 것처럼.)

순간이 본래적인 것이라고 한다면, 즉 단순히 결단으로서 그러하다고 한다면 영원한 것은 미래적인 것이다. 그러나 순간이 그 자신 영원한 것이라고 한다면 이것은 "동시에 과거적인 것으로서 회귀하는 그런 미래적인 것이다." 이 마지막 형태는 그리스도교적일 것이다.

"그리스도교에서는 모든 것이 그것 주위에서 선회하는 바 개념은 ……. 시간의 충실이다. 그러나 그것은 영원한 것으로서 순간이다. 더욱이 이 영원한 것은 동시에 미래이며 과거이다."(Kierkegaards Werke Übers. v. Schrempf, Bd. 5, S. 87.)

만일 우리가 키에르케고르를 보증인과, 니체에게 가까이 다가온, 그의 경주용 자동차라고 생각한다면 니체는 회귀라는 전연 비그리스도교적 사상으로써 거의 식별 불가능할 정도로 변화된 그리스도교적 실체의 여분을 영원회귀 가운데 보존하지 않았던가? 니체는 철저한 파괴를 감행하고자 했던가? 그러나 실제로는 파괴를 할 수 없었던 것이 아닌가?

니체는 비역사적 초월자를 수반한 無神性(무신성)의 철학을 염원했다. 그러나 니체는 은밀한 실천을 통해서 다른 것을 가지고 왔다. 더욱이 그는 자기가 비난했던 내용으로부터 그것을 가지고 왔다.

또는 그는 그리스 사상을 부흥시켰는가? 니체는 자기의 철학함을 소크라테스 이전의 그리스 철학의 부흥으로 이해했다. 그러나 자기의 청년시절에 피타고라스 학파의 사상을 인식하고 그것을 비판했던(1, 298 ff) 니체는 자기 자신의 사상을 역사적으로 소급하여 언급하지 않고, 오히려 철저하게 새로운 것으로서 경험했다.

니체에게 이 사상은 그리스도교적 세계에도, 또 그리스적 세계에도 뿌리를 박고 있었던 것이 아니기 때문에, 즉 無歷史的(무역사적)이었기 때문에 역사적 상실로부터, 그리고 하물며 無로부터 강요되었으며, 포괄적으로 말하자면 역사적 공허 속에 있다. 이 사상은 니체에게는 모든 전승된 신앙 실체와의 총체적인 단절 이후에 인간을, 말하자면 붙잡는, 즉 인간 존재를 지속적으로 나아가게 할 뿐만 아니라 밀어올리고자 하는 수단이다.

회귀의 사유는 니체에 의해서 동시에 현대라는 시대의 세계사적 의식을 지배하는 파국의 사상 형태와 관계하고 있다. 우리는 인간이 일찍이 경험했던 것 가운데서 가장 철저한 전환에 직면하고 있다. 이러한 사상 형태에서는 그리스도교적 내용들로 구성된 영역과 모든 타당성이 유령 같은 無實體性(무실체성)이 되어 버린 이후 새로운 근원이 나타나지 않으면 안 된다. 그러나 세계사적 사상 형태의 웅장함은 이러한 것으로는 아주 공허하다. 그것을 부정적인 말로 이용하는 것은 쉬운 일이다.

가능성을 사유하는 것은 생성하는 것을 先取(선취)시키지 못하며, 현실적으로 존재하는 것을 한번도 판정할 수 없다.

니체는 인간을 正立(정립)시키기 위해서 스스로 사유했을 뿐만 아니라, 무서운 충격 가운데서 경험한 이 無의 절대적 공허 속에 자신의 사상을 던졌다.

2. 니체에게 영향을 미친 헤라클레이토스의 은유·잠언, 그리고 대립·모순의 통일

1) 헤라클레이토스의 이미지

현대철학에서 니체가 차지하는 좌표는 다른 어떤 철학자의 그것보다도 독특하고 고유하다. 니체가 살아왔던 삶의 내용과 양식이 남달리 특이하고 개성적이고 고유한가 하면, 그가 은둔과 고독과 병고 속에서 고뇌하고 사유해 왔던 철학사상이 특히 그러했다.

마치 그것은 Vorsokratiker(소크라테스 이전 철학자들) 가운데 헤라클레이토스(Herakleitos)가 은둔과 고독 속에서 세속을 비웃으며 홀로 고뇌하고 사유했던 것과도 유사하다.

니체는 헤라클레이토스의 이러한 비세속적 삶 속에서 '철학함'을 찾았던 것처럼, 헤라클레이토스의 삶의 양식과 유사한 삶의 양식을 스스로 창출하여 보여 주었다. 헤라클레이토스가 자기의 王位繼承權(왕위계승권)을 포기하고 깊은 은둔 속에서 철학적 사유를 심화시켜 나간 삶의 태도가, 비록 어쩔 수 없는 병고 때문이라고 하더라도 10년 동안 지켜 왔던 바젤(Basel) 대학 교수직을 던지고 인간과 도시를 피해 알프스의 奧地(오지)에 은둔하여 사유와 저술을 시도한 니체의 삶의 모습에 영향을 미쳤다.

대학에서 문헌학(Philologie)을 연구하면서 처음으로 경험했던 고대 그리스의 철학자들, 이른바 Vorsokratiker에 속했던 헤라클레이토스의 삶과 철학이 니체의 삶의 태도와 철학함 속으로 스며들어 왔을 것으로 추론한다는 것은 가능한 일이다.

이러한 근거에서 본다면 헤라클레이토스는 니체의 정신적 족보에 있어서 제1반열에 서 있다.[80] 그러므로 후베르트 칸시크(Hubert Cancik)는 다음과 같이 말하고 있다.

"헤라클레이토스에 가까이 접근했을 때 니체로서는 다른 어떤 곳에서보다도 따뜻하고 행복했다. 헤라클레이토스는 니체에게는 지금까지 생각해온 사람들 가운데서 가장 가까운 사람으로 여겨졌다. 자기가 정상적인 의식 상태에서 살았던 삶이 종식되어 갈 무렵인 1888년 니체는 그렇게 판단하고 있었다."[81]

헤라클레이토스에 대한 니체의 찬양은 헤라클레이토스에 관한 니체의 강의, 저서, 유고 등에서 분명한 언표로 드러나고 있다. ≪차라투스트라는 이렇게 말했다.(Also sprach Zarathustra)≫를 발간했던 시기에 니체는 다음과 같이 썼다.

"헤라클레이토스, 엠페도클레스, 스피노자, 괴테는 나의 조상들이다."[82]

니체는 여하튼 자기의 헤라클레이토스 강의에서 헤라클레이토스를 가장 순수한 철학함의 전형을 구현한 賢者(현자)로서

---

80) Hubert Cacik: Nietzsches Antike, S. 75. (이하 N.A.라고 약기함)
81) A. a. O., S. 75.
82) MusA XIV, 109.

존경하고 있다. 후베르트 칸시크가 말한 바와 같이 니체에게 헤라클레이토스는 자랑스러운 고독한 구도자로서의 현자였다. 니체의 삶과 관심을 고려할 때 니체가 求道(구도)의 길을 걷는 걸음에서 헤라클레이토스와의 유사성을 感知(감지)했을 것이라는 것은 유추 가능한 일이다.[83]

따라서 니체가 인식한 헤라클레이토스는 삶에서 긍지를 가지고 있고, 홀로 자기의 길을 걸었고, 일생동안 山 속에서 초근목피(草根木皮)로 延命(연명)하며 살았다.[84]

디오게네스 라에르티오스(Diogenes Laertios)가 전해 주고 있는 헤라클레이토스의 이러한 최후의 삶의 가능성을 니체는 단순히 인식상의 일화로 생각하지 않았다.[85] 그러므로 니체는 다음과 같이 말했다.

"아르테미스 사원의 에페소스 출신 은둔자에게 깊이 스며든 고독의 감정으로부터 사람들은 가장 황량한 산야의 황무지에서 무엇인가가 경직되어 가고 있다는 것만을 예감할 수 있을 뿐이다."[86]

세속의 길을 걷는 사람들이나 또는 니체가 말하는 소위 대중의 갈채와 동시대인들의 환호성에 귀기울이는[87] 문화적 속물들에게 헤라클레이토스의 이러한 삶의 모습은 경직되고 마비된 시신의 형상으로 느껴질 뿐이다.

---

83) Nietzsche Studien. Band 8, S. 19.
84) Diogenes Laertios IX, 3.
85) KSA 1, Die Philosophie im tragischen Zeitalter der Griechen, * 이하 PhG라고 略記함 8, S. 833.
86) A. a. O., S. 834.
87) A. a. O., S. 833.

니체는 헤라클레이토스의 이러한 삶의 가능성을 오히려 자신의 삶의 전형으로 받아들였던 것 같다. 니체의 다음과 같은 말을 통해서 이러한 생각을 유추해볼 수 있다.

"이와 같은 인간이 이 전기적인 특징으로 일찍이 — 전형으로서, 삶의 가능성을 입증시킨 전형으로서 살았다는 것을 경험한다는 것이 중요하다."[88]

니체는 인간됨, 가르침, 언어 형식, 착상, 잠언(Aphorism), 패러독스(Paradox)에서 헤라클레이토스와 가깝고도 따뜻한 행복을 느끼고 있다.

특히 니체가 자신의 저서에서 사용하고 있는 잠언은 주로 헤라클레이토스의 잠언에서 비롯한다. 헤라클레이토스가 잠언으로 구성하고 있는 조각글(Fragment)은 짧고 간략하면서도 그 이면에 깊은 뜻을 내포하고 있다. 헤라클레이토스의 이러한 조각글 스타일은 니체에게 깊은 인상을 주었다. 따라서 니체의 거의 모든 저서들은 헤라클레이토스의 조각글, 즉 잠언을 모델로 삼고 자기의 사상을 언표했다.

니체는 헤라클레이토스의 언어형식으로서 조각글만을 언표상의 모범으로 삼았을 뿐만 아니라 헤라클레이토스의 변화의 철학, 즉 생성의 철학에서 자기의 고유한 철학사상의 端初(단초)를 발견했다.

니체는 이오니아 철학자들(der ionisischen Philosophen)이 주장하는 존재란 존재하지 않으며, 오히려 일체가 생성 가운데 있고, 그것은 과정에 지나지 않는다라고 주장했다. 니체에 의하면 "고정되어 있는 것은 假像(가상), 즉 눈과 언어

88) Huber Cancik; N.A. S. 75.

의 산물에 불과하다."

그러므로 니체는 헤라클레이토스의 생각을 통해서 존재론을 거부하였다. 다음과 같은 말은 이것을 잘 반영하여 주고 있다.

"나는 생성 이외 아무것도 보지 못한다. 속지 마라! 너희가 생성과 소멸의 바다 가운데 그 어디에서 확고한 육지를 본다고 믿는다면 그것은 너희의 짧은 시선 때문이지 결코 사물의 본질 때문이 아니다. 너희들은 사물의 이름이 마치 굳건한 영속성을 가진 것처럼 그것을 사용한다. 그러나 너희가 같은 江물에 두 번째로 들어갈 때, 그 강물은 처음 들어갔을 때의 강물이 아니다."89)

니체는 이처럼 존재론에 대한 비판적 논증을 더욱 전개시켰는데, 이 모든 논증상의 보완을 헤라클레이토스로부터 얻었다.90)

헤라클레이토스는 이오니아 철학자들의 존재론을 비판하면서 생성의 철학을 주장하였지만, 그러나 존재자의 존재 근원으로서 Logos를 상정한 점에서는 넓은 의미의 존재를 어느 정도 시인하고 있었던 듯하다.91) 그렇다고 하더라도 Logos는 단순히 고정된 불변의 존재성을 가진 존재 자체의 성질과는 다르다. 이 Logos는 존재성보다는 역동성을 그 근본 성질로 가지고 있다는 점에서 존재론에서 말하는 존재 자체와는 다르다.

헤라클레이토스의 Logos는 분명히 니체에게서는 긍정적인 동의를 얻지 못하고 있다. 그러나 Logos가 역동적인 측면에서

---

89) KSA 1. S. 823. PhG. 니체는 여기서 헤라클레이토스의 Fragment· 49를 옮겨 와서 인용하고 있다.

90) A. a. O., S. 128.

91) 헤라클레이토스의 철학에서 Logos에 대한 이해.

세계 내에서 자기를 표현하고 전개시키는 양태에 있어서는, 즉 세계 내 모든 존재가 양극적인 對立項(대립항)의 相互 轉化(상호 전화)로서의 통일이라는 양태에 있어서는 니체의 긍정을 얻고 있다. 헤라클레이토스의 Logos의 이러한 역동적인 운동은 니체에게 디오니소스적 생성으로, 즉 힘에의 의지(Der Wille zur Macht)로 영향을 주었을 것으로 유추·해석된다.

헤라클레이토스의 Logos는 우주·자연의 질서이면서 법칙이고 인간의 영혼에 있어서는 이성이다. 따라서 헤라클레이토스에 의하면 인간의 영혼에 내재하는 Logos에 따라서 사유하고 행동하는 것이 곧 지혜로운 삶의 모습이다. 그러므로 헤라클레이토스는 다음과 같이 말하고 있다.

"가장 위대한 완전성은 깊은 사유 가운데 있다. 참을 말하고 본성에 따라 행동하는 것, 그것이 생각건대 지혜이다."[92]

이 조각글에 내재한 메시지는 Logos에 의한 이성적 사유란 博識(박식)에 있는 것이 아니다라는 점이다. 박식은 진정한 지식을 흩뜨리며 어지럽게 만든다. 삶의 원리로서의 박식에 대한 거부는 결코 지식에 대한 단념을 의미하는 것이 아니다. 그러므로 헤라클레이토스는 다음과 같이 말하고 있다.

"지혜를 사랑하는 인간들은 많은 일들에 관하여 익히 알고 있지 않으면 안 된다."[93]

니체 역시 헤라클레이토스가 박식을 경멸한 데서 깊은 인상과 영향을 받았다. 그것을 입증이라도 해주듯이 니체는 박식에 대해서 다음과 같이 말하고 있다.

---

92) DK. 112
93) DK. 116

"박식은 문화의 필수적인 수단도 아니고 문화의 標識(표지)도 아니다. 그것은 때로는 문화의 대립, 야만, 즉 無樣式(무양식) 또는 모든 양식의 혼란과 가장 잘 어울린다."[94]

'그리스 비극시대의 철학'에서 철학은 니체에 의하면 "무용한 것을 두드러지게 함으로써 스스로를 영리한 것과 경계를 짓는 것처럼 ……. 비범한 것, 경이로운 것, 곤란한 것, 神的인 것을 정선함으로써 과학과 구별된다."[95] 철학은 '사물의 본질과 핵심에 관한 위대한 인식'을 성취하고자 한다.

니체와 헤라클레이토스가 사물의 본질과 핵심에 대해 인식하고 있는 것을 비교하는 데 우선 채택할 필요가 있는 방식은, 니체의 마지막 완성된 저서인 ≪Ecce Homo(이 사람을 보라)≫에서 시사하고 있는 방침에서 본 두 사람 간의 상호관계를 분석하는 그런 방식이다.

"나 이전에 이 디오니소스적인 것을 철학적인 파토스로 전환시킨 사람은 없었다. 비극적인 지혜가 결여되어 있었다. 나는 소크라테스 이전 2세기 동안의 위대한 그리스 철학자들에게서 이 비극적인 지혜의 징후를 찾았지만 徒勞(도로)에 그치고 말았다.

그러나 헤라클레이토스만은 그렇지 않았다. 내가 헤라클레이토스에게 가까이 다가갔을 때는 다른 어떤 누구보다도 따뜻하고 행복한 기분을 느꼈다. 소멸과 파괴를 긍정하는 것, 디오니소스 철학에 있어서 가장 결정적인 것, 대립과 전쟁에의 긍정, '존재'라는 개념을 근본적으로 거부하는 생성 — 이 모든

94) MusA VI. 135.
95) KSA 1. PhG. S. 816.

것이, 무엇보다도 내가 지금까지 생각되어 온 것으로는 나에게 가장 가까운 것으로 생각한다.

영원회귀의 가르침, 즉 일체의 사물을 무제약적으로 무한히 반복하는 순환 — 차라투스트라의 이 가르침은 이미 헤라클레이토스가 가르쳤을지도 모른다. 적어도 스토아 학파는 그 흔적을 뒤쫓아 거의 모든 근본적인 표상을 물려받았다.」96)

이 인용문은 니체가 자신과 헤라클레이토스 간의 상호관계를 인식하는 데 따른 네 가지의 중요한 接合点(접합점)을 드러내고 있다.

첫째, 소멸과 파괴에 대한 긍정
둘째, 전쟁과 대립에 대한 긍정
셋째, 존재 개념에 대한 근본적인 거부
넷째, 일체의 사물의 영원회귀.

이러한 네 가지 접합점이 니체와 헤라클레이토스의 사상적 맥락 가운데, 특히 헤라클레이토스에 대한 니체의 이해에 주의를 기울이는 가운데 여기서 검토될 것이다.

2) 투쟁과 대립의 통일로서 자기 초극(自己 超克)

헤라클레이토스는 자신을 밀레토스(Miletos) 학파의 철학자들로부터 (그들의 유물론적인 一元論을 상술함으로써) 구별짓고 있다. 비록 그 정확한 본질에 있어서는 차이가 있다고 하더라도 탈레스(Thales), 아낙시만드로스(Anaximandros), 아낙시메네스(Anaximenes), 이 모든 밀레토스 학파의 철학

---

96) KSA 6. Ecce Homo. ff. 312-313.

자들은 근원적인 原質(원질) 또는 실체가 존재하는 만물의 근원이다라는 사실을 확신하고 있다.

헤라클레이토스가 단일한 물질적 구성 요소로서 불을 주장하고 있다고 하더라도, 그는 사물들의 구조와 배열 속에서 통일을 발견했다.

"사물들은 전체이고, 사물들은 전체가 아니다. 존재하는 것은 결합되고, 존재하는 것은 흩어진다. 사물들은 조화 속에 있고, 사물들은 조화 속에 있지 않다. 일체의 사물로부터 통일이 이루어질 수 있고, 이 통일로부터 만물이 생성될 수 있다."(DK 10=M25)

이 배열의 법칙, 즉 이 통일의 원리가 곧 Logos이다.[97]

헤라클레이토스에게 Logos는 아마도 존재적으로는 '불'과 구별되지 않았으며, 사물들의 현실적 구성 요소로서 생각된 듯하다. 헤라클레이토스의 통찰은 자기의 一元論을 물질적인 원리뿐만 아니라 역동적인 질서의 원리로서 이해시키는 데 있었다.

단일한 공동의 원리(로고스)에 의한 배열은 만물이 비록 다원적이고 공통성이 없다고 하더라도 실제로는 밀착된 복합체로 통일이 되도록 하는 그런 결과를 야기시켰다. 헤라클레이토스의 다음과 같은 말은 이것을 잘 반영하여 주고 있다.

"만일 너희가 나에게 귀를 기울이지 않고 로고스에 귀를 귀울인다면 만물이 하나이다라는 사실에 동의하는 것이 현명할 것이다."(DK. 50)

---

97) Logos의 의미는 ≪척도를 주는 인간들≫(칼 야스퍼스 저 정영도 역)을 참조하시기 바람.

헤라클레이토스는 이러한 명제를 주장하기 위해서 경험적인 관찰을 제시하고 있다. 헤라클레이토스는 실제로 一과 多의 관계에 커다란 주의를 기울인 최초의 그리스 철학자이기도 하다.

헤라클레이토스에게 대립자는 상대적으로 동일하다. 왜냐하면 상이한 관점에서 본다면 동일한 사물에 대해서도 대립된 관념을 형성할 수 있기 때문이다. 따라서 일체는 하나이며, 대립은 모순의 조화이며, 일체는 선하다. 헤라클레이토스의 다음과 같은 조각글은 그것을 분명히 입증시켜 주고 있다.

"바다물은 고기에게는 생명을 유지시켜 주지만, 인간에게는 죽음을 준다. (DK. 61) ……. 서로 모순된 것은 서로 일치된 것에, 즉 대립에 의한 조화에 있다. 활과 시위 같이."(DK. 51)

헤라클레이토스는 상호 대립자에서 이처럼 통일을 추론하였는가 하면 모순·대립 속에서 相互 補完的 對立(상호보완적 대립)을 도출하기도 하였다. 헤라클레이토스의 다음과 같은 조각글은 이것을 克明(극명)하게 드러내 주고 있다.

"쾌락은 불쾌함에서 생긴다. 병은 건강을 쾌적한 것으로 느끼게 해주며, 배고픔은 배부름을, 피로는 휴식을 쾌적한 것으로 느끼게 해준다."(DK 111)

이와 같이 헤라클레이토스의 주장에 따르면 각 범주에는 통일이면서 多元인 연속체를 형성하도록 상호 보완하는 대립항들이 존재하고 있다. 그러므로 헤라클레이토스는 다음과 같이 주장하고 있다.

"산 것과 죽은 것, 깨어 있는 것과 잠자고 있는 것, 젊음과 늙음, 이 대립에 있어서 전자는 후자로 변하고 후자는 전자로 변한다.(DK. 88) ……. 神에게는 일체가 아름답고 선하고 정의

롭다. 그러나 인간들은 어떤 것을 부정의로운 것으로 다른 어떤 것을 정의로운 것으로 받아들인다."(DK. 102)

이처럼 헤라클레이토스는 전체를 이루는 대립자들 간에는 결코 상반된 방향으로 떨어져 나가려고 하지 않는다는 것을 확신하고 있다. 그 대신 "활과 시위와도 같은 긴장관계가 형성되어 있다."(DK. 51)

이러한 대립에 근거하는 조화라는 이미지는 대립자들의 각 짝들이 어떻게 통일이면서 동시에 복수일 수 있으며, 즉 하나로 결합을 이루면서 떨어져 나가려는 경향성을 가질 수 있으며, 한 극에서 다른 극으로의 불가피한 변화의 결과로서 현존하는 긴장에 의하여 어떻게 근본적인 통일이 유지되는가를 나타내고 있다.

헤라클레이토스는 대립하는 실체들 간의 작용과 반작용인 이 '변화'라는 언표 대신 투쟁 또는 전쟁이라는 隱喩(은유)를 사용했다.

"전쟁은 만물의 아버지이면서 만물의 왕이다."(DK. 53)

이 조각글에서 헤라클레이토스는 우주·만물의 生起(생기, Geschehen)를 전쟁이라는 은유로 시사하고 있고, 실제적으로도 전쟁은 파괴와 '건설의 전망'을 함께 내포하는 것으로 암시하고 있다. 사물을 구성하는 양극적인 대립자들이 하나의 통일을 지향하기 위해서는 一方이 他方을 부정하는 적극적인 작용을 하지 않으면 안 된다. 一方(일방)이 他方(타방)을 뛰어넘어서는 하나의 작용을 감행하면 他方은 부정당하지 않기 위해서 반작용을 감행하지 않을 수 없다. 이처럼 작용과 반작용이 동시에 일어나는 것이 바로 우주적인 생기이고 그것이 새로운 현상으로서 통일이고 변화이다.

일체의 변화는 그 변화를 일으키는 대립자들 간의 상호 긴장에 의한 부정을 통한 통일 없이는 불가능하다. 물론 일체의 변화의 저면에는, 즉 모든 생기의 이면에는 로고스라는 起因者(기인자. Urheber)가 있고, 이 로고스가 세계 내에서 자기를 表出(표출)하는 양태가 바로 변화라는 전쟁이다. 따라서 일체의 변화는 로고스의 자기 표현이라는 점에서 필연성을 가지고 있다. 그러므로 헤라클레이토스는 다음과 같은 잠언을 통해서 이러한 입장을 넌지시 말하고 있다.

"전쟁은 공동의 것이며, 싸움은 정의이며, 모든 삶은 싸움과 필요에 의하여 성립한다."(DK. 80)

이 조각글은 싸움의 목적이 통일에 의한 함락과 우주의 파괴를 동시에 포함하고 있다는 것을 암시하고 있다. 이 조각글에서 헤라클레이토스는 우주의 변화를 위해서, 그리고 삶의 창조를 위해서 싸움이란 필요이고 올바른 길이다라고 역설하고 있다.

이러한 해석은 니체가 삶의 창조를 위해서 전쟁이라는 은유를 사용하는데 커다란 빛을 던져 주고 있다.

니체가 전쟁이니 싸움이니 하는 은유를 사용하고 있는 것은 분명히 헤라클레이토스의 영향이다.

헤라클레이토스와도 같이 니체 역시 "일체는 하나"라는 것을 확신하고 있다. 니체 역시 만물 가운데 근본적인 통일을 보았고, 그리고 단일한 지시를, 즉 역동적인 원리로서 '힘에의 의지'를 가정했다. 니체는 이러한 관점에 대해 다음과 같이 쓰고 있다.

"마지막으로 우리의 본능적 생명의 전체를 의지의 근본 형식 — 즉 나의 명제인 '힘에의 의지'라는 근본 형식의 형성이면서 分化(분화)로서 밝히는 데 성공했다고 가정한다면 — 사람들이 모든 기관의 기능들을 이러한 힘에의 의지로 환원시킬 수 있고, 그리고 그러한 의지를 통해서 생식과 양육이란 문제의 해결점을 찾을 수 있다라고 가정한다면, 사람들은 모든 작용하는 힘을 힘에의 의지라는 하나의 용어로 정의하는 것은 분명히 정당성을 얻게 될 것이다. 내면에서 본 세계, 내면의 명료한 성격에 따라 규정된 세계는 힘에의 의지 그이외 아무것도 아니다."98)

니체가 이 인용문에서 말하고 있는 힘에의 의지는 만물을 연계시키는 원리, 즉 우주를 통일시키는 원리로서 수용될 수 있다. 이러한 근거에서 본다면 니체의 힘에의 의지는 헤라클레이토스에 있어서 일체의 生起(생기)와 현상적 변화의 역동적 원리로서 로고스와 유사하다. 로고스가 역동적 형태로 자기를 표출하는 지속적 운동성은 곧 힘에의 의지의 부단한 自己 力化(자기역화)로 투영되어 해석될 수 있다. 예컨대 강물의 지속적인 흐름으로 비유될 수 있는 힘에의 의지는 대립항의 구조적 투쟁과 모순과 갈등이 야기시키는 동력으로 지속적 통일 및 조화의 유사성을 얻고 있는 듯하다.

니체는 헤라클레이토스의 이러한 로고스의 역동적인 自己 表出(자기 표출)에서 힘에의 의지의 역동적인 자기 운동으로서 자기 극복을 시사받았을 것으로 유추·해석될 수 있을 것이다.

---

98) KSA 5. S. 55.

힘에의 의지의 운동상의 국면으로서 자기 극복은 니체에게서는 삶의 근원적인 존재 형식으로 전개되고 있다.

"이 비밀들은 삶 자체를 나에게 다음과 같이 말한다. 보라, 나는 항상 자기 자신을 극복하지 않으면 안 되는 자이다. …….

진실로 몰락이 있고 꽃잎 떨어짐이 있는 곳. 보라, 거기에 삶은 비쳐진다.

아, 나의 의지를 알아맞히는 자는 그가 어떤 비틀어진 길을 걸어가는가를 잘 알아맞힌다."(MusA XIII. 148)

니체가 명백히 규정하지 않은 이러한 문제적인 개념들의 본질에 대하여 상세하게 설명하지 않고 위의 인용문에서 언급한 자기 극복의 본질적인 특징, 즉 투쟁과 대립을 추출(抽出)하는 것은 결코 불가능한 것이 아니다.

엄격하게 말해서 힘에의 의지 자체가 끊임없는 자기 극복의 영속적 과정이다. 힘에의 의지가 드러내는 자기 극복에는 종착지점이 없다. 자기 극복에는 시작도 없고 끝도 없다. 영원히 도상에 있음, 그것 이외 자기 극복을 설명해 줄 어떤 언표도 없다.

힘에의 의지는 자기 극복의 과정이며, 따라서 자기 극복 그 자체가 다른 말로 하면 자기 강화이며, 自己 力化(자기 역화)이며, 本來的 自己(본래적 자기)에의 부단한 추구를 의미한다.

헤라클레이토스는 다음과 같은 조각글을 통해 니체에게 영향을 주었을 것으로 유추된다.[99]

"나는 나 자신을 연구했다."(DK. 101)

니체는 헤라클레이토스의 이 조각글을 번역하여 ≪차라투스

---

99) Hubert Cancik: N.A. S. 76.

트라는 이렇게 말했다.≫에 옮겨 싣고 있다.[100]

"자기를 인식한 자여! 현명한 차라투스트라여! 너는 가장 무거운 짐을 추구했다. 그때 너는 너 자신을 발견했다."[101]

니체는 이와 유사한 관점을 ≪우상의 황혼(Götzendämmerung)≫에서 다음과 같이 쓰고 있다.

"제1의 원칙; 사람들은 강해져야 할 필요가 있다. 그렇지 않으면 사람들은 결코 아무것도 되지 않는다."[102]

니체의 많은 저서들은 대체로 이와 유사한 감정, 즉 헤라클레이토스로부터 移入(이입)된 정서로 충만되어 있다.

니체의 다음과 같은 쾌락에 관한 규정은 유달리 헤라클레이토스의 이미지를 지향하고 있다.

"쾌락이란 억제에 의한 (보다 더 강하게 율동적인 억제와 저항에 의한) 권력 감정의 자극 이외 아무것도 아니다. 그러므로 쾌락은 그것에 의하여 증대된다. 이처럼 모든 쾌락 속에는 고통이 내포되어 있다. — 쾌락이 매우 커져야 한다면 고통이 지극히 오래 지속되고 활시위(弓弦)는 엄청날 정도로 긴장되지 않으면 안 된다."[103]

니체는 이 유고를 통해서 헤라클레이토스가 강조하고 있는 고통과 쾌락의 연계를 암시하고 있다. 모든 쾌락은 고통을 내포하고 있고, 이 양자 간의 상호 의존은 '활시위의 긴장'에 비교된다. 이 긴장은 투쟁으로 야기된다.

---

100) A. a. O., S. 77.

101) Friedrich Nietzsche, Dionysos-Dithyramben, Zwischen Raubvögeln, V. 22 ff (KSA 6, 391)

102) KSA 6, Götzendämmerung.

103) MusA 116.

니체는 이 유고를 썼을 때 대립에 의한 연계를 염두에 두고 있었다.

부정적인 것의 역할을 사물들의 필요 불가결한 부분으로서 인식했을 때 니체는 헤라클레이토스가 생각한 바와 같이 투쟁은 만물의 아버지요 왕이다라고 선언했다.

"오늘날 다양한 형식의 사회를 판단하는 가치 평가의 기준은 전적으로 전쟁보다도 평화에 보다 높은 가치를 부여하는 사회와의 하나됨이다. 그러나 이러한 판단은 反生物學的(반생물학적)이다. 즉 그것 자체가 삶의 데카당의 산물이다. ……. 삶은 전쟁의 결과이고, 사회는 그 자체가 전쟁의 수단이다. …….”104)

니체는 일체가 대립에 의한, 즉 대립자들 간의 투쟁에 의한 조화 또는 하나됨(통일)을 통해서 생성과 창조가 실현된다는 것을 확신하고 있다. 그것은 또한 힘에의 의지의 자기 전개, 자기 실현, 자기 운동의 본질이다. 그러므로 니체에게 전쟁이니 투쟁이니 하는 은유는 헤라클레이토스와 마찬가지로 생성과 창조의 길이며 정의를 가리키고 있다. 니체는 '차라투스트라'105)에서 이러한 확신을 분명하게 보여 주고 있다.

"너희는 너희의 적을 찾아야 하고, 너희의 전쟁을 수행해야 한다. 너희의 사상을 위해서! …….. 너희는 평화를 새로운 전쟁의 수단으로 사랑해야 한다. …….. 너희는 말한다. 전쟁조차 신성시했다는 것은 좋은 일인가?라고 너희에게 말한다. 훌륭

---

104) MusA XIX. 43.

105) ≪Also sprach Zarathustra≫라는 니체의 저서를 여기서는 줄여서 'Zarathustra'라고 略記한다.

한 전쟁은 모든 일을 신성화한다."106)

전쟁에 대한 이러한 찬양은 위에 언급한 맥락에서만 적절히 이해될 수 있을 뿐이다. 니체는 헤라클레이토스와도 같이 인간의 본성에 대한 인식에서 비롯하는 윤리적 토대를 전개시켰다. 삶은 항상 자기 스스로 극복하지 않으면 안 되는 것이다.

니체는 뒷날 위버멘쉬를 부단히 자기 자신을 超克(초극)하는 인간 또는 활동으로 보고 있다. 자기 자신을 초극하는 과정은 투쟁과 대립에 기초한다. 호전적인 본성이 자기 자신을 초극하고자 추구하고 있는 인간의 특징이라는 것은 이러한 의미에서이다. 복종과 묵종을 설교하는 그리스도교는 이러한 관점에서 본다면 당연히 저주가 된다. 그러므로 니체는 다음과 같이 말하고 있다.

"호전적인 것과 평화적인 것 — 너는 사랑하는 데 있어 戰士(전사)의 본능을 가지는가? 이 경우 제2의 물음이 남는다. 너는 본능적으로 공격적인 전사인가, 아니면 반항적인 전사인가?

여타의 인간, 본능적으로 공격적인 전사이지 못한 일체의 것은 평화를 意志(의지)하고, 일치를 의지하고, 자유를 의지하고, 평등권을 의지한다. — 그것은 동일한 것에서의 이름과 단계에 불과하다. 사람들이 자기를 방어하는 것을 필요로 하지 않는 곳으로 가는 — 이러한 인간들은, 가령 그들이 저항하는 것을 필요로 할 경우에는, 자기에 대해 불안해할 것이다. 그들은 일반적으로 더 이상 전쟁이 없는 상황을 만들고자 한다.

가장 나쁜 상황에 굴복하고 순종하고 편입되고, 즉 전쟁보

---

106) KSA 4. Zarathustra, S. 58~59

다 좋은 상황에 인도될 경우에, 예컨대 그리스도교에 있어서는 자기의 본능이 그것을 충고할 것이다. 타고난 전사의 경우 성격에서, 상황의 선택에서, 모든 특성의 형성에서 무기와 같은 것이 있다. '무기'는 첫째 전형에 있어서, 방어는 둘째 전형에 있어서 가장 잘 발전된다."[107)]

니체가 1888년에 쓴 이 유고는 자기가 말하는 전쟁이 類似(유사)로서만의 정치적 전쟁과 관계하고 있다는 것, 그리고 자기의 무기가 성격, 모든 특성에 대한 교육이다라는 것을 나타내 보이고 있다.

이것이 니체가 말하는 투쟁의 이미지가 가진 실체이다라는 사실은 차라투스트라가 "자기의 벗을 최선의 적으로 삼아야 한다."라든가, 그리고 "너는 벗에게 위버멘쉬를 지향하는 하나의 화살과 동경이 되어야 한다."라고 선포할 때 분명히 드러나고 있다.[108)]

니체가 말하는 호전적인 인간은 자기 자신을 생장시키고 자기 자신을 초극하기 위해 수행하는 자이다. 이것은 분명히 다음과 같은 잠언에서 엿보인다.

"평화적인 환경하에서 호전적인 인간은 자기 자신을 엄습한다."[109)]

마지막으로 니체의 전쟁 이론을 설명하기 위해서는 ≪이 사람을 보라(Ecce Homo)≫에서 니체가 묘사하고 있는 전사의 특성에 주의를 기울이는 것이 유익하다. ≪이 사람을 보라≫에

---

107) MusA XIX. 296-7.
108) KSA 4. Zarathustra, S. 71-72.
109) KSA 5, Jenseits von Gut und Böse, S. 87 *이하 JGB라고 약기함.

서 니체는 '전쟁의 실천'을 다음과 같이 네 가지의 명제로 요약하고 있다.

"첫째, 나는 압도적으로 승리했다고 주장하는 것만을 공격한다. 사정에 따라서는 그것이 압도적이고 승리할 때까지 기다린다. 둘째, 나는 한 명의 동맹자도 얻지 못했고 나 혼자만으로 싸울 수 있고 나 혼자만이 손상을 입는 그런 것만을 공격한다. ……. 나는 나 혼자만을 손상시키지 않는 그런 싸움을 공공연하게 수행하지 않았다. 셋째, 결코 개인을 공격하지 않는다. — 나는 다만 개인을 강력한 확대경처럼 사용한다. 이 확대경은 일반적이지만, 그러나 살금살금 기어다니며 결코 붙잡힐 수 없는 위기를 잘 보이게 할 수 있다. 그러므로 나는 다비트 슈트라우스를 공격한다. 보다 더 정확하게 말하면 낡은 책이 독일 문명한테 거둔 성과를 공격한다. — 나는 이 문명을 현행범으로 체포한다. ……. 그러므로 나는 바그너를 공격하였다. — 보다 더 정확하게 말하면 세련된 것과 풍요로운 것을, 뒤늦은 것을 위대한 것으로 혼동하는 우리 문화의 허위, 즉 애매함의 본능을 공격한다. 넷째, 나는 모든 개인의 차이가 배제된 것, 모든 기분 나쁜 경험의 배경이 없는 것을 공격한다. 이와 반대로 공격한다는 것은 나에게 있어서는 호의의 증거이며, 사정에 따라서는 감사의 표시이다."110)

'압도적으로 승리하는 것'만을 추구하고, 결코 개인을 공격하지 않고, 더욱이 모든 개인을 공격하지 않고, 더욱이 모든 개인의 차이가 배제된 것, 모든 기분 나쁜 경험의 배경이 없는 것만을 공격하는 이와 같은 전쟁의 실천은 약자의 원한, 복수,

110) KSA 6. Ecce Homo, S. 274-275.

증오에 대한 니체의 정복의 모범이다. 전쟁을 실천하는 목적은 헤라클레이토스의 싸움과도 같이 여기서 스케치된 적절한 철학적 맥락에 있어서만 이해될 수 있을 뿐이다.

3) 존재에 대한 부정과 생성에 대한 긍정

헤라클레이토스가 자기의 고유한 실재로 제시한 로고스의 일반적인 의미는 配列(배열)의 法則으로 받아들여지고 있다.

로고스의 전문적인 의미는 한결같이 척도를 시사하고 있고, 헤라클레이토스의 우주론은 균형과 비율에 기초해 있다.

니체와 헤라클레이토스 간의 對比(대비)는 차라투스트라에서 시사되고 있다.

"나의 의지를 알아맞히는 자는 또한 그가 어떤 부정한 것을 하지 않으면 안 되는가를 알아맞힌다."

척도로서 로고스는 니체에게는 자연의 內在律(내재율)로서 받아들여지지 않고 있다. 이 점에서 니체와 헤라클레이토스는 다른 견해를 가지고 있다.

그러나 세계의 모든 사물이 지속적으로 변화와 생성을 실현한다는 점에 견해를 함께 하고 있다는 사실에서 니체에 대한 헤라클레이토스의 영향을 주의 깊게 살펴보지 않을 수 없다.

"만물은 흘러간다.(Alles fließt)"라는 헤라클레이토스의 명제는 그가 시도한 江의 類比·使用(유비·사용)에서 비롯한다. 헤라클레이토스의 다음과 같은 조각글은 그것을 잘 말하여 주고 있다.

"동일한 강물에 두 번 들어갈 수 없다."(DK 12)

헤라클레이토스는 이 강물의 비유를 통해서 세계의 모든 사물의 지속적인 변화와 생성을 주장하고 있다. 니체 역시 자기의 문헌학적인 저서들에서 이러한 해석을 시도하고 있다.

≪그리스 비극시대의 철학(Die Philosophie im tragischen Zeitalter der Griechen)≫에서 니체는 헤라클레이토스가 "생성 이외 아무것도 없다."라고 말한 것을 널리 알리고 있다. 그리고 그는 또한 "어떤 누구도 마치 사물들이 경직된 지속성을 가지고 있는 것처럼 사물들의 영속성과 낡은 이름을 본다면 그것은 近視(근시)의 과실이다라는 것을 알리고 있다. 그러나 네가 두 번째 들어간 강물은 첫 번째 들어갔던 강물과 같은 것이 아니다."라는 것을 알리고 있다.[111]

이 인용문에서 본 바와 같이 니체는 헤라클레이토스의 물리적 사물들의 연속적인 변화이론을 긍정적으로 받아들이고 있다. 니체에 따르면 헤라클레이토스는 생성과 변화하는 세계의 배후에 그 어떤 불변적인 형이상학적 실재도 결코 想定(상정)하지 않았던 것 같다. 로고스조차 서두에서 이야기한 바와 같이 기껏해야 사물들의 변화를 작용시키고 조정하는 원리에 불과하다.

존재의 모태 가운데, 즉 불변하는 것 가운데, 숨어 있는 神 가운데, 사물 자체 가운데 생성 세계의 근원이 있다[112]는 것을 거부하고 있는 헤라클레이토스의 부정은 니체의 철학사상의 기초가 되고 있다. 비록 니체가 ≪비극의 탄생≫에서 "사티로스 합창단(Satyrchors) 자체가 이미 사물 자체와 현상 사

111) KSA 1. PhG> S. 823.
112) KSA 5, JGB. S. 16.

이의 근원적 관계를 말해 준다."[113]라고 말하고 있다고 하더라도, 이러한 예술가의 ≪인간적인 너무나 인간적인(Menschliches Allzumenschliches)≫에서는 거의 곳곳에서 사물 자체가 마비되고 있다.

현상과 사물 자체, 현상 세계와 진실 세계, 생성과 존재의 二元性(이원성)에 대한 부정은 니체의 관념적이며 무조건적 인식론에 대한 부정의 한 부분을 이루고 있다. 관념적 인식론은, 니체가 보는 바로는 감각의 증거란, 즉 사물 자체란 거짓이다라는 것을 드러내고 있다. 니체의 다음과 같은 말은 이것을 적절하게 설명하여 주고 있다.

"감각은 엘레아 학파(die Eleaten)가 확신한 것처럼 그런 방식으로 거짓말을 하지 않으며 또한 헤라클레이토스가 확신한 것처럼 그런 방식으로도 거짓말을 하지 않는다. — 감각은 전연 거짓말을 하지 않는다. 우리가 감각의 증거로부터 만들어 내는 것, 그것은 거짓을, 예컨대 단일성의 허위, 물질성, 실체, 지속성 등의 허위를 끄집어들인다. …… 이성은 우리 감각의 증거를 위조하는 원인이다. 감각이 생성, 소멸, 변화를 나타내는 한 감각은 거짓말을 하지 않는다. …… 그러나 존재가 공허한 허구라고 주장함으로써 헤라클레이토스는 영원히 옳을 것이다. 눈에 보이는 세계가 유일한 세계다. …… '진실한 세계'는 날조된 것에 불과하다."[114]

그러므로 니체와 헤라클레이토스가 사물들은 역동적, 지시적 원리에 의해서 연계되어 있다는 그런 의미에서 사물들 내에

113) KSA 1. Die GT. S. 59.
114) KSA 6, Götzen-Dämmerung, S. 75.

서의 대립자들의 본질적인 통일을 확신했다는 것은 분명한 것 같다. 더욱이 이 양 철학자에게 역동적 원리의 자연 과정이 투쟁 또는 긴장이었다는 것도 의심할 여지가 없을 정도로 확실하다.

이러한 과정이 사물들의 유일한 실제적인 구성이다. 존재는 없고 생성의 지속적인 과정, 즉 쇠퇴와 변화만이 있을 뿐이다. 이러한 현저한 類似를 주목함으로써 니체와 헤라클레이토스 간의 본질적인 상이성을 지적하는 것이 필요하다.

위에서 본 바와 같이 로고스의 역동적 작용 원리는 변화의 규칙이다. 우주는 헤라클레이토스에 따르면 "척도 가운데 점화하고 척도 가운데서 꺼지는 영원히 살아 있는 불이다."(DK 30)

헤라클레이토스와 니체의 개념 간의 좋은 對比(대비)는 '선악의 저편(Jenseits von Gut und Böse)'에서 자연에 따르는 스토아적(stoisch) 삶의 관념에 대한 비판에 의하여 주어진다. 스토아 철학자들은 헤라클레이토스를 고대 그리스 철학의 권위로서 주장했고, 그들의 많은 이론은 헤라클레이토스로부터 비롯했다. 비록 그들이 헤라클레이토스의 많은 잠언들을 수정하고 곡해했다고 하더라도 그들의 철학적 이상은 헤라클레이토스의 철학적 정신을 지향하고 있다.

자기 초극을 삶의 부단한 지향으로 전망하는 니체는 인간과 자연적인 삶 사이의 관계를 다르게 관찰하고 있다. 니체는 이러한 입장을 다음과 같이 피력하고 있다.

"너희는 자연에 따라 살고자 하는가? 오, 너희 고상한 스토아 철학자들이여, 이것은 말의 기만이 아닌가! 너희들, 자연이라는 존재를 생각해 보라.

자연은 한없이 낭비하고, 한없이 냉담하며, 의도와 배려가 없고, 자비와 공정함도 없고, 풍요로우면서 황량하고 동시에 불확실하다. 너희들은 무관심 자체를 힘이라고 생각해 보라. 너희들은 어떻게 이 무관심에 따라 살 수 있을 것인가?

삶 — 이것은 바로 이 자연과 다르게 살고자 하는 것이 아닌가?

삶은 평가하는 것, 선택하는 것, 옳지 못한 것, 제한되어 있는 것, 다르게 존재하고자 하는 것이 아닌가?

'자연에 따라 산다'는 너희들의 명법이 근본적으로 '삶에 따라 산다는' 것과 같은 것을 의미한다면, 도대체 너희들은 어떻게 그것을 할 수 없단 말인가?

너희들 자신이고 너희들 자신이지 않으면 안 되는 것에서 무엇 때문에 원리를 만들 필요가 있단 말인가?

실제로 사정은 전연 다르다. 너희들은 황홀해서 자연에서 너희들의 법칙의 규준들을 읽는다는 구실을 대지만, 너희들은 정반대의 것을 의도하는 것이 아닌가?

너 기묘한 배우이며 자기 기만자여! 너희들의 긍지는 자연에, 더욱이 자연에까지 너희들의 도덕, 너희들의 이상을 규정하여 동화시키고자 한다. 너희들은 자연이 스토아 철학에 따라 자연이기를 원한다."[115]

이 인용문에서 니체는 자연을 한없이 낭비하고 무관심한 것으로 특징짓고, 그리고 삶을 자연과 다르게 살고자 하는 것이라고 규정하고 있다. 스토아 철학자들에 대한 이러한 비판은 자기의 우주론에 있어서 현상의 법칙의 중요성에 기초하고 있

115) KSA 5, JGB. (김정현 譯本, 책세상) S. 22.

는 헤라클레이토스에게까지 미칠 수 있다. 더욱이 이러한 비판은 니체의 1888년의 유고에서 언급되고 있다.

"플라톤 이후 철학은 도덕의 지배하에 놓이게 되었다. 그의 先行(선행) 철학자들에게 조차 도덕적 해석들은 결정적인 역할을 했다. (아낙시만드로스에게 만물의 몰락은 순수 존재로부터의 이탈에 대한 징벌로서 해석되었고, 헤라클레이토스에게 현상의 법칙은 전체적인 생성의 도덕적 성격에 대한 증거로서 해석되었다.)"116)

니체와 헤라클레이토스는 모든 현상을 단일한 근본 원리로 환원시키고 있다. 헤라클레이토스에게 이 원리는 자연의 법칙 — 니체가 ≪헤라클레이토스 강의≫에서 일컬었던 이른바 자연과정의 合法則性(합법칙성)이다.

이 개념의 기초는 척도와 법칙의 관념이고, 그리고 이 개념들은 合法則性이라는 말 가운데 포함되고 있다. 그러나 법칙이라는 말을 니체의 힘에의 의지에 적용하는 것은 이 말의 근본적인 재규정을 필요로 한다. 만물이 힘에의 의지에 의하여 생기한다는 것은 일종의 법칙이지만, 그러나 이것은 헤라클레이토스가 의미하는 법칙은 아니다.

니체의 다소 역설적인 입장은 근대과학을 비판하고 있는 ≪선악의 저편≫에서 그것을 인용함으로써 해명될 수 있다.

"그릇된 해석의 기술을 지적하는 심술을 버리지 못하는 옛 문헌학자로서 나를 잘 보아넘겨 주었으면 한다. 그러나 너희들 물리학자가 '마치 ~처럼' 그토록 자랑스럽게 말하는 '자연의 合法則性'은 단지 너희들의 해석과 그릇된 문헌학에 감사해야

---

116) MusA XVIII. 288.

한다. — 자연의 합법칙성은 사실도 아니고 텍스트도 아니고, 오히려 소박한 인도주의적 정돈이고 의미의 왜곡일 뿐이다. 너희들은 이러한 것으로써 근대정신의 민주주의적 본능에 영합하고 있다!

어느 곳에 있든 법 앞에서는 평등하다. 자연은 이 점에서 우리와 다르지 않고 우리보다 나을 것이 없다. 이 말에는 은근한 속셈이 있는데, 그 안에는 또 한 번 특권적이고 자주적인 모든 존재에 대한 천민의 적의가 있으며, 두 번째 보다 더 세련된 무신론이 변장해 있다. '神도 아니고 지배자도 아니다. Ni dieu, ni matrie'! — 너희들은 또한 이렇게 말하고자 한다. 그러므로 '자연법칙 만세!'라고 말이다. — 그렇지 않은가? 그러나 이미 말한 바와 같이 자연법칙은 해석이지 텍스트가 아니다. 대립적인 의도와 해석의 기술을 가지고 동일한 자연에서 동일한 형상에 대해 바로 포학하고 무자비하고 가차없이 권력욕의 관철을 읽어낼 줄 아는 어떤 사람이 나타날 수도 있을 것이다. — 거의 모든 말과 포학이라는 말조차도 결국 사용할 수 없거나 이미 약하고 부드러운 은유로 — 너무 인간적인 것으로 — 나타날 정도로 이 사람은 모든 힘에의 의지 속에서 無例外性(무예외성)과 무조건성을 너희들에게 보여주는 해석가이다.

그럼에도 불구하고 그는 이 세계에 대해서 너희들이 주장하는 것과 같은 것을 주장함으로써 끝을 맺는다. 즉 세계는 필연적이고 계산할 수 있는 진행 과정을 밟아간다는 것이다. 그러나 이는 법칙이 세계를 지배하고 있기 때문이 아니고, 오히려 법칙이 완전히 결여되어 있으며, 모든 힘은 매순간 마지막 결론을 이끌어내기 때문이다. 이것도 해석이라 가정한다면 — 너희들은 이것에 이의를 제기하는 데 충분한 열의가 있는가? — 그렇다면 이제는 더욱 좋다. — "117)

변명에도 불구하고 여기서 말하는 어떤 사람이란 바로 니체라는 것과, 그리고 그가 헤라클레이토스의 명제에 반대하고 있다는 것은 의심할 여지가 없다.

균형보다도 자기 초극이 니체의 힘에의 의지의 한 결과이다. 마음속에 이러한 대립된 관념을 가지고 있으면서도 존재에 대한 부정은 헤라클레이토스와 니체 간의 관계를 밀착시키는 중요한 연결점이 될 수 있다. 헤라클레이토스와 니체는 둘 다 "소멸과 파괴에 대한 긍정, 즉 디오니소스 철학(Die Dionysische Philosophie)의 결정적인 특징을 가지고 있다."118)

이러한 문제에 대한 논의는 ≪이 사람을 보라≫에서 다음과 같이 전개되어 있다.

"가장 생소하고 곤란한 문제 가운데서 삶을 긍정하는 것, 가장 고귀한 유형의 희생 속에 엄청날 정도로 기쁨을 느끼는 삶에의 의지 — 이것을 나는 디오니소스的이라고 부른다. …… 공포와 동정을 넘어서 생성 그 자체의 영원한 즐거움, 즉 파괴의 기쁨까지도 포함하는 그런 기쁨이 되기 위해서이다."119)

이러한 태도, 즉 ≪이 사람을 보라≫의 특징과 니체의 일부 저서들의 특징은 정확하게 말해서 '운명애(amor fati)'로 공식화될 수 있다. 니체는 이러한 견해를 다음과 같이 밝히고 있다.

"사람들은 운명애(amor fati)를 언제나 자기와 다른 그 어

---

117) KSA 5, JGB(김정현 譯本 전제) S. 37.

118) Friedrich Nietzsche, Werke in drei Bänden(herausgeben von Karl Schlechta). Band II. *이하 SA로 약기함.

119) KSA 6, Ecce Homo, S. 312.

떤 것으로 가지고자 하지 않는다. ……. 모든 관념주의는 필연성 앞의 거짓이다. ……. 운명애를 사랑해야 한다."120)

이것이 니체가 말하는 인간의 위대성의 형식, 더 이상 부정하지 않는 디오니소스的 인간의 표준이다.

4) 디오니소스적 인간의 비전으로서 영원회귀

니체는 음악과 같이 비극 속에서 디오니소스的 현상을 인식하고 있다. 이 디오니소스的인 현상은 다음과 같은 것을 드러낸다.

"디오니소스的 현상은 우리에게 항상 새로이 개체 세계의 유희적 건설과 파괴를 근원적 즐거움의 발로로서 다시금 드러낸다. 그것은 마치 어두운 사람 헤라클레이토스에 의하여 놀이삼아 돌을 이리저리 옮겨 놓고 모랫더미를 쌓았다가는 다시금 무너뜨리곤 하는 어린이에 비유되는 세계를 형성하는 힘과도 같은 것이다."121)

헤라클레이토스에 대한 이러한 언급은 분명히 조각글 DK. 52(Fragment DK. 52)를 암시하고 있다.

"삶의 시간은 장기놀이를 하는 어린이이다. 王權(왕권)은 어린이의 수중에 있다."(DK. 52)

이와 유사한 암시는 ≪그리스 비극시대의 철학≫에 나와 있다. 이 책에서는 DK 52와의 연계가 확인된다.

"도덕적 고려 없이 한결같이 영원한 순진무구의 상태에 있는

---

120) MusA XXI. 211.
121) KSA 1, GT, S. 153.

생성과 소멸, 건설과 파괴는 이 세계에서 오직 예술가와 어린이의 놀이만을 가진다. 그러므로 어린이 및 예술가와도 같이 영원히 살아 있는 분은 순진무구 속에서 놀고, 건설하고, 파괴한다. 영원의 시간 '에온(Aeon)'은 자기 자신과 이 놀이를 논다.」[122]

이와 유사하게도 니체 철학에서 헤라클레이토스가 차지하는 영속적인 중요성은 그가 헤라클레이토스와 마찬가지로 목적론을 거부하는 데에 있다.

세계의 어린이와 놀이의 이미지는 니체의 저서들에서는 우주적인 목적론에 대한 그의 부정을 시사하고 있다. 니체는 마음속으로 헤라클레이토스를 스토아 철학자들로부터 갈라놓고 싶어했다.

"그럼에도 불구하고 헤라클레이토스는 꾸밈없는 정신들을 놓치지 않았다. 이미 스토아 철학자들은 그를 평이하게 재해석했으며, 세계의 놀이에 대한 그의 미적 근본사상을 세계의 합목적성에 대한 일반적 통찰로, 그리고 더욱이 인간의 이익을 위하여 끌어내렸다. 그러므로 헤라클레이토스의 물리학은 이들을 통해 찬양의 말을 어중이 떠중이들에게 끊임없이 요구하는 조야한 낙관주의가 되어 버렸다."[123]

더욱이 니체는 다음과 같은 헤라클레이토스의 조각글을 통해서는 헤라클레이토스에게 더욱 근접하고 더욱 따뜻함을 느끼고 있다.

---

122) KSA 1 PhG. S. 830. Öhler의 'Nietzsche'는 니체의 Spiel(놀이)이라는 은유를 헤라클레이토스의 "삶은 곧 장기놀이 …….."라고 할 때의 놀이와 동일한 것으로 해석하고 있다.

123) KSA 1, PhG S. 833.(이진우 譯本 참조)

"神에게는 일체가 아름답고 선하고 정의롭다. 그러나 인간은 어떤 것을 부정의로운 것으로, 다른 어떤 것을 정의로운 것으로 받아들인다."(DK 102)

이 조각글의 정서는 사물들이란 전체이면서 전체가 아니라는 헤라클레이토스의 주장을 반영하고 있다. 다시 말해 사물들은 통일로서 또는 분석적으로 인식될 수 있다는 것을 반영하고 있다. 존엄하고 종합적인 견해는 일체의 사물을 모두 아름답고 선하고 정의로운 것으로 본다. 이것은 ≪우상의 황혼(Götzendämmerung)≫에서 니체가 괴테(Johann Wolfgang von Goethe)를 찬양한 것과 비교될 수 있다.

"괴테가 바랐던 것은 전체성이었다. 괴테는 이성, 감성, 감정, 의지의 분리를 반대하여 싸웠다. ……. 괴테는 전체를 지향하여 자기를 도야했고 자기를 창조했다. ……. 이와 같이 자유로워진 정신은 즐겁고 신뢰할 수 있는 숙명론을 가지고 모든 것의 한가운데, 즉 개별적인 것만이 물리쳐진다는 믿음 한가운데, 모든 것은 전체 속에서 구원되고 긍정될 수 있다는 믿음 한가운데 서 있다. — 괴테는 더 이상 부정하지 않는다. ……. 그러나 이와 같은 신앙은 모든 가능한 신앙 가운데서 최고이다. 나는 그것을 디오니소스라는 이름으로 불렀다."[124)]

이 인용문을 고려해 볼 때 니체가 왜 헤라클레이토스에게서 '운명애'의 인간을 보고자 했는가 하는 이유를 살펴본다는 것은 어려운 일이 아니다.

헤라클레이토스가 實在世界(실재세계, die wahre Welt)와 표피적인 세계의 二元性을 부정했다는 것을 니체가 염두에 두

124) KSA 6, GD S.151-152.

고 있었다는 것은 분명한 것 같다.

분석적인 견해는 헤라클레이토스에게 비현실적인 것도 아니고, 부조리한 것도 아니며, 이성도 인간에게 인식 불가능한 것이 아니다.(DK 2)

헤라클레이토스에게 종합적인 견해는 사물들의 다양성을 동시에 주목하는 동안 대부분의 그림은 아름답고 선하고 정의롭다. 우리는 "나는 일찍이 어느 누구도 나만큼 항변하지 못할 정도로 항변하며, 그럼에도 불구하고 나는 부정적인 정신의 반대자이다."[125]라는 니체의 주장을 상기하지 않을 수 없다.

그리고 다음과 같은 니체의 말도 다시 한 번 반추하지 않을 수 없다.

"필연적인 것은 나를 손상하지 않는다. 운명애는 나의 가장 내적 본성이다. 그러나 이것은 내가 아이러니를, 더욱이 세계사적 아이러니조차도 사랑한다는 것을 배제하지 않는다."[126]

그러므로 예컨대 비록 그리스도敎가 필요악이었다고 하더라도 니체로서는 그리스도敎가 악이었고, 그것은 필요한 것도 아니었다라는 것을 지적하지 않을 수 없었다. 헤라클레이토스와도 같이 니체는 사물들 속에서 공존하는 다양성을 주목함으로써 사물들의 통일을 보고 확인했다. 더욱이 니체는 헤라클레이토스의 조각글 DK 52가 생성의 전 세계를 비목적론적으로 확언한 것으로 생각한 듯하다. 비록 니체가 이 경우에 오류를 범할 수 있었다고 하더라도 헤라클레이토스의 사고의 경향은 이와 같은 확언을 부정하지 않고 있으며, 적어도 조각글 DK

125) KSA 6, Ecce Homo, S. 366.
126) A.a.O., S. 363.

102는 운명애의 개념이 그의 세계관 속에 내재하고 있다는 것을 암시하고 있다.

본래부터 운명애와 관련 있는 것으로서 전체 세계에 대한 무조건적, 총체적 긍정은 니체의 동일한 것의 영원회귀 이론(Die ewige Wiederkehr der Gleichen)에 대한, 즉 모든 것은 무조건적으로 영원히 반복 순환한다는 영원회귀 이론에 대한 긍정을 뜻한다.

영원회귀는 생성의 세계 전체에 대한 긍정이고 예찬이다. — 어떤 점에서 그것은 매순간 정당화되는 것 같다. 영원회귀는 운명애를 긍정하는 디오니소스的 인간의 비전이다. 니체는 이러한 입장을 다음과 같이 천명하고 있다.

"너희들은 일찍이 쾌락에 대해 그렇다라고 말한 적이 있는가? 오, 나의 벗들이여, 그렇다면 너희들은 모든 아픔에 대해서도 그렇다라고 말한 것이다. 모든 사물은 사슬로, 실로, 사랑으로 이어져 있다.

— 너희들은 일찍이 한순간이 다시 오기를 바란다면, 너희들이 일찍이 '너는 나의 마음에 든다, 행복이여! 찰라여! 순간이여!'라고 말한 적이 있다면 너희들은 모든 것이 되돌아오기를 바랐던 것이다!

— 모든 것이 새롭고, 모든 것이 영원하고, 모든 것이 사슬로, 실로 사랑으로 이어져 있다. 오, 그러므로 너희들은 이러한 세계를 사랑한 것이다. —

— 너 영원한 자들이여, 이러한 세계를 영원히 언제나 사랑하라. 그리고 너희들은 아픔에게도 말하라, 사라져라, 그러나 돌아오라!라고. 모든 쾌락은 — 영원을 원하기 때문이다!"127)

모든 것의 영원회귀는 새로운 아이디어가 아니다. 전체 세계가 불에 의하여 다 타버리는 그런 週期的 燃燒(주기적 연소)가 있다는 것은 스토아 학파의 표준적 도그마이다. 스토아 학파가 지극히 확고한 결정론을 믿은 이래 세계의 파괴를 일으킨 법칙들이 다른 또 하나의 세계를, 정확하게 말해서 동일한 것으로 형성시켰다. 스토아 철학자들은 연소에 대한 믿음을 그들의 권위인 헤라클레이토스에게서 傳承(전승)한 것으로 간주했다. 니체는 이러한 전통에 동의하면서 ≪그리스 비극시대의 철학≫에서 다음과 같이 썼다.

헤라클레이토스는 아낙시만드로스와 마찬가지로 주기적으로 반복하는 세계의 몰락을 믿고, 모든 것을 파멸시키는 세계의 대화재로부터 다른 세계가 항상 새로이 생기한다는 것을 믿는다. 세계가 순수한 불로 불타버리고 해체되는 방향으로 나아가는 기간을 헤라클레이토스는 지극히 현저한 방식으로 욕구와 필요로서 특징짓고, 따라서 그는 불 속에 완전히 용해된 상태를 충족으로 받아들인다."[128]

이 인용문은 의심할 여지없이 조각글 DK 65에 기초해 있다.

헤라클레이토스는 "불의 통일성을 지향하는 세계의 주기를 갈망이라고 일컫고 있고, 원초적 불 속으로 진입한 세계의 주기를 포만이라고 일컫고 있다. 갈망은 그에 의하면 세계 질서이고 불에 의한 消盡(소진)은 포만이다."(DK 65)

니체는 헤라클레이토스가 연소를 가르쳤다고 믿었을 뿐만

---

127) KSA 4, Zarathustra, S. 402.
128) KSA 1, PhG, S. 829.

아니라, 궁극적으로 영원회귀를 가르쳤다고 믿었다.129)

동일한 것의 영원회귀는 주기적인 대화재의 필연적인 결론이 아니다. 니체도 영원회귀를 이렇게 보지 않았다. 위에서 언급한 바와 같이 스토아 철학자들은 그들의 모든 순환적 반복이론을 불 가운데의 주기적 용해와 절대적 결정론(세계법칙)의 결합에서 도출했다. 이러한 두 가지 개념은 스토아 철학자들에 의하여 헤라클레이토스에게 귀일(歸一)되고 있다. 그러나 스토아 철학자들이 다루었다는 의미에서 헤라클레이토스의 세계법칙을 지지했다는 증거는 없다. 가령 헤라클레이토스가 일찍이 의심의 여지가 있는 세계법칙이라는 말을 사용했다면 그것은 다른 방식에서였다.

조각글 DK 80에서 헤라클레이토스는 모든 것이 투쟁과 필연성에 따라서 生起한다라고 말한다. 헤라클레이토스에 의하면 일체의 사물 속에는 불가피한 법칙이 있다라는 의미의 필연성이 있다. 하나의 변화는 다른 또 하나의 변화에 뒤따라 나오지만, 그러나 평등과 균형은 항상 자연 과정에서 보존된다. 이것은 자연의 올바르고 고유한 원인이며, 그러므로 필연적이다. 그러나 스토아 철학자들의 세계법칙과는 달리 헤라클레이토스의 필연성은 모든 개별적인 변화가 가지는 결정론적 불가피성의 의미와 같은 그런 의미를 가지고 있지 않다.

헤라클레이토스는 일반적으로 변화란 어떤 고정된 법칙에 따른다는 것을 암시할 뿐이다. 그러나 니체는 헤라클레이토스

---

129) KSA 6, Ecce Homo, S. 313. 「일체의 사물은 무조건적으로 영원히 반복 순환한다라고 말하는 영원회귀의 교설 — 이러한 차라투스트라의 가르침은 이미 헤라클레이토스에 의해서 가르쳐졌다.」

의 경향을 스토아 철학자들의 경향에 따라 추론하고 있다. 이것이 헤라클레이토스에 관한 강의에서 암시되고 있다.

"헤라클레이토스가 윤리학을 정언적 명령으로 인식하지 않았다는 것은 매우 특징적이다. 모든 것은 세계법칙에 따르고 개별적 인격 또한 그렇다."130)

헤라클레이토스의 현존하는 조각글에는 영원회귀에 관한 명백한 언급이 없기 때문에 니체는 아마 스토아 학파에서 세 가지의 연계되는 이론들, 즉 세계연소, 세계법칙, 영원회귀 등을 주목했을 것이다. 니체는 이 세 가지의 이론들 가운데 앞의 두 이론이 헤라클레이토스의 사상 가운데 있는 것으로 보는 그런 오류를 범하고 있고, 그러므로 마지막 셋째 이론을 추론적으로 예단하고 있는 것 같다.

니체는 헤라클레이토스에 관한 강의에서는 영원회귀를 언급하지 않고 있다.

위에서 주목한 바 ≪이 사람을 보라≫에서 따온 인용문은 니체가 헤라클레이토스와 영원회귀를 서로 관련짓고자 기도한 의도를 잘 드러낸 유일한 문장이다.

니체가 영원회귀와 관련한 고대의 확증을 신중하게 지적하고 있고, 더욱이 그 형적을 스토아 철학자들에까지 연관지었다는 것은 생소한 것같이 생각된다.

여하튼 영원회귀 이론은 니체 자신의 운명애의 태도와 풀 수 없을 정도로 묶여 있는 디오니소스的 인간의 즐거운 비전이다. 카우프만(Walter Kaufmann)은 이것을 다음과 같이 지적하고 있다.

---

130) MusA IV, S. 313.

"니체의 여타의 아이디어들 가운데 그 어떤 아이디어도 영원회귀 이론을 능가할 정도로 그에게 중요한 의미를 가진 아이디어는 없다. 영원회귀는 니체에게 하나의 경험 — 고뇌, 고통, 아픔에 있어서 현저하게 풍요한 삶의 최고의 경험이었다. 그는 자기가 이러한 경험을 처음 가졌을 때 중요한 순간을 맞이했다. 왜냐하면 그에게 이 경험은 그의 삶을 회복한 순간이었기 때문이다."[131]

카우프만이 자기의 입장을 개진하고 있는 이 인용문은 니체의 다음과 같은 (≪이 사람을 보라≫) 말을 고려하고 쓴 것으로 생각된다.

"나는 지금부터 차라투스트라의 역사를 이야기하고자 한다. 이 저서의 근본 개념인 영원회귀 사상은, 즉 지금까지 어느 누구도 도달할 수 없었던 이 최고의 긍정형식은 1881년 8월에 생각되었다. 이 사상은 '인간과 시대를 6,000피트나 넘어선 저편'이라는 글자로 한 장의 종이 위에 略記(약기)되었다."[132]

니체가 이처럼 이 이론을 지금까지 어느 누구도 도달할 수 없었던 최고의 긍정형식이라고 강조하고 있는 것은 주목할 만하다.

니체가 이 개념을 피타고라스(Pythagoras)의 이론과 연계시킴으로써 훼손되는 것을 원하지 않았다는 것은 놀라운 일이 아니다. 이와 동일한 이유 때문에 니체는 이 '이론의 형적'을 스토아 학파 가운데서만 인식했다. 스토아主義는 일종의 운명애를 설명했다. 그러나 그들의 열정의 항의는 니체가 보는 바

---

131) W. Kaufmann, Nietzsche, P. 323.
132) KSA 6, Ecce Homo, S. 333.

로는 이 운명애와 모순된다.

디오니소스的 인간은 일체의 것을 긍정하고, 무엇보다도 열정적이다. 이것은 反立의 센스, 즉 "디오니소스 對 십자가에 못박힌 者의 센스이다."133)

니체의 저서에서 스토아 학파는 열정의 절멸을 가르쳤다는 점에서 그리스도教와 연결되어 있다. 더욱이 스토아主義는 본질적으로 目的論的이다. 이 스토아主義는 거침없이 니체의 견해와 모순된다.

5) 니체와 헤라클레이토스 간의 유사점과 차이점

니체는 헤라클레이토스에 한해서만 자신과의 유사성을 시사하고자 한다. 니체는 서두에서 이미 말한 바와 같이 헤라클레이토스에의 近接(근접)에서 다른 어느 누구에게서보다도 따뜻하고 호의적인 느낌을 받았다. 물론 니체는 헤라클레이토스가 믿었다고 생각한 연소를 믿지 않았다.

니체의 영원회귀는 헤라클레이토스와는 다른 경향을 따른 것으로 생각된다. 비록 연소가 영원회귀를 암시하고 있다고 하더라도 실제적인 연계는 아마도 헤라클레이토스가 강력히 주장한 운명애일 것이다. 적어도 헤라클레이토스의 한 조각글이 그의 이러한 태도를 시사하고 있다.

니체는 확실히 헤라클레이토스의 조각글 DK 102를 이러한 방식으로 해석했다. ≪그리스 비극시대의 철학≫에서 니체는

---

133) KSA 6, Ecce Homo, S. 374. (Hat man mich verstanden? - Dionysos gegen den Gekreuzigten.)

다음과 같이 썼다.

"이 세계에는 죄, 불의, 반대, 고통이 존재하는가? 그렇다라고 헤라클레이토스는 외친다. 그러나 이것은 따로따로 분리해서는 보지만, 모두 통합하여 보지 못하는 편협한 인간에게만 해당될 뿐 모든 것을 같이 보는 統覺的(통각적)인 神에게는 적용되지 않는다. 서로 반대하는 모든 것이 헤라클레이토스에게는 조화 속에 융합된다. 그것이 비록 평범한 인간의 눈에는 보이지 않지만, 헤라클레이토스처럼 觀照的(관조적) 神과 유사한 사람은 이해한다. 그의 불 같은 시선 앞에서는 한 점의 불의도 주위에 형성된 세계 속에 남아 있지 않다. 그래서 순수한 불이 어떻게 불순한 형상들 속으로 들어갈 수 있는가 하는, 저 기본적인 반격조차도 그의 숭고한 비유를 통해 극복된다."134)

니체는 저 앞에서 서술한 것에서 오해를 일으킨 것으로 나타난 '영겁의 세월의 유희'라는 은유를 계속 설명한다. 그러나 본질적인 점은 목적론의 결여였다. 이것이 가지고 있는 의미는, 니체가 헤라클레이토스에게서 영원회귀를 直感(직감)하면서 필수불가결의 것들, 즉 비목적론적인 운명애, 소멸과 파괴의 긍정, 존재라는 개념에 대한 근본적인 부정과 함께 대립과 전쟁, 생성에 대한 긍정적인 言明(언명) 등을 인식했다. 니체는 이와 같은 세계관을 가진 인간이란 영원회귀의 비전을 가질 수밖에 없다고 느꼈다.

결국 우리는 영원회귀의 관념이 단순히 결코 헤라클레이토스에게서만 넌지시 감지되도록 하지 않았다라고 말할 수 있다. 헤라클레이토스는 先行 哲學者(선행 철학자)들의 신화적 세계

---

134) KSA 1, PhG. S. 830.

관에서 벗어나고자 노력한, 그리고 경험적인 일단의 사상가들 가운데 한 사람이었다.

영원회귀가 '가장 과학적' 가설이다라고 니체는 주장했지만 그것은 비경험적이며, 그리고 분명히 헤라클레이토스의 관념이 아니다.

그러나 이 마지막 요점은 니체와 헤라클레이토스 간의 가장 근본적인 유사를 나타내 보이고 있다. 니체와 헤라클레이토스의 철학적 접근은 자연주의적이다. 이 양 철학자가 약간의 문제가 되는 관념들을 고안했다는 것은 이러한 사실과 모순되지 않는다.

헤라클레이토스는 대개 물리적 세계와 거대한 현상을 묘사하는 것에 관심을 가진 데 반해 니체는 심리학과 개인에 역점을 두고 있다. 그러나 그들은 물리학과 윤리학을 연속적 전체로서 보는 데는 일치하고 있다.

"삶이란 무엇인가를, 즉 삶이란 어떤 종류의 노력과 긴장인가를 이해하기 위해서 그 공식을 동물과 마찬가지로 나무와 식물에도 통용하지 않으면 안 된다."135)

이와 유사하게 헤라클레이토스의 로고스는 거대한 규모의 형상에서 뿐만 아니라 소규모의 형상에서도 실현된다. 그러므로 헤라클레이토스는 다음과 같이 말하고 있다.

"인간의 모든 法은 하나의 神的인 법칙에 의해 육성된다. 왜냐하면 神的인 법칙은 그것이 원하는 한 만물을 지배하며 또한 만물을 포괄하여 만물을 초월해 있기 때문이다."(Fragment DK 114)

135) MusA XIX. S. 151.

헤라클레이토스와 니체의 윤리적 충고는 형식적으로 그들의 물리적 제이론과 섞인 채 짜여져 있다. 헤라클레이토스는 자연을 법적 질서의 표현으로 보았으며, 자기 인식, 중용, 사물의 중심적 모범에 대한 이해를 충고한다.

니체는 자연을 언젠가 자기 자신을 변형하고 극복할 수 있는 힘에의 의지의 냉혹한 주장으로 보았다. 이와 같이 니체는 인간들로 하여금 열정의 카오스를 조직화하고 자신을 超克(초극)할 것을 권고한다.

니체와 헤라클레이토스, 이 두 철학자의 사상의 자연주의적 기초는 그들을 형이상학적 사물 자체의 가정으로부터 막고 있다. 그 대신 우주는 투쟁하기를 좋아하는, 즉 언제나 변화하는 과정으로 인식된다.

헤라클레이토스는 우주가 언제나 달라져 왔다는 것을 의심할 만한 경험적인 이유를 보지 못했다. 그러므로 헤라클레이토스에게 우주는 영원히 '언제나 살아 있는 불'이었다.

니체는 영원회귀를 가설했고, 그것을 가장 과학적인 원리라고 생각했다.

그러므로 니체와 헤라클레이토스 간의 유사와 차이는 자연주의적 해석에 대한 공동적인 주장으로 환원될 수 있다. 니체가 그리스의 고대철학에서 인식한 바와 같이 불가사의에 대하여 강력한 애착을 느꼈다는 것은 틀림없다. 이 애착이 아카데믹하지 않았던 것도 틀림없다.

니체는 헤라클레이토스에 대해서 다음과 같이 말하고 있다.

"이와 같은 사람들이 언젠가 살았다는 것을 경험하는 것은 중요하다. 그것을 경험한다면 사람들은 예컨대, 헤라클레이토스의 긍지를 한가한 가능성으로서만 상상할 수는 없을 것이다. 인식을 추구하고자 하는 모든 노력 자체는 그 본질상 영원히 만족되지 않으며, 만족될 수 없는 것같이 생각된다. 그러므로 역사를 통해서 배우지 않는다면 어느 누구도 자기가 진리의 유일하고 행복한 자유인이다라는 왕자다운 자존심과 확신을 믿고자 하지 않을 것이다. 이와 같은 사람들은 자신들만의 고유한 태양계 속에서 살고 있다. 사람들은 이 태양계 속에서 그들을 찾아내지 않으면 안 된다."[136]

136) KSA 1, PhG. S. 834.

3. 니체에게 영원회귀의 씨앗을 건네준 헤라클레이토스

1) 세계 내에서의 Logos의 현존 양식

헤라클레이토스(Herakleitos)는 오르테가(Ortega Y Gasset)가 말한 바와 같이, 지난 2000년 동안의 서양철학에 —파르메니데스(Parmenides)가 여당의 元祖(원조)라면 — 야당의 원조로서 그늘 속에 가리워진 채 외면당해 왔다. 헤라클레이토스가 이처럼 야당의 원조로서 白眼視(백안시)된 근본 이유는 서양 사람들 자체가 초월적 존재론을 選好(선호)하는 경향성에 있다.

파르메니데스가 공간과 운동을 부정하고 連續的(연속적) 전체로서 존재만이 존재한다는 존재론을 제시한 데서 존재론이 서양철학사를 지배하는 계기가 형성되었다. 따라서 현상적 변화에 역점을 두는 헤라클레이토스의 이른바 Logos 철학은 2000년 동안 이 존재론의 지배적 분위기 속에서는 그 명맥만 가녀린 연속선을 그리면서 이어왔다. 이러한 근거에서 헤라클레이토스는 야당의 원조가 되고, Logos철학은 在野(재야)의 철학으로 무시되다시피 했던 것 같다.

서양철학사의 이러한 흐름과 분위기 속에서 유독 헤겔

(Hegel)에 의해 — 絶代精神(절대정신)이 변증법적 운동법칙에 따라 자기 전개를 시도함으로써 — 방법론적 측면에서 헤라클레이토스의 Logos의 변증법에의 관심과 조명이 진작되었다. 뒤이어 쇼펜하우어(Schopenhauer)가 ≪의지와 표상으로서의 세계(Die Welt als Wille und Vorstellung)≫라는 저서에서 헤라클레이토스를 본격적으로 논의함으로써 마침내 헤라클레이토스는 야당의 그늘에서 여당인 낮으로의 밝음으로 나타났다.

헤라클레이토스의 Loges 철학은 결국 니체의 '영원회귀(die ewige Wiederkehr des Gleichens) 사상'의 씨앗이되면서 서양 현대철학의 지배적인 원조로 논의되고 있다.

헤라클레이토스에게 Logos는 복합적인 의미를 가지고 있다. 칼 야스퍼스(Kalr Jaspers)는 Logos의 의미를 다음과 같이 규정하고 있다.

"로고스란 다른 말로는 옮길 수도 없고 개념으로서 규정될 수도 없다. 로고스는 말, 대화, 대화의 내용, 의미, 이성, 진리, 법칙, 존재 자체를 의미한다. …… 로고스는 단순히 규정될 수 없고, 이 모든 의미를 포괄적으로 지니고 있으며, 그것들 중의 어느 한 의미에만 국한되는 것도 아니다. 로고스는 철학이라는 중대하고 근본적인 개념과도 같이 無規定(무규정), 無限定(무한정)으로 규정되는 包括者(포괄자)이다."137)

Logos는 포괄적으로 규정하면 존재와 법칙으로 언표될 수 있다. 그러나 Logos는 야스퍼스의 말처럼 하나의 의미론적 ·

137) Karl Jaspers: Die großen Philosophen, S. 632 *이하 GP라고 약기함

개념적인 언어로 표현될 수는 없고, 위에서 본 바와 같이 복합적인 의미로서, 즉 포괄자(Das Umgreifende)의 의미로 시사될 수 있다.

그러므로 Logos를 효과적·설득적으로 이해한다면, 여하튼 情態的 側面(정태적 측면)과 動態的 側面(동태적 측면)으로의 접근이 시도되어야 할 것이다.

Logos를 정태적 측면에서 접근할 경우 Logos는 '존재 자체(das Sein selbst)'로 이해된다. 헤라클레이토스의 Fragment(조각글) 가운데는 Logos가 一切(일체)의 근원이면서 超現象的(초현상적) 존재라는 隱喩的(은유적) 言表(언표)가 나타나 있다.

"圓柱(원주)에 있어서 시작과 끝은 동일하다. ……홈을 파는 연장에 의하여 만들어지는 나선형의 바르게 휘어진 길은 하나이면서 동일하다. ……오르막길과 내리막길은 하나이면서 동일하다. ……不死的(불사적)인 것은 可死的(가사적)인 것이요, 가사적인 것은 불사적인 것이다."[138]

Logos는 하나(das Eine)인 바 존재 자체로서 자기 자신을 兩極的(양극적)인 것으로, 對立者(대립자)의 모순과 긴장이라는 형식을 통해서 정태적 存在性(존재성)을 드러낸다. 위의 조각글에 있어서 시작과 끝, 오르막길과 내리막길, 불사적인 것과 가사적인 것은 모순·대립에 의한 긴장이지만, 하나인 바 존재 자체에 있어서는 同一者(동일자)이면서 동일한 성질임을 은유적으로 언표하고 시사하고 있다.

---

138) Herakleitos, Fragmente 59,60,62,103, in: Fragmente der Vorsokratiker, Band Ⅰ, Hsrg. Von Diels

Logos라는 존재 자체는 자기 동일성을 유지하면서 세계 내에서의 자기 표출의 경우 양극적 대립자의 현상으로서 모순·대립·긴장으로 드러난다. 마치 하나의 인간이 남성과 여성이라는 양극적 대립의 존재자로 드러나듯이 Logos는 언제나 세계 내에서는 對立項(대립항)으로 나타난다.

헤라클레이토스의 Logos는 이처럼 정태적 존재성을 가지고 있는가 하면 다른 한 측면에서 보면 동태적 법칙성을 가지고 있다.

동태적 측면에서 접근할 경우 Logos는 法則(법칙), 理法(이법), 까닭, 所以然(소이연) 등으로 이해된다. 요컨대 Logos는 법칙이라는 말로 이해될 수 있다. 헤라클레이토스의 다음과 같은 조각글은 Logos가 자기의 운동성을 드러낼 경우에는 항상 법칙으로 나타난다는 사실을 역시 은유적·함축적·잠언적으로 언표하고 있다.

"만물은 로고스에 따라 生起(생기)한다. ……차가운 것은 따뜻한 것이 되며 따뜻한 것은 차가운 것이 된다. ……젖은 것은 마른 것이 되며 마른 것은 젖은 것이 된다. ……산 것과 죽은 것, 젊음과 늙음, 이 대립에 있어 전자는 후자로 변하고 후자는 전자로 변한다."[139]

Logos는 위의 조각글에서 보는 바와 같이 항상 어떤 경우에는 一方(일방)으로 나타나고 다른 어떤 경우에는 他方(타방)으로 나타난다. 그리하여 Logos는 일방에서 타방으로, 타방에서 일방으로 운동한다. 이러한 局面(국면)을 놓고 헤라클레이토스는 변화니 현상이니 하고 말한다. 세계를 구성하는 모든

---

139) A,a,O., Fr.88, Fr.126

현상 또는 변화는 바로 그 裏面(이면)에 Logos를 두고 있다. 다른 말로 변화 및 현상은 곧 그 이면에 내재하는 Logos가 작용함으로써 나타나는 국면이다.

따라서 세계를 구성하는 일체의 변화 및 현상은 동태적인 법칙으로서의 Logos가 어떤 경우에는 일방으로, 다른 어떤 경우에는 타방으로 운동하고 작용함으로써 일어나는 법칙으로서의 존재의 자기 표출이다.

Logos의 —세계 내에서의—자기 표출로서 변화에 대한 헤라클레이토스의 강조는 Logos의 정태적 존재성에 대한 강조를 상회한다. 변화 및 현상에 역점을 두고 '철학함(Philosophieren)'을 주로 시도했다는 이유 때문에 헤라클레이토스는 서양철학사에서 존재론적 철학함을 주요한 흐름으로 만들었던 대다수 철학자들에 의해 철학사의 庶子(서자) 취급을 받았다.

그만큼 변화 및 현상에 철학적 의미를 부여한 헤라클레이토스에게 존재 자체로서의 Logos의 設定(설정)은, 단지 사유의 논리적 근거의 필요성 때문에 企圖(기도)된 것 같다.

가령 세계 및 존재자의 변화가 이면에 그 어떤 起因者(기인자・Urheber)가 설정되어 있지 않다면 변화 자체는 의미론적 타당 근거를 잃게 된다. 이러한 사유의 논리성을 인식하고 있었던 것으로 생각되는 헤라클레이토스가 Logos에 정태적 존재성을 투영했다는 것은 서양적, 논리적 사유를 그 역시 내면에 깔고 있었음을 시사해 준다.

그렇게 본다면 Logos가 존재 자체의 의미도 含有(함유)하고 있다는 것은 그가 강조하고 있는 변화의 철학함이 논리적 타당 근거의 확립을 동반해야 하는 필요성에서 비롯한 것 같다.

헤라클레이토스에게 Logos는 변화의 구조상 統一者(통일자)이다. 야스퍼스의 말과 같이 Logos의 恒在的(항재적) 본질은 대립자의 통일이다.

헤라클레이토스는 인간의 감각에서 多樣性(다양성)이 (마치 不調和가 그 자체에서는 調和되는 것처럼) 어떻게 조화되고 있는가를 깊이 사유했던 것이다. 그것을 잘 반영해 주는 조각글로서 다음과 같은 것이 있다.

"대립된 긴장이 통일되는 곳에 가장 아름다운 조화가 있다. ……높낮이 없는 조화는 없으며 암·수 兩性(양성)이 없이 생명적 존재는 존재할 수 없다."140)

일체의 현상적 존재자는 양극적 대립자의 모순·긴장을 통한 통일, 즉 조화이다. 통일, 즉 조화가 바로 변화의 형상이다. 이 세계의 모든 존재자는 반드시 높음과 낮음을 가진다. 따라서 높은 것과 낮은 것은 대립자이면서 동시에 그 대립적인 긴장을 통해서 높낮이의 조화로운 형상을 구성한다. 예컨대 밤과 낮도 대립자이면서 그 밤과 낮이 통일을 이룰 때 아름다운 조화로서 '하루(ein Tag)'를 구성한다. 한 해, 즉 1년(das ein Jahr) 역시 마찬가지로 여름과 겨울이라는 대립자의 통일이고 조화이다. 봄에서 겨울로, 겨울에서 봄으로의 相互 轉化(상호전화)라는 전체가 곧 1년이라는 통일로서 조화를 이룬다.

Logos는 이처럼 대립자의 통일로서 변화의 형상을 드러낸다. 따라서 Logos는 통일과 조화의 法則이고 理法이고 理致이다.

---

140) GP, S. 632

이 법칙으로서의 Logos는 자기를 드러내는 데에 있어 무조건 바깥으로 자기의 동일성을 드러내 보인다기보다는 언제나 자기를 숨기면서(verbergen) 자기의 현상을 顯現(현현)시킨다. 바꾸어 말해서 Logos는 일체가 Logos 자신에 의해 생기한다고 하더라도 현상 또는 변화의 배후에 숨어 있다.

헤라클레이토스는 Logos의 이러한 특징을 다음과 같이 말하고 있다. "사물들(Physis)의 본질은 숨어 있기를 좋아한다."141) 이처럼 사물들, 즉 존재자의 본질로서 숨어 있기 때문에 생기하는 일체가 Logos를 인식하지도 못하고, 하물며 Logos를 거역할 때조차도 Logos에 의해 지배된다. 그러나 Logos는 인간의 이성에 의해서만 현현될 수 있다.

엄격하게 따진다면 Logos는 세계 내에서는 세계이성(die Weltvernunft)으로서 내재하면서 작용하고, 인간의 영혼 안에서는 이성(die Vernunft)으로서 내재하면서 영혼의 사유작용을 가능하게 한다. 그러므로 존재자의 본질로서 Logos나 영혼의 본질인 Logos는 모두 이성의 사유에 의해서만 이해된다.

감각에게 Logos는 무의미이고 공허이다. 다른 말로 하면 Logos는 감각에게는 感知(감지)되지도 않고 포착되지도 않는다. 그것은 오직 이성에 의해서만 체험되고 이해된다.

헤라클레이토스의 다음과 같은 箴言(잠언)은 그것을 잘 반영해 주고 있다.

"인간은 자기 자신을 인식하고 사유하는(phronein) 능력을 가지고 있다. ……그대는 온 거리를 쏘다녀도 영혼의 한계를 찾아낼 수 없다. 영혼은 깊은 Logos를 가지고 있다."142)

---

141) Fragment, 123, S. 178

Logos는 일체의 현상, 변화, 존재자, 그리고 영혼 등을 貫通(관통)하고 섭리한다. "번개(영원한 불)는 우주를 섭리한다."[143] 이 말처럼 Logos는 전체로서 우주를 섭리하고 인간의 영혼을 섭리한다. 구체적으로 말해서 우주, 곧 세계는 Logos로서 세계이성에 의하여 지배되고 섭리된다. 예컨대 하나의 나뭇잎이 바람에 휘날리는 것이며, 봄·여름·가을·겨울이 순서적으로 순환하는 것 역시 세계이성의 지배원칙에 따라서 이루어지며, 인간이 살고 죽고 하는 것 또한 세계이성으로서 Logos에 따라 일어난다. 그러므로 세계를 구성하는 일체의 존재자며 인간의 존재 모습은 無常(무상)하고 부단히 변화할 수밖에 없다. 이러한 변화의 이치를 깨닫고 이해하는 능력이 바로 영혼에 부여된 Logos로서 이성이다. 이성이 명민할 수록 변화의 이치는 더욱 생경하게 이해된다.

명민한 이성을 가진 영혼은 헤라클레이토스에게 불이라는 언표로 상징되고 있다. 영혼은 보다 더 활활 타는 불이 될 수록 보다 더 이성적이 된다.[144] 이러한 생각을 헤라클레이토스는 다음과 같이 말하고 있다.

"메마른 영혼은 슬기롭지만 젖은(술취한) 영혼은 비틀거린다."[145]

메마른 영혼, 즉 명민한 영혼은 지혜롭고 이성적이기 때문에 세계이성의 섭리를 깨달을 수 있다.

세계이성에 의해서 지배되고 있는 세계 그 자체는 세계이성

---

142) Fragment, 45, S. 161
143) Fragment, 64, S. 165
144) GP, S. 633
145) Fragment, 118, S. 177

이 부여하는 이치에 따라서 운동하고 변화한다. 그러므로 세계는 정지할 줄 모르는 부단한 변화이다. 일체는 흘러가고 아무것도 머물지 않는다. 따라서 헤라클레이토스는 다음과 같이 말한다.

"사람은 동일한 강물에 두 번 들어갈 수 없으며, 동일한 無常의 실체를 두 번 만질 수 없고, 오히려 그것들은 급속한 변화를 통하여 흩어졌다가는 다시 모이고 가까워졌다가는 멀어져 버린다."146)

헤라클레이토스에게 변화는 세계이성으로서 Logos의 법칙이고 理法이다. 그러므로 변화는 현실적 진리요, 그 변화에 순응하여 삶을 방향짓는 것(die Orientierung)이 삶의 지혜이다.

변화에 현실의 의미가 있다고 생각하는 한 헤라클레이토스에게 진리는 분별적인 것이 아니고 可變的(가변적)인 것이며, 또한 진리는 절대적인 것이 아니고 상대적이다. 이러한 진리관을 시사해 주고 있는 헤라클레이토스의 조각글로서는 다음과 같은 것이 있다.

"바다물은 고기에게는 생명을 유지시켜 주지만 인간에게는 죽음을 준다. ……우리는 존재하면서 또한 존재하지 않는다."147)

이 조각글에서 보는 바와 같이 바닷물이 고기에게는 유익한 생명수이나 인간에게는 毒水(독수)인 것처럼, 바닷물을 유익

146) Fragment, 91, S. 171
147) Fragment, 49a, S.161, Fragment, 61, S. 164

하다 또는 해롭다라고 일방적으로 규정할 수 없다. 바닷물을 마시는 주체에 따라서 유익하거나 해로울 수 있다. 그러므로 바닷물의 有・無益(유・무익) 여부는 가변적이고 상대적이다.

"불사적인 것은 가사적인 것이요 가사적인 것은 불사적인 것이다."라는 조각글에서도 진리란 가변적이면서 상대적이다라는 규정이 타당하고 적절한 것으로 적용될 수 있다.

이 조각글에서도 이승의 삶은 저승의 죽음이요 저승의 삶은 이승의 죽음이기 때문에 不死(불사)와 可死(가사), 이 양자가 모두 의미를 가지고 있다. 그러므로 불사와 가사, 그 어느 것도 좋다 나쁘다라고 규정될 수 없다.

Logos의 편에서 본다면 바닷물의 유・무익이며 불사와 가사의 좋고 나쁨은 무의미하고 공허하며, 오히려 Logos의 自己顯現(자기 현현)에 불과하다. 그 모든 규정은 인간의 감각에 의한 지각에서 오는 편견이고, 인간 주관의 일방적 판단에서 비롯된 것에 불과하다.

그러므로 인간은 감각적 인식에서 벗어나 Logos로서 이성적 사유에서 일체가 Logos의 自己 表現(자기표현)임을 이해함으로써 궁극적으로 일체가 하나임을 알지 않으면 안 된다.[148]

2) Logos와 實存(실존)에의 복귀

Logos가 인간의 영혼에서 작용할 경우에는 인간 영혼의 自己 高揚(자기 고양)이 가능해진다. 그러므로 헤라클레이토스

---

148) GP, S. 634

는 "영혼은 자기 자신을 성장시키는 Logos를 가지고 있다."라고 말하고 있다.

인간이 자기의 現存在(현존재) 속에 내재하는 Logos로서 이성의 사유법칙에 따라서 세계 내에 내재하는 Logos로서 세계이성을 인식할 경우에 인간은 감성의 깊은 잠에서 깨어난다. 따라서 이러한 인간은, 즉 세계이성을 터득한 인간은 세계는 부단히 변하고 세계를 구성하는 현상적 존재자가 그 이면에 내재하는 법칙으로서 Logos 또는 세계이성에 의해서 존재하고 지배되고 섭리된다는 사실을 깨닫는다.

세계이성이든 개인의 영혼에 내재하는 이성이든 그 모든 것이 바로 Logos이며, 이 Logos에 따라서 사유하는 내적 행위는 인간 모두에게 공동적(das Gemeinsame)인 것이다.

그러므로 헤라클레이토스는 다음과 같이 말하고 있다.

"사유는 일체의 존재자에게는 공동적인 것이다. 사유는 깨어 있음이다. 깨어 있는 자들은 하나의 공동세계만을 가지지만 잠들 경우에 이 공동세계로부터 벗어나서 각각 자기 자신만의 세계로 돌아간다."149)

이성으로 사유하는 영혼은 현상과 변화의 법칙으로서의 Logos, 즉 세계이성을 만난다. 세계이성과 만난다는 것, 합치한다는 것, 체험한다는 것은 바로 이성이 사유를 통해서 행해야 하는 理法이다. 이 理法을 구현하는 개인의 영혼마다 Logos로서의 이성은 세계 내로 內謐(내밀)하며 동시에 인간 實存(실존)으로 비약한다. 세계 내로 내밀함으로써 세계이성을 만나고 그 순간 실존이 된다는 진리는 헤라클레이토스의 조

149) Fragment, 89, S. 171

각글을 해석할 경우 감지된다.

"이 세계질서(Kosmos), 즉 일체의 존재 질서는 神이나 인간에 의해 창조된 것이 아니고, 그것은 항상 존재하였고 또한 존재하고 있으며 영원히 살아 있는 불로서 존재한다."150)

이 조각글에서 말하고 있는 세계질서는 곧 세계이성을 의미하며, 그것은 철학적 神의 이미지를 시사한다. 이 세계질서, 세계이성, 철학적 神은 모두 동일한 의미의 Logos를 뜻하며, 개인의 영혼이 명민하게 될 경우, 즉 영혼이 사유를 통해서 세계 내로 내밀하여 이 세계이성을 만나게 될 경우에 개인의 영혼은 本來的 存在(본래적 존재)로서 실존을 획득한다.

칼 야스퍼스의 다음과 같은 말이 이것을 암시해 주고 있다. "헤라클레이토스는 神을 Logos, Kosmos, Feuer(불)의 의미로 새겨서 말하고 있다."151)

헤라클레이토스의 神은 철학적 神이면서 동시에 超越者(초월자)의 의미로 시사되고 있기도 하다. 그의 다음과 같은 조각글은 음미해 봄직 하다.

"인간 존재는 어떤 통찰력도 가지고 있지 않지만, 그러나 神은 그것을 가지고 있다. ……가장 아름다운 원숭이도 인간과 비교하면 추하며, 가장 지혜로운 인간도 神에 비하면 지혜나 미, 다른 모든 것에 있어서 원숭이와도 같이 나타난다. ……神은 일체가 아름답고 선하고 정의롭다"152)

헤라클레이토스에게 神은 세계 내에 내재하는 Logos이면서

---

150) GP, S. 634
151) A.a.O.,
152) Fragmente, 82, 83, S.169, Fragment, 102, S. 173

인간의 모든 것을 능가하는, 그리고 인간과는 완전히 다르며, 야스퍼스의 해석과도 같이 결코 동일한 類(유)로서 간주될 수 없고, 그리고 본질적으로 다른 존재이다.[153]

헤라클레이토스가 암시하고 있는 세계와 神의 표상은 영원히 존재하는 것에 대한 靜觀(정관)이 아니고, 세계 내의 거짓과 악에 대한 투쟁, 그 자체며, 神聖(신성)한 길의 告知(고지)이다.[154]

거의 대부분의 인간들은 이 진리를 이해하지 못하고 있다. 그러므로 헤라클레이토스는 다음과 같이 말하고 있다. "인간들은 마치 잠자고 있을 때 그들이 경험하고 있는 것을 잊고 있는 것과 마찬가지로 깨어 있을 때 그들이 무엇을 행하고 있는지를 모른다."[155]

이 세상의 모든 것이 Logos의 자기 표현 또는 운동의 필연적 법칙에 따라서 대립자 상호간의 투쟁이 일어나고 그것으로 인해서 변화와 현상이 생기하며, 인간의 주관에 어떤 구애받음도 없이 변화와 현상이 생기하는 것을 인간은 알지 못한다. 그럼에도 불구하고 일체의 존재자는 이 Logos에 순응하도록 운명지워져 있다. 헤라클레이토스는 그것을 언표하고 있다.

"되는 대로 쌓아 올려진 물건더미는 가장 아름다운 세계질서이다. ……돼지는 흙탕물 속에서 목욕하고 새들은 먼지나 또는 재 속에서 목욕한다. ……나귀들은 황금보다도 여물을 더 좋아한다. ……우둔한 인간은 모든 의미심장한 말을 들으면 언제나

---

153) GP, S.635
154) A. a. O.,
155) Fragment, 1.

놀라서 제자리에 우두커니 서 있는 버릇이 있다. ……개들은 모르는 것을 보면 짖는다."156)

이 세계 내의 모든 존재는 Logos의 법칙에 따라서 유지되고 전개된다. 이러한 理致(이치)를 깨닫지 못하고 있는 것이 인간이다. 이 이치를 깨달을 경우에 인간은 본래적 자기로서의 실존을 체험한다. 헤라클레이토스는 그것을 시사하고 있다.

Logos의 이치에 순응하지 않을 경우 인간의 영혼은 퇴영화하고 황폐화한다. 헤라클레이토스는 이러한 이치를 다음과 같이 함축적, 잠언적, 직유적으로 언표하고 있다.

"위대한 죽음은 위대한 보상을 받는다. ……영혼이 깨어 있으면 산 자와 죽은 자의 파수꾼이 된다. ……만일 행복이 육체적 쾌락에 있다면 사람들은 맛있는 먹이풀을 발견한 소를 행복하다고 말해야 할 것이다. …… 원하는 모든 것이 주어진다고 해서 그것이 인간에게 최선의 것은 아니다. ……충동과 싸우는 것은 어려운 일이다. 왜냐하면 충동이 원하는 것은 영혼의 희생을 치름으로써만 얻어지기 때문이다. ……화재를 진화하는 것보다 거만을 없애는 것이 더 긴요하다."157)

Logos의 법칙을 인식한 사람은 감각적, 충동적인 것을 억제하고 멀리한다. 이성적 사유를 통해서 보편타당한 이치를 깨닫고 그 이치에 따라서 영혼에 유익하고 선한 것, 정의롭고 참된 것만을 지향하고 욕구적인 것, 육체적 쾌락을 주는 것, 그리고 영혼의 손상을 가지고 오는 것을 억제하는 방향으로 사유하고 행동하는 것이야말로 Logos의 이치에 합당하는 사유요, 행동

---

156) Fragment, 123, S. 178, Fragment, 97, S. 173
157) Fragment, 25, S. 156

이다.

바로 여기에 헤라클레이토스의 Logos 윤리학, 또는 理致倫理學(이치윤리학)이 성립한다.

헤라클레이토스의 '이치윤리학'은 거짓에 대항하여 투쟁하고, 거만을 간질병[158]이라고 규정하고, 나아가 참된 삶의 지혜도 지시해 주고 있다. 그의 '이치윤리학'에 의하면 Logos를 告知(고지)하는 철학자는 인간들에게 "그대들은 잠자는 사람들처럼 행동하고 말해서는 안 되고 항상 깨어 있어야 한다라고 명령해야 한다."는 것이다.

따라서 인간은 헤라클레이토스에 의하면 자기의 내면에만 침잠해서도 안 되고 무의식적으로 로고스의 조종을 받아서도 안 된다. 인간은 오히려 일체를 통일시키는 숨겨진 Logos를 의식적으로 좇아야 한다. 다시 말해서 인간은 보편자, 공동적인 것, Logos를 향해서 자신의 정신을 개방시켜 놓고 그것에 의식적으로 참여하여야 한다. 인간은 세계 내에 이미 존재하고 있지만, 그러나 발견되는 순간에 唯一者(유일자), 또는 공동적인 것이 되는 Logos를 세계 및 영혼의 心底(심저)에서 발견하지 않으면 안 된다.

헤라클레이토스는 실존적인 삶을 위한 세 가지 지시사항을 다음과 같이 言明(언명)하고 있다.[159]

1) 투쟁의 Logos에 참여(die Teilnachme am Logos des Kampfes)

2) 知의 Logos에 참여(die Teilnachme am Logos des

---

158) Fragment, 46, S. 161
159) GP, S. 637

Wissens)

3) 知의 근본과의 관계(die Beziehung auf den Grund des Wissens)

여기 제1항에 관련한 조각글로서는 다음과 같은 것이 있다.

"사람들은 전쟁이 만물에 두루 미치고 있음을 인식해야 한다. ……전쟁은 어떤 것을 神으로서 나타내고, 다른 어떤 것을 인간으로서 나타낸다. 전쟁은 어떤 것을 노예로 만들며, 다른 어떤 것을 자유인으로 만든다. ……승자는 자유인이 되고 패자는 노예가 되지만, 이와 반대로 전쟁에서 죽는 자는 不死者(불사자)가 된다."[160]

세계 내의 일체의 존재자는 양극적 대립자 상호간의 전쟁, 즉 투쟁에 의해 새로운 존재자의 생성을 가능하게 한다. 그러므로 이러한 투쟁의 이면에 내재하면서 자기를 양극적 투쟁으로 표현하는 Logos에의 인식을 기도하는 자야말로 자기 존재의 실존으로 복귀가 실현한다. 헤라클레이토스는 위의 조각글에서 대체로 이러한 의미를 은유적으로 언표하고 있는 것 같다.

제2항에 관련한 조각글로서는 다음과 같은 것이 있다.

"가장 위대한 완전성(arete)은 깊은 사유(Phronein)의 가운데에 있다. 참을 말하고 본성(Physis)에 따라 행동하는 것, 그것이 생각건대 智慧(지혜, Weisheit)이다."[161]

인간의 영혼에 내재하는 Logos에 따라서 사유하고 행동하는 것이 곧 지혜로운 삶의 모습이다. 영혼의 Logos에 귀를 기

160) Fragment, 53, S. 162
161) Fragment, 112, 176

울이는 태도에서 실존을 획득한다. 헤라클레이토스는 이러한 지혜를 이 조각글에서 시사하고 있는 것 같다.

제3항의 지시가 주는 메시지를 해석한다면 Logos에 의한 이성적 사유는 박식에 있는 것이 아니다라는 그런 메시지일 것이다. 박식은 진정한 지식을 흩뜨리며 어지럽게 만든다. 그러나 삶의 원리로서의 박식에 대한 거부는 결코 지식에 대한 단념을 의미하는 것이 아니다. 그러므로 헤라클레이토스는 다음과 같이 말하고 있다. "지혜를 사랑하는 인간들은 많은 일들에 관하여 익히 알고 있지 않으면 안 된다."[162]

헤라클레이토스는 인간이 본래적 자기로서 실존을 획득하기 위해서는 일체의 감각적인 지각으로부터 벗어나서 인간 영혼에 내재하는 Logos로서 이성의 인도를 받아야 한다는 것을 直喩的(직유적)인 언어로 언표하고 있다. 헤라클레이토스의 다음의 조각글은 그것을 잘 반영하고 있다.

"태양은 그것이 나타날 때 인간의 발의 넓이를 가진다."[163]

헤라클레이토스는 여하튼 통속적인 경험주의에 대해 강력하게 거부하고 있다. Logos에 근거하지 않는 그 어떤 경험이나 감각적 지각도 헤라클레이토스에게는 믿을 수 없는 것으로 생각되고 있다.

3) Logos 철학의 문제점

헤라클레이토스의 철학은 Logos의 철학, 변화의 철학, 즉

162) Fragment, 35, S. 159
163) Fragment, 3, S. 151

흐름(der Fluß)의 철학 등으로 일컬어질 수 있다. 그가 자기의 철학을 나타내는 말로서 'Alles fließt'라는 조각글로 시사하는 바와 같이, 현상적 존재자의 부단한 변화에 '철학함(Philosophieren)'의 근본을 두고 있는 것을 고려할 때 그의 철학은 서양철학의 전통적인 흐름으로서 '존재론'에 力点(역점)을 두지 않고 있다.

그러나 헤라클레이토스가 변화 및 현상적 존재자의 배후에 Logos를 설정하고 있는 철학적 의도를 조명해 볼 때, 존재론적 사유를 전연 무시했다고만 일방적으로 해석할 수는 없다.

헤라클레이토스가 사유하고 있는 Logos는 여하튼 두 가지 측면, 즉 정태적(또는 존재론적) 측면과 동태적 측면을 동시에 가지고 있는 것으로 생각된다.

Logos를 존재론적 측면에서 접근할 경우에 Logos는 존재자체(das Sein), 一的 存在(일적 존재, das Einssein), 神(Gott), 세계이성(die Weltvernunft) 등으로 이해된다. 그러나 Logos의 이러한 존재론적 성격은 서양의 전통적인 존재론에서 이해되고 있는 그런 초월적인 존재로서의 神이나 존재자체의 성격과는 다르다.

헤라클레이토스의 Logos가 가지는 존재론적 성격의 존재는 초월적이 아니고 內在的(내재적)이다. 내재적 존재로서의 Logos는 현상의 동태적 변화의 內在律(내재율)이라는 논리적 근거의 필요성에서 설정된 것으로 해석될 수 있다.

헤라클레이토스의 Logos의 주요 성격은 어디까지나 동태적 역동성, 또는 운동으로서의 변화성에 있다. 따라서 Logos의 동태적 성격의 표현으로서는 ① 법칙·理法·理致, ② 양극적 대립자 간의 긴장·모순·투쟁, ③보편적 공동성(das Gemeinsame) 등이 있다.

그리고 헤라클레이토스의 Logos가 동태적 측면에서 이 세계 내에서 표출되는 현존 양식으로는 ① 대립(Gegensatz)을 통한 통일(die Einheit) 및 조화(die Harmonie), ② 숨음, 즉 은폐(die Verborgenheit) 등이다.

이 Logos가 세계 내에서 변화를 生起(생기, geschehen)시킬 때의 그 형식은 相互 竝列的(상호병렬적), 相互 依屬的(상호의속적)이다.

Logos가 세계 내에서 표출되는 현존 양식으로서의 대립에 의한 통일·조화를 그림으로 圖式化(도식화)하자면 다음과 같다.

헤라클레이토스의 철학에서는 일체가 Logos에 따라서 생기는데, 이 Logos는 그것을 사유하는 사람이 시사하지 않을 경우에는 은폐될 수밖에 없다. 이것이 헤라클레이토스 철학의 문제점이다.

칼 야스퍼스의 말을 빌려 헤라클레이토스 철학의 문제점을 논의하자면 다음과 같다.

"헤라클레이토스의 철학에서 왜 로고스는 은폐되어 있는가? 왜 세계는 존재하고, 순수하고, 대립 없는 평화로운 불이며, 근원이며, 영원한 이성만이 존재하는가?라는 물음은 제기되고 있지 않다."[164]

여하튼 이것은 헤라클레이토스 철학이 남긴 하나의 커다란 문제점임에 틀림없다.

그럼에도 불구하고 헤라클레이토스가 세계의 구조를 Logos로서 세계이성의 동태적 현존 양식인 바 대립자 간의 대립·모순을 통한 통일·조화라는 이치로서 분석·사유함으로써 쇼펜하우어와 니체의 철학을 胚胎(배태)시킨 계기가 되었다는 점에서 철학사적 의의를 던져 주고 있다. 다시 말해 헤라클레이토스의 Logos 철학은 삶의 인간화를 진작시킨 니체의 '동일한 것의 영원회귀(die ewige Wiederkehr des Gleichens)'를 定礎(정초)짓고 있다.

---

164) GP, S. 638

4. 니체의 영혼을 흔들어 놓은 사유와 행위의 모범으로서 예수

1) 모순 속의 애정으로서 예수와의 동일화

니체는 그리스도교에 대한 투쟁을 '죽음의 전쟁(Todkrieg)'[165]이라고 규정하고 생애의 마지막까지 그리스도교를 비판하고 부정하고 있다. 그러나 니체는 이 '죽음의 전쟁' 가운데서도 예수에 대해서만은 칼 야스퍼스(Karl Jaspers)가 말하고 있는 바와 같이 "공격 한가운데서 마치 자기의 적이 마지막까지 살아남기를 바라고 있는 듯 그 공격을 중단하고 있다."[166] 그 이유는 무엇인가?

우리는 이미 니체의 작품들 가운데서 그가 '神의 추구자'이냐 'Antichrist'이냐라는 근본적인 양자택일을 결정하거나 또는 이것을 극복하는데 실패했다는 것을 알기 때문에 이러한 문제를 풀어 주는 어떤 확고한 실마리도 찾지 못하고 있다.[167]

---

165) 니체는 Todkrieg라는 표현을 그리스도교에 대한 선전포고와 연관하여 사용하고 있다. Näheres dazu in Kommentarband(XIV) der kritischen Studienausgabe, 448~453.

166) K. Jaspers, Nietzsche und Christentum, S.71.

167) E. Biser, Gottsucher oder Antichrist, S.10.

그러나 우리가 니체의 言說(언설)에 정확하게 귀를 기울인다면 이러한 문제 해결에 도움을 얻을 수 있을 지도 모른다. 왜냐하면 니체의 경우 言說의 의미가 분명하게 드러나지 않기 때문이다. 그가 한 유고(Nachlaβ)에서 말하고 있는 바와 같이 단어들의 배후에 음악을, 음악의 배후에 정열을, 정열의 배후에 인간을 발견하는 것이 중요하다.168) 그러므로 우리는 니체가 그리스도교에 대한 비판 가운데 포함시키면서 동시에 이 비판으로부터 제외시키고 있는 예수의 형상을 이해하기 위하여 그리스도교로부터 離反(이반)하고 있는 곳에서 가장 선명하게 울려나오는 '음악'과 같은 것을 사실상 공격적 소음 가운데서 청취하지 않으면 안된다. 그러나 이것은 니체가 '神의 추구자'이냐 'Antichrist'이냐 하는 양자택일을 그에게는 확정적으로 파악할 수 없음을 미리 인식시켜 준다. 그러므로 그가 예수와 그리스도교에 대해서 어떤 입장을 취하고 있는가 하는 것은 저작상의 증언에서 끄집어 낼 수 있을 뿐이다. 그의 저작상의 증언에서 드러나고 있는 이른바 바보(der Narr), 어릿광대(der Hanswurst), 궁중의 익살광대(der Hofnarr) 등의 역할에 대한 분석에서 그의 은밀한 의도가 밝혀진다.

니체는 자기 동일성을 추구하는 데 있어 본능적으로 예수와의 동일화에 근거한다. 왜냐하면 니체에게 예수와의 동일화에 근거하지 않는 자기 동일성의 추구는 장차 오고야 말 완성적 허무주의 역사에 한 획을 긋는, 그러한 의미를 결코 가질 수 없기 때문이다.

니체의 예수와의 동일화는 형식상으로는 비판과 존경이라는

168) F. Nietzsche, der Nachlaβ.

양극적 양태로 나타난다. 이러한 상반된 양태는 니체에게 결정적인 영향을 준 헤라클레이토스(Herakleitos)의 이른바 대립의 긴장을 통한 통일이라는 생성에서 비롯하는 긍정의 현존양식이다.[169] 그러므로 예수에 대한 니체의 비판 또는 부정은 언어상의 전경(Vordergrund)에서 수용될 것이 아니고 헤라클레이토스적인 사유형식에서 이해되어야 한다.

예수에 대한 존경은 반드시 예수에 대한 비판의 音調(음조)를 수반한다. 이것은 예수와의 동일화라는 목표에 이르기 위한 니체의 고유한 전략이다.

그리스도교에 대한 니체의 논박을 폭발시키는 격렬성에 비하면 예수에게 가한 비판은 전체적으로 신중하게 이루어지고 있다.[170] 왜냐하면 예수에 대한 니체의 애착의 의지가 예수에 대한 비판을 약화된 목소리로 수행할 것을 강요하고 있기 때문이다. 그러므로 아우구스트 메서(August Messer)는 다음과 같이 말하고 있다.

"니체는 그리스도교에 대한 적의에도 불구하고 예수에 대해서만은 정중한 존경을 유지하고 있었다."[171]

니체는 이처럼 한편으로는 예수에 대한 깊은 존경심을 간직하고 있는가 하면, 다른 한편으로는 예수에 대해 강도 높은 비판을 가하고 있다. ≪즐거운 지식(Die fröhliche Wissenschaft)≫에서 니체는 인간들만큼 자기들의 죄에 대해 고통받는 존재는 없다고 생각한 예수를 오류를 범한 것으로 비난하고

---

169) K.Jaspers, Heraklit. <in der groβen Philosophen>.
170) E. Biser, Gottsucher oder Antichrist, S. 79.
171) A. Messer, Erläuterungen zu Nietzsches Zarathustra.

있다.172) 이것이 첫 번째 오류로 천명되고 있다. 그 이유는 그리스도교도들이 예수에게 死後(사후)의 권능을 부여하고 동시에 그의 오류를 진리로서 신성화라는 것을 받아들였기 때문이다. 예수 또한 神의 심판 사상을 주장하고 있고, 이와 동시에 자기 자신을 사랑의 대상으로 설명하고 있다는 점에서 자기의 오류를 충분히 인식하지 못하고 있다는 것이다. 니체는 이러한 입장을 다음과 같이 진술하고 있다.

"가령 神이 사랑의 대상이 되고자 했다면 무엇보다도 먼저 심판과 정의의 사상을 포기했어야 했을 것이다. —심판자는 비록 자비로운 심판자라 할지라도 결코 사랑의 대상이 아니다."173)

니체는 'Antichrist'에서 예수를 '저주받은 자들'과 '죄지은 자들'에게 기존 질서에 대한 부정을 외침으로써 정치적 범죄자가 되고 있고, 이 때문에 십자가의 죽음을 당한 신성한 무정부주의자로 간주한다.174) 따라서 그리스도교가 현실에 대하여 적의를 가지고 모반을 일으킨 것은 결국 그의 책임이라는 것이다. 이러한 이유로 해서 니체는 예수를 영웅이나 또는 천재로 일컫는 것은 그릇된 것이며, "생리학자의 엄밀성을 가지고 말한다면 白痴(백치, Idiot)라는 말이 여기서는 당연한 것이다."175)라고 말한다.

---

172) F. Nietzsche, die fröhliche Wissenschaft, III, S. 138.
173) A. a. O., S. 140
174) F. Nietzsche, Antichrist, S. 27.
175) A. a. O., S. 29. 「Antichrist」의 초판에서는 은폐되어 있었던 'Idiot'라는 표현은 Josef Hofmiller의 연구 논문 Nietzsche (Südßdeutsche Monatshefte 29, 1931, 74~131)에 의해 비로소 밝혀졌다.

예수에 대한 니체의—외관상—무자비한 공격은 이 '백치'라는 표현에서 절정을 이룬다. 그러나 우리는 이 '백치'라는 표현에서 오히려 니체가 예수와 동일화하고자 하는 은밀한 의도를 感知(감지)해야 한다. 이 '백치'라는 말을 단순히 언어상의 의미로서만 해석할 경우, 이 말에는 예수에 대한 올바른 평가를 단연코 차단하는 듯한 거침없는 증오가 발산되고 있는 것 같다. 그러나 이 말은 오이겐 비저(Eugen Biser)에 의하면 그 정반대의 입장에서 생각되어야 한다.176)

가령 우리가 야스퍼스의 입장에 따라 예수와 동일화하고자 하는 니체의 의도를 생각할 경우, 그리고 니체가 스스로 바보 역할을 떠맡았던 것을 예수로부터 비롯한다고 숙고할 경우 사실상 설명 가능한 맥락이 찾아진다. 니체는 ≪Ecce Homo≫(이 사람을 보라)에서 훗날 다른 사람으로부터 聖人(성인)이라고 불려질지 모른다는 자신의 무서운 불안에 관하여 말하고 있는데, 즉 常軌(상궤)를 벗어난 문구로 안내하여 "나는 성인이 되고 싶지 않고 차라리 어릿광대이고자 한다."177)라고 말하고 있다. '백치'라는 말을 이러한 이중적인 맥락에서 볼 경우 새로운 방식으로 이해됨직 하다. 따라서 적대자와의 동일화 역시 그 반대 방향에서 통용된다는 것이 이해될 수 있다. 적대자의 像(상)은 니체 자신의 자기 평가에 영향을 미치고 있다. 이렇게 본다면 '백치'라는 표현은 니체가 예수와—부정의 심연을 넘어 저편으로의—결합되어 있는 것으로 보이는 例外者(예외자) 역할의 지극히 대담한 기호에 불과하다. 천국을 알리는 예

176) E. Biser, Gottsucher oder Antichrist, S.79.
177) F. Nietzsche, Ecce Homo, Warum ich ein Schicksal bin, S. 1.

수에게 일어나는 것과 꼭 같은 것이 神의 죽음을 告知(고지)하는 니체에게도 일어나고 있다. 이 양자는 착한 사람들과 의로운 사람들에 의해 예외자와 바보 역할에 떠밀리고 있음이 보인다. 이러한 역할은 그들로 하여금 자기들의 복음을 꾸밈없이 수행하는 것을 가능하게 하고 있다. 이와 동시에 예수에 대한 긍정적인 평가의 길이 외관상 차단되었던 상태에서 다시금 열리고 있다.

논쟁자로서 니체는 그리스도교적 교의에서 기적을 일으킨 粗野(조야)한 사람이면서 구세주인 예수에 관한 우화와 복음에 대하여 결정적으로 대립하고 있지는 않다. 니체가 관심을 가지고 있는 것은 구세주의 심리학적 유형이다. 구세주의 심리학적 유형은 복음서가 아무리 기형화되고 이방적인 특성을 지니고 있다고 하더라도 복음서 가운데 포함될 수 있다. 니체가 복음서들의 진귀한 '근원적 원전'을 파헤치고자 하는 시도에서 보여 주고 있는 것은 야스퍼스가 말하고 있는 바와 같이, 가까이 서 있는 것 같으면서 자기 자신과 거리가 먼 모든 부정과 대립의 저편에 있는 예수像(상)이다.[178] 이러한 시각에서 볼 경우 예수는 니체가 표현하고 있는 바와 같이 '정신적으로 퇴행화한 천진난만한 대변자'[179]이다. 왜냐하면 야스퍼스는 神과 인간 간의 틈을 부정하고 또 자기를 신앙하는 자들에게 그가 神과 인간의 통일을 자기의 복음으로 살고 또 순수한 현재의 수행의 복음을 전함으로써 '정상적인 상황'을 돌려주고 있기 때문이다. 그러므로 예수가 공포한 천국은 '이 지상을 넘어서',

178) K. Jaspers, Nietzsche und Christentum, 70ff.
179) F. Nietzsche, Antichrist, S. 32.

또는 '죽음 이후에 오는' 그 무엇도 아니고 기다려지는 그 무엇도 아니다. 왜냐하면 "천국에는 어제도 없고 내일도 없고 또 천 년이 지나도 돌아오지 않기 때문이다. —천국은 마음속에서 얻어지는 경험이다. 천국은 도처에 존재하고 있으면서 그 어디에도 존재하지 않는다."[180)]

따라서 이러한 예수像의 묘사는 예수에 관한 가장 방대한 책들이 증오로 쓰여졌다라고 말한 알버트 슈바이처(Albert Schweitzer)의 말을 상기시킨다.[181)] 그럼에도 불구하고 오인할 여지가 없을 정도로 증오와 사랑이 교차하는 가운데 제시된 예수像은 십자가에 못박힌 자와, 그리고 그의 고난을 함께 당하는 죄인 간의 대화에서 '순수한 복음'을 감지할 때 비로소 위대한 인격으로 나타난다.

"그는 진실로 神的 인간, 神의 아들이었다."라고 죄인은 말하고 있다. '네가 이것을 느낀다면 너는 천국에 있는 것이고 또 너는 神의 아들인 것이다.'라고 구세주는 대답하고 있다."[182)]

예수에 대한 니체의 제한된 긍정은 反그리스도교적인 부정의 맥락 가운데 서 있다. 니체는 그리스도교에 대한 비판을 한층 더 격렬하게 촉진하기 위하여 예수를 그리스도교에 대한 비판에서 예외로 하고 있다. 니체는 예수의 가치를 인정하면서도 동시에 그리스도교로부터 허구의 건축물에 'Realität(실재)'를 옮겨다 놓고자 하는 그의 의도를 상기해야 한다.

아무리 예수에 대한 긍정의 모든 다리가 철거된다고 하더라

---

180) A. a. O., S. 34.
181) A. Schweitzer, Geschichte der Leben-Jesu-Forschung, S. 48.
182) F. Nietzsche, Antichrist, S. 35.

도 니체는 예수에 대해서 공공연한 존경의 관계, 즉 무의식층에서 경탄과 결속의 관계에 선다. 적대자와의 동일화라는 말은 무의식층에 있어서와 같이 그의 부단한 투쟁 전선에 통용되지 않는다. 그러므로 절대자와의 동일화라는 말은 토마스 만(Thomas Mann)의 주장에 의하면, 니체가 궁극적인 창조에의 열망에서 묘사했던 자화상을 혼동하지 않도록 하기 위하여 결코 우연한 것이 아니고 오히려 모순 가운데 유지되었던 애정의 표현이다.183)

니체는 끊임없이 자기 자신을 추구하고 있기 때문에 적대자와의 투쟁에서 자신의 자기 동일성을 확인한다.

적대자와의 투쟁은 니체를 두 가지의 상반된 형태로 이끌어 가고 있다. 즉 하나는 Antichrist이고 다른 하나는 der Gekreuzigte(십자가에 못박힌 사람)이다.

루 살로메에게 보낸 (1882년의) 한 편지의 追伸(추신)에서 니체는 다음과 같이 묻고 있다.

"당신은 자유정신이야말로 나의 모범임을 생각하지 않습니까?"

1년 뒤에 니체는 하인리히 폰 쾨젤리츠(Heinrich von Köselitz)에게 보내는 (1883년 8월 26일자의) 편지에서 가면을 벗고 있다.

"그리스도이냐! 차라투스트라이냐! 독일어로 말하자면 오래전에 예고한 Antichrist가 문제이다."

이보다 조금 앞서 니체는 자신의 후견인인 말비다 폰 마이젠

---

183) T. Mann, Nietzsche Philosophie im Lichte unser Erfahrung, S. 123.

부크(Malwida von Meysenbug)에게 보낸 (1883년 3월 말의) 편지에서 다음과 같이 물으며 자기의 비밀을 털어놓고 있다.

"당신은 나에게 새로운 이름을 원합니까? 교회언어로 말하자면 나는 Antichrist입니다."

자기 동일성을 이처럼 Antichrist로서 이해하고 있는 것과는 반대로 니체는 무언의 주장으로서, 즉 근본에 있어서 자기 자신이야말로 유일하고 진정한 그리스도교도이다라는 주장으로 자기 동일성의 목표에 도달한다. 더욱이 니체는 자신의 파국 직전, 그 동안의 경험으로는 종교적 곤란을 알지 못하고 있다고 주장한다. 여하튼 니체는 자기 자신에 관해서 이와 동일한 맥락에서 다음과 같이 말하고 있다.

"나에게는 내가 열심히 노력했다는 기억이 없다. 나의 생애에는 투쟁의 흔적이란 전연 없다. 나는 영웅적 본성의 반대물이다. 무엇을 의욕한다는 것, 무엇을 향하여 노력한다는 것, 하나의 목적, 하나의 소망을 가진다는 것—그것을 나는 경험에서 아는 것이 아니다. ……나는 어떤 소망도 가지지 않았다."184)

이러한 말들은 예수와, 예수의 삶의 실천에 관해서 강조하고 있는 것과 맥락을 같이한다.

"그 무엇이 비복음적이라면 그것은 바로 영웅개념이다. 모든 투쟁의 반대물은 여기서는 본능이 되었다. 저항에의 무능은 여기서는 도덕이다……."185)

---

184) F. Nietzsche, Ecce Homo, Warum ich so klug bin, S. 9.
185) K. Jaspers, Nietzsche und Christentum, S. 71.

더욱이 니체는 ≪이 사람을 보라(Ecce Homo)≫의 終章(종장)인 <왜 나는 운명인가>에서 바로 예수의 역할에 빠져들고 있다.

"나는 일찍이 없었던 복음의 사자이다. 나는 지금까지 어느 누구도 생각할 수 없었던 고귀한 사명을 알고 있다. 내가 이 세상에 나타남으로써 비로소 사람들은 새로운 희망을 가지게 된다."186)

이 말은 니체가 자기도 모르는 사이에 新約(신약)의 언명에 나와 있는 어휘들에 빠져듦으로써 '예수의 스타일을 自己化시킨' 분명한 한 실례이다.

니체가 한편으로는 Antichrist로서, 다른 한편으로는 der Gekreuzigte로서 나타나고 있는 것은 형식상으로는 상반된 것 같지만 내용상으로는 적어도 그리스도교에 대한 도발이다. 이러한 도발은 다음과 같은 네 가지 물음으로 귀착된다.

1) 그리스도교는 니체의 체계 비판 앞에서 존속할 수 있을까?
2) 그리스도교는 의미와 자기 동일성의 근원으로서 경험될 수 있을까?
3) 니체의 비판적 예수像은 오늘날의 신앙의식 가운데서 예수를 재발견하는 데 기여할 수 있을까?
4) 그리스도교는 니체의 위버멘쉬라는 目的像(목적상)에 대항하여 믿을 만한 양자택일을 제시하고 있는가?187)

니체의 도발은, 오이겐 비저의 확신에 따르면 결국 그리스

186) F. Nietzsche, Ecce Homo, Warum ich so klug bin, S. 4.
187) E. Biser, Gottsucher order Antichrist, S. 92

도교적 신학의 각오, 즉 위로는 神的 영감의 높이에서, 아래로는 기초로서의 신앙정신으로서 뿐만 아니라 외부로부터서도, 죄인의 항변(히브리書 12장 3절)으로부터서도 기대할 수 있는 유익한 충동으로 轉變(전변)한다.[188] 니체의 비판이 모든 공격에도 불구하고 자기 동일성을 토대로 하여 외부와 동시에 내부로부터 적대자로서 나타난다는 것은 분명히 그리스도교의 이러한 각오에도 도움이 된다. 그것에 관한 한 니체의 언명의 의미와 어조는 최소한의 회의도 용납하지 않는다. 따라서 우리는 그리스도교에 대한 비판자로서 니체의 역할에 대하여 아우구스티누스(Augustinus)의 다음과 같은 말을 적용할 수 있다.

"외부에 서 있는 많은 사람은 현실적으로 내부에 서 있지만, 반면에 내부의 일부라고 느끼는 다른 많은 사람은 실제로는 그것을 외면적 관계로만 맺고 있다."[189]

2) 정신의 세 가지 변화를 통한 예수와의 동일화

니체는 ≪Also sprach Zarathustra(차라투스트라는 이렇게 말했다)≫에서 차라투스트라(Zarathustra)의 입을 통해, 예수가 너무 일찍 죽지만 않았다면 자기의 가르침을 철회하고 위버멘쉬의 이념을 가졌을 것이라고[190] 해석하고 있다. 이러한 해석으로 비추어 볼 때 니체는 정신의 완숙기에 들어선 예

188) A. a. O., S. 100
189) A. a. O., S. 101.
190) F. Nietzsche, Also sprach Zarathustra, S. 95.

수의 미래의 형상에서 자기와의 동일성을 발견하고 있다. 니체의 다음과 같은 말은 그의 이러한 인식을 암시적으로 나타내고 있다.

"나의 말을 믿으려무나. 나의 형제들이여! 그는 너무 일찍 죽었다. 그가 내 나이 정도까지 살았다면 자기의 가르침을 철회했으련만! 그는 철회할 정도로 지극히 고귀하였다. 그러나 그는 아직도 미숙했다. 젊은이들의 사랑은 미숙하고 인간과 대지에 대한 증오도 미숙하다. 그의 마음과 정신의 날개는 아직도 묶여 있고 무겁다."191)

니체는, 십자가의 죽음을 당하던 시점에서의 예수는 아직 미성숙 단계에 있지만, 그러나 이 미성숙은 성숙의 단계로 나아가는 도상이며 과도이다라고 생각하고 있다. 이 미성숙은 니체 자신이 이미 도달한 그러한 완숙에로 발전하는 線上(선상)의 한 지점이다. 따라서 예수의 미성숙은 니체의 완숙의 단계로 지향하도록 결정지워진 필연성을 가지고 있다. 이렇게 니체는 해석하고 있다.

니체가 'Zaratustra'에서 예수가 10년 만 더 살았다면 아마도 대지를 소멸시키는 神人間 대신에 위버멘쉬의 가르침을 告知했을 것이다라고 말한 것은, 위에서 언급한 해석이 뒷받침해 주고 있다.

더욱이 니체는 예수야말로 인류에 대한 자기의 고뇌를 해결함에 있어서 죽음 이외의 다른 방책, 즉 한탄스러운 상황으로서의 현존의 (인간의) 끊임없는 초극으로서 삶이 있다는 것을 간파했을 것이라고 확신하고 있다. 니체는 또한, 10년 더 살았

---

191) A. a. O.,

을 경우 40세의 인간으로서 예수가 자신의 삶의 권태를 극복했을 것이고, 또 대지의 삶이란 무가치하다는 자기의 가르침을 철회했을 것이라고 굳게 확신하고 있다.192) 다시 말해 니체는 예수 자신이 자기 이전의 가르침을 위버멘쉬의 가르침을 통해서 반박했을 것이라고 확신하고 있다.

여하튼 니체는 자기 자신의 경험에 비추어 볼 때, 예수는 니체 자신이 이미 겪었던 그러한 사상적인 변화의 행로를 걸어왔고, 따라서 10년을 더 살았다면 위버멘쉬의 이념을 가지지 않을 수 없었던 자기와 동일한 지평에 도달했을 것이라는 확신을 가지고 있었다. 예수의 때이른 죽음은 이러한 가능성을 현실화시킬 수 있는 기회를 무산시켜 버린 것이다.

죽음에 이른 30세의 나이 때 예수의 정신적 수준은, 니체가 차라투스트라의 연설인 '세 가지 변화에 대하여'에서 규정한 바 있는 이른바 인간 정신의 발전과정의 세 가지 단계 가운데 제2단계인 사자의 단계를 나타내고 있다. 이 사자의 단계는 정신의 세 가지 변화에 있어 過渡(과도)에 해당하는 변화 단계로서, 궁극적으로 극복되어야 하는 단계이다. 따라서 예수의 정신의 발전 과정에 있어서 사자의 단계는 장차 획득해야 할 어린이 단계에 의해 반드시 극복되지 않으면 안 되는 과도기적 단계에 불과하다.

예수가 때이르게 죽었다는 것은 어린이 단계를 향해 나아가는 도상에 있는 미성숙으로서의 사자의 단계에서 정신의 변화가 중단되었음을 의미한다. 그러나 정신의 세 가지 변화 과정

192) Annemarie Pieper, Ein Seil geknüpft zwischen Tier und Übermensch, S. 335. *이하 Ein Seil이라고 약기함.

에서 가장 낮은 단계인 낙타의 단계로부터 사자의 단계를 거쳐 어린이의 단계에 이르는 세 단계의 변화를 통과해 온 니체 자신의 정신의 발전 과정에 비추어 보면, 이 과정은 분명히 예수의 정신이 겪은 변화 手順(수순)과의 동일성을 내포하고 있다.

니체가 말하고 있는 세 가지 변화의 단계를 분석 · 고찰하는 가운데 우리는 예수와 동일화의 상태에 있다고 확신하는 니체의 은밀한 고백을 들을 수 있다.

"나는 너희들에게 정신의 세 자기 변화를 말한다. 어떻게 정신이 낙타가 되며, 낙타가 사자가 되며, 마침내 사자가 어린이가 되는가."193)

이 인용문에서 제1단계인 낙타로의 변화는 서양 전통의 자기 이해를 특성화시키고 있으며, 제2단계인 사자로의 변화는 전통적인 제가치의 비판을 뜻하고, 제3단계인 어린이로의 변화는 아직 오지 않고 있는 변화로서 위버멘쉬를 시사한다.

짐을 지기 위해 무릎을 꿇는 낙타는 정신의 자기 격하를, 즉 외경심을 가지고 바라보는 것에 대한 굴종의 태도를 상징한다. 낙타 단계에서 정신은 예부터 통용되어 온 유효한 가치의 권위

---

193) F. 니체, Also sprach Zarathustra, S. 29.
니체가 말하고 있는 정신의 세 가지 변화는 인간의 정신적 성장 과정을 의미하기도 하고, 또 인류의 정신적 발전 과정을 의미하기도 한다. 니체에 의하면 한 개체에 있어서 개인이 차라투스트라의 가르침에 충실하고자 할 경우 이러한 세 가지 변화 과정을 통과하지 않으면 안 된다. 니체 자신은 말할 나위도 없고 예수 역시 이러한 정신의 변화 과정을 밟고 있었다고 니체는 확신하고 있다. 여기서 낙타는 서양의 전통적인 형이상학과 그리스도교의 정신을 상징하고, 사자는 이러한 정신으로부터 벗어난 자유정신, 말하자면 예수의 죽음 직전의 정신 및 사상을 상징한다. 어린이는 자기 초극을 통해서 영원회귀를 깨닫는 일회적 순간의 위버멘쉬(Übermensch)를 상징한다.

앞에, 즉 서양철학과 그리스도교가 각인한 전통적인 도덕법전의 오래되고 존귀한 규범 및 가치규범 앞에서 몸을 구부린다. 이러한 전통적인 도덕규범과 가치규범으로부터 정신은 자기의 모든 힘을 다른 힘에 대립시키고, 그 대립적인 힘과의 투쟁을 통해서 성장하는 대신 자기의 힘을 자기 자신에게 대립시키며 자신의 긍지를 파괴할 것을 요구받는다. 특히 니체는 이러한 자기 파괴의 원리 배후에는 그리스도교 도덕이 있다고 밝히고 있다.

그리스도교 도덕은 정신으로 하여금 神과 더불어 존재하고 싶어하는 방법으로 유혹하고, 그리하여 정신을 몰락시킨다. 악을 뿌리 째 찢어 버리는 그리스도교적 도덕은 인류의 타락의 기억을 명하고, 그럼으로써 정신의 자기 고행을 지시하고 있다. 그리스도교적 도덕이 지시하는 자기 고행에 따르면, 정신은 神의 戒名(계명)을 인정함으로써 자기 자신에게 법칙을 부여하고자 하는 자기 요구를 부정하고 보다 강한 의지에 복종한다.

니체는, 예수는 이러한 고행 형식을 결코 인정하지 않았을 것이라고 확신하고 있다. 왜냐하면 이러한 고행은 자율성보다 타율성에 우위를 두고, 동시에 정신의 지속적인 발전과 높은 단계로의 발전을 불가능하게 만드는 것으로 생각되기 때문이다. 예수의 정신이 그리스도교적 전통과 결부한다는 것은 정신의 정체를 의미할 뿐만 아니라 후퇴를 의미하기도 한다.[194] 그러므로 니체는 예수가 정신의 이러한 고행을 단호하게 거부하는 방향으로 실천한 모범을 보여 주고 있다는 점에서 예수와

194) Annemarie Pieper, Ein Seil, S. 113.

의 동일화를 감지한다. 요컨대 예수가 일찍이 이러한 낙타의 단계에서 자기 변화를 일으켜 정신의 다음 단계인 사자의 단계로 들어서는 모습이, 니체로 하여금 자기 자신이 체험한 정신적·사상적 변화 모습과의 동일화를 감지케 한다. 니체가 차라투스트라에서 진술하고 있는 정신의 변화는 이러한 해석을 가능하게 만들어 주고 있다.

“참을성 있는 정신은 이처럼 모든 무거운 것을 짊어지고 마치 짐을 지고 사막을 달리는 낙타처럼 자신의 사막을 달린다. 그러나 가장 고독한 사막에서 두 번째 변화가 일어난다. 여기서 정신은 사자가 되며, 정신은 자유를 획득하고 자기 자신의 사막에서 지배자가 되고자 한다.”195)

정신은 자기 자신의 사막을, 전통적인 도덕의 규범을 짊어지고 가장 고독한 사막을 달린다. 낙타가 된 정신이 달리는 사막은 정신의 對極(대극)으로서 물질이다. 정신은 자기의 낙타 태도를 반성적으로 관통함으로써 이 낙타 태도를 타율성의 형식으로 들여다보고 있다. 더 이상 다른 권위 앞에 몸을 굽히고자 하지 않는, 즉 전통적인 도덕을 다른 의지의 편견으로 인식하고 그것에 대한 복종을 거부하는 것을 통고하는 정신은 사자로 변한다. 정신은 그가 의지하는 것이 결정되기를 바라지 않고 오히려 그것을 자기 스스로 결정하고자 한다. 정신은 자기의 본래적인 지역 안에서 지배자가 되고자 한다. 즉 정신은 자유롭고자 한다.

사자의 단계에 있는 정신은 뒤를 향해서, 과거를 향해 뒤돌아보고는 파괴적인 태도를 취하며, 미래를 지향하는 데는 구성

195) F. Nietzsche,「Zarathustra」, S. 30.

적이다. 이러한 정신은 낡은 도덕이 붙잡고 있던 타율성의 원리에 대한 부정을 통해 자율적인 자기 결정을 가능하게 한다.

정신은 자기 자신에 대해 폭력을 행사하고, 자기의 가장 본래적인 의욕을 지향하여 자유롭기 위해 허구로서 인식된 자신의 가치관념을 비롯해 자기 자신을 부정하지 않으면 안 된다. 낙타도 사막도 또한 사라진다. 사자는 사막 대신에 근본적인 파괴행위를 통해서 완전히 새로운 공간을 창조한다. 이 공간에서는 장차 그의 "나는 하고자 한다."가 유효해진다.

새로이 열린 자유 공간과 더불어 정신의 제3의 단계, 어린이의 단계가 개시된다. 이 어린이의 단계가 니체에게는 곧 위버멘쉬의 단계를 뜻한다. 니체의 예수 이해에 의하면, 이 어린이의 단계는 정신의 발전 단계가 가지고 있는 내적인 힘의 본질상 반드시 예수가 획득할 수밖에 없는 정신의 자기초극의 단계이다.

"어린이는 천진난만하며 망각이고 새로운 시작, 하나의 놀이, 스스로 구르는 수레바퀴, 최초의 운동, 신성한 긍정이다."[196]

허무주의의 단계, 혁명과 거부의 단계, 부정의 단계였던 이 사자의 단계는 어린이의 단계에서 극복된다. 낡은 도덕의 원리를 부정하고 파기한 이후 정신은 자기 자신의 욕구를 향해서, 새로운 가치 창조를 향해서 자유롭게 된다.

이 어린이 단계는 근본적인 새로운 시작을, 정신의 새로운 탄생을 나타낸다. 이 새로운 탄생을 통해서 정신은 자기 자신을 창조한다.[197]

---

196) A. a. O., S. 31.

정신은 권위 있는 가치 창조자로 자처함으로써 비로소 엄밀하고 근원적인 의미에서 정신이 된다. 잿더미에서 불사조가 솟아오르듯이, 그리고 동시에 잿더미를 자기 뒤에 남겨 놓듯 어린이가 된 정신은 과거를 자기 뒤에 남겨 놓는다.[198] 과거는 어린이가 조건 없이, 그리고 전제 없이 시작할 수 있도록 하기 위해 사자의 "나는 하고자 한다."에 의하여 포기되고 있다. 어린이가 과거에 대해 아무것도 모르듯 정신 역시 사자의 단계를 극복한 이후 과거를—"너는 마땅히 해야 한다"와 "나는 하고자 하지 않는다"의 시대를 망각한다. 왜냐하면 정신은 과거에 있어서는 그 자신이 아니었고, 오히려 강제적으로 경직된, 유령으로 구상화된 정신에 불과했기 때문이다. "나는 하고자 한다."의 시대에서 정신은 비로소 생동적, 활동적, 창조적이 된다. '스스로를 구르는 수레바퀴'가 시사하고 있는 바와 같이 정신은 자기 자신으로부터 發源(발원)하고 자기 자신의 근원으로 되돌아가는 원운동을 감행한다. '신성한 긍정' 가운데서 정신은 자기 자신을 긍정한다. 정신은 자기를 자율적으로 욕구하는 창조력 있는 정신으로 긍정한다.[199]

자기 자신에 대한 이러한 긍정은 새로 태어난 정신의 구원이 곧 자기의 본래적 행위이다라는, 말하자면 종교적 祝聖(축성)이다. 창조, 놀이, 욕구는 정신의 근원적인 자기 긍정의 표현이다. 이러한 자기 긍정에 의해 자기 자신을 정신으로서뿐만 아니라 동시에 세계까지도 창조한다. 정신의 자기 생성 이전에

197) Annemarie Pieper, Ein Seil, S. 124.
198) A. a. O.,
199) A. a. O.,

는 단지 사막만이 있었다면 이제는 정신적인 활동의 진정한 창조로서 세계가 생기되고 있다.

완숙을 향해 전개되고 있던 예수의 像은 이처럼 어린이의 단계에서 니체가 창출한 생성의 순진무구성을 구현하는 이른바 자기 창조 및 자기 초극의 현실성으로서의 형상이다. 예수의 이러한 미래적 형상은 니체의 말처럼 예수가 니체 자신의 나이만큼 살았다면 구현될 수 있었던 성숙 그 자체이다. 이 점에서 니체는 예수와의 동일화를 은밀히 감지하고 있다.

3) 어릿광대 역할을 통한 예수와의 동일화

니체는 그리스도교의 인간학적인 전회를 촉구하기 위해 생의 최후까지 어릿광대 역할을 연기하고 있다. 니체는 어릿광대의 가면을 쓰지 않고는 그리스도교의 인간학적인 전회를 촉구할 수 없다고 생각하고 있다. 니체가 ≪차라투스트라는 이렇게 말했다.≫의 결론을 어릿광대의 기분으로 썼다라고 고백하고 있는—1885년 2월 14일 하인리히 폰 쾨젤리츠에게 보낸—편지는 이러한 인상을 한층 강하게 느끼도록 해준다.

오이겐 비저의 주장에 의하면, 가령 다른 어떤 방식으로도 가져올 수 없었던 진리를 군주에게 말하는 것이 궁중 어릿광대의 가장 고결한 임무였다[200]고 생각해 볼 경우, 그리스도교의 인간학적인 전회를 위한 니체의 이러한 도발적인 역할은 충분히 이해됨직 하다.

어릿광대 역할을 통한 그리스도교의 인간학적인 전회를 추

---

200) Eugen Biser, Gottsucher oder Antichrist, S. 115.

구하고자 하는 니체의 은밀한 의도는 안셀름(Anselm)의 '멍청이論'에서 시사받고 있다.

안셀름은 ≪Proslogion≫에서 神의 증명을 설득력 있게 완성하기 위해 멍청이라는 인물상을 끌어들이고 있다. 왜냐하면 자기의 마음속에서 '神은 존재하지 않는다.'라고 말하는 멍청이만이, 가령 神이 현실적으로 존재한다면 이 神은 '사유 불가능한 최고존재(das unüberdenklich Größte)'로서 사유될 것인데, 어떻게 사유될 수 없는 최고존재를 실제로 존재하는 것처럼 사유할 수 있단 말인가 하고 의심할 수 있기 때문이다.[201)]

안셀름이 이처럼 神에 대한 멍청이의 부정을 통해 神의 존재증명을 확인시키고 있는 방법 속에서 니체는 자신이 어릿광대의 역할을 맡고 나서는 전략을 읽고 있다. 이렇듯 자신의 내면에서 결의하고 있는 은밀한 전략에 의하여 연출된 어릿광대의 익살은, 오이겐 비저에 의하면 예수가 바보로서 수모받고 있는 다음과 같은 우롱을 상기시킨다.

"이미 암시한 바와 같이 이러한 관점에서 본다면 예수가—루가복음(23장 6절~16절)의 그리스도 수난에 의하면—헤로데 왕 앞에서, 그밖의 복음서에 의하면 총독관저(마가복음 15장 16절~20절)에서, 그리고 이전에 이미 감시원(루가복음 22장 63절)에 의하여 여러 차례 가해지고 있던 것을 참고 견디지 않으면 안 되었던 우롱을 상기하게 된다."[202)]

우리가 이러한 형상의 맥락을 감히 단어 가운데서 파악하고

---

201) Anselm, Proslogion, S. 3.
202) Eugen Biser, Gottsucher oder Antichrist, S. 114.

자 할 경우, 이것은 니체가—비판자와 바보의 역할이라는 이중의 은폐에서—사실상 복음을 전하는 사자의 흔적을 추적하는 방향으로, 그리고 더욱이 이러한 血痕(혈흔)이 돋보이는 곳을 향해 나아가는 것을 의미한다. 역으로 말해서 어릿광대의 연출에 의하여 오히려 예수의 위대성이 드러나고, 그리스도교의 인간학적인 전회가 촉구되고 있다.

그러므로 니체가 어릿광대의 역할을 연기하는 가운데 그리스도교에 대하여 감행한 공격은, 그를 단순히 그리스도교에 대하여 가장 과격하게 반론을 제기했고 또 이러한 반론으로서 그리스도교 내부의 힘과 기선을 박탈하고자 한 사람으로 분류할 수밖에 없는 그러한 계기로서만 수용되어서는 안 된다.

무엇보다도 니체가 연기했던 어릿광대 역할로부터 예상할 수 없는 정신감응의 충격이 나오고 있다. 말하자면 일찍이 봉건주의 시대에서의 궁중의 익살광대의 경우와 같이, 이 어릿광대의 역할로부터 다른 어떤 사람도 이러한 형식과 예리함으로부터 진실하지 못했던 진리가 말해지고 있다. 다시 말해서 그의 어릿광대의 열기부터 철저하게 감행되고 있는 비판적 공격이 우리로서는 예상하지 못했던 통찰을 밝혀 주고 있다.

이러한 근거에서 니체는 그리스도교가 받고 있던 비판에 대해 부지런히 변호하고자 힘썼던 그리스도교 변호자들 이상으로, 반론을 통하여 더욱 더 효과적으로 그리스도교에 공헌하였던 레싱(Lessing) 및 키르케고르(Kierkegaard)와 동일한 대열에 들어간다.[203)]

---

203) a. a. O., S. 116.

니체는 어릿광대 역할을 통해서 예수와의 동일화를 확인한다. 이러한 동일화의 線上(선상)에서 니체는 궁극적으로 세계사를 둘로 나누는 실험적인 작업을 시도한다. 구체적으로 말해서 지금까지 존재해 온 세계사가 예수에 의해 지배된 것으로 승인한다면, 장차 올 세계사는 니체 자신에 의해 형성되는 그러한 'Philosophieren(철학함)'을 니체는 착수하고 있다.

이러한 위대한 役事(역사)를 완성하기 위해 니체는 우선 그리스도교의 쐐기돌로서 神을 제거하는 일부터 시작하고 있다. 니체에게 이것은 神에게 양도했던 속성을 인간에게 반환하는 것을 의미한다. 그러나 神에 대한 인간적인 속성의 반환 청구는 결국 니체에게 좌절을 맛보게 하고 있다. 오이겐 비저는 다음과 같이 말한다.

"구조적으로 볼 때 니체는 神에게 양도했던 속성을 인간에게 반환시키고자 기도했고, 결국은 별도리없이 이런 부담에 짓눌리고만 지극히 결연한 실험철학자로서 좌절을 맛본 셈이다."204)

神의 제거를 통해서는 세계도 인간도 구제되지 않았다. 그러므로 神을 제거하기 위한 엄청난 투쟁의 최후에는 니체가 바랐던 바와 같이 "神과 無의 정복자가 있었던 것이 아니고 無만이 있었을 뿐이다."205)

그러나 예수와의 동일화라는 한 형식으로 어릿광대의 역할을 통해 그리스도교의 인간학적 전회를 촉구함으로써, 그리스도교와 교회가 부단히 자기 반성의 계기를 가질 수 있다는 것

---

204) Eugen Biser, Nietzsche für Christen, S. 56.
205) F. Nietzshce, Zur Genealogie der Moral II, S. 24.

으로 그의 좌절의 철학적 의미는 심화된다.

니체가 자신의 한 유고에서 다음과 같이 고백하고 있는 좌절은 수정처럼 다양한 빛깔을 나타내고 있다.

"der-nicht-fertigt-werden mit dem Christentum."206)

---

206) KSA, XII, 169.

III. 고독했던 니체의 고유한 철학사상

1. 인간 정신의 발전과정

1) 인간 내면에서의 自己 超克(자기 초극) 과정

니체(Nietzsche)의 ≪Also sprach Zarathustra(차라투스트라는 이렇게 말했다)≫는 정신이 개인의 내면에서 변화해 가는 과정, 즉 정신이 자신을 초극하여 나아가는 발전과정과 정신이 서양의 정신사에서 발전해 가는 과정을 헤라클레이토스(Herakleitos)적 형식의 잠언[207]으로, 경우에 따라서는 예수의 가르침[208]의 방식으로 나타내 보이고 있다. 다시 말해 '차라투스트라'[209]라는 줄임말로 통용되는 니체의 ≪차라투스트라는 이렇게 말했다≫는 정신의 자기 초극(Selbstüberwindung)으로 위버멘쉬(Übermensch)를 지향하는 정신의 내면적 행위를 은유, 비유, 상징의 방식으로 표출하고 있다.

니체는 우선 정신을 전통적인 형이상학에서 규정하고 있는 것처럼 육체와 분리되어 있고 동시에 육체를 지배하는 上位(상

---

207) J. Hershbell and S. Nimis, Nietzsche and Herachitus, in: Nietzsche Studien, Band 8.

208) Eugen Biser, Gottsucher oder Antichrist, S. 73.

209) ≪차라투스트라는 이렇게 말했다≫— 이 책명을 여기에서는 '차라투스트라'라는 축어로 표기한다. 책명의 기호 없이 표기한 차라투스트라는 Übermensh와 Ewige Wiederkehr의 告知者를 가리킨다.

위)의 存在(존재)로서 간주하지 않고, 오히려 서로가 서로를 필요로 하면서 배척하는 이른바 모순·대립의 긴장을 통한 통일의 구성요소로서 규정하고 있다. 따라서 니체에게 정신은 육체와의 투쟁 및 협력을 통해서 자기의 내면적 발전 및 변화의 국면을 드러낸다.

니체는 '차라투스트라'에서 무엇보다도 먼저 정신이 개체의 내면에서 어떠한 발전 단계를 통과해 가는가에 대해서 은유와 상징을 사용하여 묘사하고 있다. 그리고 뒤이어 니체는 정신사에 있어서 정신이 어떠한 발전 과정을 경험하는가를 나타내 보이고 있다.

정신이 한 개인의 내면에 있어서든, 또는 서양의 정신사에 있어서든 그것이—정신의 계보학을 반성할 경우—궁극적으로 자기 초극에 이르는 도상에서 자기 존재의 진리에 감동하는 그런 체험을 가진다고 니체는 시사하고 있다. 그러나 니체는 이러한 자기 존재의 진리가 무엇인지, 또 그것에 대한 감동이 어떤 것인지 등에 대해서는 구체적으로 말하지 않고, 다만 자기 초극에 이르는 길을 따라 부단히 내면적 행위를 감행할 것을 권고할 뿐이다. 니체의 이러한 철학적 태도는 위대한 천재의 풍모와 위대한 사상의 깊이를 더욱 경탄으로 몰아넣는다. 예컨대 자연의 장관과 위엄 앞에서 시인이나 예술가가 감동의 침묵으로 자신의 감정을 표현하는 것처럼, 자기 초극에의 내면적 행위를 논리적·체계적 서술의 힘을 통해서는 기술할 수 없다는 듯 오로지 은유·상징·잠언으로 시사적인 지시만을 시도하는 니체에게서 자기 초극의 행위가 무엇을 의미하는 것인지는 그 행위 또는 활동에 빠져 있을 경우에만 이해 가능하다는 것을 시사받는다.

자기 초극에의 길은 정신과 육체 간의 모순·대립을 지양하여 통일로 나아가는 중단 없는 노동에 의해서만 열린다. 따라서 인간의 존재 가치도 바로 이러한 자기 초극에의 길을 따라 부단히 상승과 몰락의 과정을 반복하는 가운데 자기 초극을 체현할 수 있다는 바로 그 점에 있다.

인간은 이러한 점을 고려한다면 자기 초극에의 길을 따라 끝없이 걸어가는 에트랑제에 비유된다. 그러므로 니체는 다음과 같이 말하고 있다.

"인간의 위대함은 그가 다리이지 목적이 아니라는 점이다. 인간이 사랑을 받을 수 있는 것은 그가 過渡(과도)이며 몰락이라는 점이다."210)

인간을 다리에 비유하고 있다는 것은 인간이 아직 존재하지 않고 있는 바의 것으로 건너간다는 것, 즉 인간이란 항구적인 도상에 있다는 것을 뜻한다. 다시 말해 그것은 정신과 육체가 相互 離反(상호 이반)하여 竝存(병존)하고 있다는 종래의 이원론을 극복하고 있음을 뜻한다.

인간은 다리이지 목적이 아니기 때문에 위대하다. 만일 인간이 목적이라면 인간은 자기 스스로 목적을 설정할 수 없고, 또 자기가 존재하고자 하는 그러한 존재를 계획할 수 없으며, 오히려 자기의 來世的(내세적)인 合目的性(합목적성)으로만 결정된다.

이런 경우 인간이 자기의 내면에서 항상 행하는 것, 즉 인간

---

210) F. Nietzsche, Also sprach Zarathustra, S. 16~17. * 이하 'Zarathustra'로 약기함.

의 모든 행위는 이미 자기의 내면 가운데 있는 목적을 실현하기 위한 수단에 지나지 않는다. 따라서 이 경우 인간은 자기초극에 의해 높은 단계로 발전할 수 없다.

인간은 목적이 아니기에, 이미 결정되고 확정된 존재가 아니기에 장차 자기가 무엇이고자 하며, 또 자기가 누구이고자 하는가를 스스로 결정할 수 있다. 이러한 점에서 인간은 비로소 자유로워진다.

이러한 자유 가운데서 인간은 자기의 내면에 내재하는 정신의 제단계를 자기 성찰을 통해 각성하고, 그리하여 지속적으로 자기 초극에의 길로 나아갈 수 있다. 자기 초극은 위버멘쉬의 체험 또는 건너감을 가능하게 한다.

위버멘쉬로의 건너감은 항구적으로 '건너간 거기'에 머무를 수는 없다. 건너감과 동시에 건너 선 채 곧장 다시금 일상적 존재로서 현존재로 되돌아온다. 니체는 이것을 상승과 몰락이라는 은유로써 언표하고 있다.

상승과 몰락의 영원한 반복이 인간 정신의 내면에서 일어나는가 하면 세계가 또한 그러한 운동을 한다. 니체는 이러한 구조적 형상을 원형으로 묘사하고 있다.

구체적으로 말해서 인간의 정신은 식물에서 벌레로, 벌레에서 원숭이로, 원숭이에서 인간으로의 발전 과정을 통과하면서도 그것이 끊임없는 반복의 고리를 구성한다. 이러한 반복의 고리는 서양의 정신사에 있어서도 낙타에서 사자로 사자에서 어린이로의 발전 과정의 형식을 가진다.

니체는 이러한 반복된 고리로서의 원형운동을 스스로 깨닫고 현실을 긍정함으로써 '번개'로서 위버멘쉬를 체험할 수 있다고 시사하고 있다.

여기서는 이런한 테마를 안네마리 피이퍼(Annemarie Pieper)의 ≪Ein Seil geknüpt zwischen Tier und Übermensch≫에 제시된 '차라투스트라'에의 해석을 기초로 하여 논의하는 연구방식을 따른다.

니체에 의하면 인간은 본래적으로 앞으로 나아가면서 동시에 위로 솟아오르려는 경향을 가지고 있는가 하면, 반대로 뒤로 물러나면서 동시에 아래로 내려가려는 경향도 가지고 있다. 인간은 상승과 하강을 부단히 감행한다. 한 번의 상승과 하강은 긴장과 역동을 통해서 圓形(원형, Kreisform)을 구성한다. 니체에게 이러한 원형은 정태적인 것이 아니고(선회 또는 회전이라는 운동성을 가지는 것으로서) 역동적인 것이다. 이 원형의 특성을 묘사하자면 그것은 생성이다.

인간의 내면은 근본적으로 이러한 원형의 운동 그 이외 아무것도 아니다. 이 원형의 운동을 깨달을 경우 개인은 자기 초극을 실현한다. 그러나 자기 초극은 일회적이다. 따라서 자기 초극은 부단한 노동 또는 도전을 요구한다.

원형 또는 원환을 분석의 효과를 도모하기 위해 평면에 수평적으로 해체하여 살펴볼 경우 식물→벌레→원숭이→인간이라는 순차적 과정을 볼 수 있다.[211] 그러므로 니체는 차라투스트라의 입을 통해서 다음과 같이 말하고 있다.

"너희들은 벌레로부터 인간이 되는 길로 걸어왔다. 그러나 아직도 너희들은 많은 점에서 벌레이다."[212]

---

211) Annemarie Pieper, Ein Seil geknüpt zwischen Tier und Übermensch, S. 47. * 이하 S.T.U.로 약기함.

인간의 내면에는 가장 저급한 성향으로서 벌레라는 상징으로 규정할 수 있는 부분이 있다. 우선 벌레 자체의 특성을 살펴볼 필요가 있다. 벌레는 원래 슬금슬금 기어다니면서 움직이는 근육모피이다.[213] 따라서 벌레의 상태가 보여 주는 생존상의 표현들은 한정적이면서 획일적이다. 벌레는 자기 이외의 다른 자연 존재와의 긴밀한 공동체 생활을 영위하기도 한다. 예컨대 벌레는 기생충처럼 식물들, 또는 그 어떤 생물에 기식하기도 하고 지렁이처럼 흙을 먹고 다시금 배설하기도 하는 방식으로 공동체 생활에 참여한다.

이러한 생활방식은 벌레에게는 당연하지만, 인간에게는 경멸적이다. 벌레와 같이 행동하는 인간은 비굴하며 위선적이다. 벌레의 단계에 있는 인간은 자신의 이익과 욕구 충족만을 앞세우고 더불어 살아가는 다른 인간들을 이용한다는 점에서 비굴하고 위선적이다.[214] 인간의 내면에서 이러한 벌레 지향적 경향은 인간 존재의 데카당化를 촉진할 뿐이다.

벌레의 단계 다음에는 원숭이 단계가 나타난다. 안네마리 피이퍼가 말하듯, 원숭이의 단계에서 인간은 벌레의 단계에서처럼 宿主(숙주)에 기식하지 않고 오히려 스스로 독립하고 자주적으로 행동할 정도로 벌레의 단계를 넘어서 있다.[215]

벌레 단계를 극복하고 도달하는 원숭이 단계에서, 원숭이는 직설적으로 말하면 벌레가 가지고 있지 못한 손과 발을 가진다. 이 손과 발은 생명을 유지하고 종족을 번식하는 데 매우 효

---

212) 「Zarathustra」, S. 14
213) S.T.U., S. 49.
214) Ebd
215) A. a. O., S. 50.

과적인 수단 및 도구로서 작용한다. 자신의 영향력을 섬세할 정도로 공급시키고 동시에 활동 영역을 넓게 확보해 가는 데 있어 원숭이는 벌레가 결여하고 있는 도구로서의 손·발을 자유자재로 사용할 수 있다는 점에서 엄청난 진보의 징표를 보여주고 있다.

따라서 '자립과 독립'에 기여하는 손·발은 해방의 징표, 즉 벌레의 상태에서 벗어났다는 해방의 징표이다. 이와 동시에 원숭이의 손과 발은 자기 이외의 다른 존재를 흉내내기 위해서 이용되는 도구이기도 하다. 원숭이는 손과 발을 마음대로 이용하면서도 그것을 자신의 창조성을 끌어내는 데 사용하지는 못한다.

인간의 내면에서 원숭이는 이처럼 창조성 및 독립성을 결여하고 주어진 전통적인 사유방식, 인습적인 행동 및 감정 양식, 기존의 도덕 및 가치를 맹목적·무비판적으로 순응하는 이른바 畜群的(축군적)·대중적 성향을 뜻한다.

니체는 이러한 무비판적 순종의 성향이 바로 힘에의 의지의 원리에 거역하여 자기를 나약하게 만드는 초감성적 세계, 피안, 神 등을 배태시킨다고 분석하고 있다. 원숭이가 자기의 흉내를 통해서 흉내내어지는 것, 즉 흉내낸 대상과의 결합을 기도하는 것처럼 원숭이 단계에 있는 인간은 자신의 내면에서 분출하는 힘에의 의지를 투영하여 만든 초감성적 존재에의 외경을 통해 자신을 온통 이 초감성적 존재에게 바친다.

안네마리 피이퍼가 해석하고 있듯이 원숭이는 자기가 흉내내는 대상을 자신의 도구를 사용하여 흉내내고, 그렇게 함으로써 이 대상과 동일한 것이 아닌(오히려 새로운 그 무엇으로서 창조하는 것으로 이해함이 없이), 이 대상을 반복해서 흉내낼 뿐이다.[216] 원숭이 단계를 초극하지 못한 인간은 다른 인간이 사유하고 느끼고 행동하는 것을 그대로 모방하고 동시에 다수의 인간을 畜群化(축군화)시킨 대중을 맹목적으로 따라갈 따름이다. 다시 말해 이러한 인간은 畜群道德(축군도덕)에 순종할 뿐이다.

이러한 인간 성향은 자신의 이익 및 편익을 행동의 지침으로 삼는다. 이 인간 성향은 인간 자신으로 하여금 동시에 다른 인간과의 충돌을 피하고 삶을 마찰 없이 안전하게 영위하기 위해 다른 인간들을 흉내내고 또 그들처럼 행동하게 만든다. 다른 인간들을 흉내내고 모방하고, 그들처럼 사유하고 느끼고 행동하는 것은 그들의 행위에 대한 동의를 의미하고 동시에 이 행위와의 일치를 암시한다. 이러한 일치에 대한 보상으로 개인은 아무런 걱정 없이, 즉 어떤 제재도 두려워하지 않고 자신의 이익을 추구할 수 있다. 이런 경우 인간은 자기 성찰 및 자기 이해 없는, 문자 그대로 흉내내는 몸짓을 본성으로 가지는 원숭이 이외 아무것도 아니다.

그러므로 니체는 차라투스트라를 통해서 다음과 같이 말하고 있다.

"원숭이는 인간에게 무엇인가? 웃음거리, 또는 고통스러운 수치이다. 그리고 위버멘쉬에게 인간은 바로 그러한 존재이다. 웃음거리, 또는 고통스러운 수치이다."[217]

인간이 자신의 내면 속에서 원숭이의 성향을 인식했을 경우,

---

216) Ebd
217)「Zarathustra」, S. 14

이 인식에 대해 인간 자신은 이중적인 방식으로 반응한다.

첫째 인간은, 원숭이가 인간적이었던 것처럼 자신 가운데 상당한 부분이 원숭이의 부분이었다는 사실을 발견하고는 냉소적인 웃음을 가진다. 둘째 인간은, 자기의 내면 속에서 원숭이를 바라보며 고통스러운 수치를 느낀다. 인간은 자기가 한때 원숭이었음을 인식하고 부끄러워한다.

진실로 인간은 원숭이가 가지고 있는 많은 부분이 아직도 자기 자신 가운데 잠재하고 있음을 보기 때문에 부끄러워하지 않을 수 없다.

인간이 자기의 계보를 돌이켜볼 경우, 니체에 의하면 이것은 인간으로 하여금 자기 비판을 야기시키며, 따라서 이 자기 비판은 발전의 다음 단계에로 나아가는 전진의, 즉 진보의 충동으로 작용하게 된다.

진보의 충동을 가지는 인간은 원숭이로부터 개체로서의 자기 자신으로 돌아온다. 개체로서 본래적 자신으로 돌아오는 이러한 인간은 축군의 일원으로 타자에게 귀속하지 않고 오직 본래적 자신으로만 귀속하는 그러한 실존적 본래성을 발견한다.

실존적 본래성을 발견하는 인간은 본능으로 살아가는 원숭이와는 달리 자기의 삶의 의미를 자기 반성적 의지로써 획득하고자 노력한다. 그러나 이러한 인간은 진정으로 자기자신을 초극하려고는 하지 않는다.

인간이란 보다 높은 단계로 발전하기 위해서는 자기 자신을 초극하지 않으면 안 된다는 통찰은, 인간이 자기를 의지하는 존재로서 긍정하고 또 이러한 자기 긍정의 힘으로써 위버멘쉬를 창조하는 그 하나의 의지 작용으로 전화된다.

위버멘쉬로의 건너감은 인간의 내면에서 가장 저급한 단계에서 인간의 단계에까지 이르는 그런 순차적인 발전과는 근본적으로 다르다. 위버멘쉬에 이르는 길은 이쪽에서 저쪽으로 건너가는 자기 모험 및 위험을 동반하는 (내면에서의 모든 단계를 넘어서 가는) 자기 초극의 길이다.

2) 정신의 자기 창조에 이르는 변화의 과정

니체는, 정신과 물질을 근본적으로 분리시키고 물질을 경멸하고 정신에 의미를 부여해 온 종래의 전통적인 이원론 또는 형이상학을 비판하고, 그것을 극복하고자 시도하고 있다.

니체에게 정신은 자기의 타자로서 물질과의 대립을 통한 통일에서 자기 초극의 완결을 획득한다. 이러한 자기 초극의 완결은 안네마리 피이퍼에 의하면 원형으로 구상화된다.

그럼에도 불구하고 정신은 전통적인 형이상학에 의하여 자기의 근원적인 경향을 망각하고 자기 격하를 통해 절대적 타자를 설정하고 그것에 굴종하고 순종하는 데서 자기 안정을 찾고 있다.

그러므로 니체는 차라투스트라를 통해 다음과 같이 말하고 있다.

"외경심이 깃들어 있고 강하고 참을성 있는 정신은 많은 무거운 것을 짊어지고 있다. 정신의 강함은 무거운 것과 가장 무거운 것을 요구한다."218)

종래의 이원론에서 정신은 자기가 참을 수 있고 견디어낼 수

---

218) A.a.O., S. 29

있다는 것을 시험함으로써 자기의 강력한 힘, 즉 자기 지배력을 확인하고자 한다. 그러므로 정신은 자기의 힘을 능가하는 절대적인 힘을 짊어지고 그것을 참을성 있게 견디어 냄으로서 자기의 힘을 측정하고 동시에 자기가 짊어지고 있는 것이 가장 무겁고, 그리고 자기를 초월한 가장 두렵고 존경스러운 것이기를 기대한다. 안네마리 피이퍼가 해석한 바에 따르면, 정신이 무거운 것이라고 규정하는 것이란 예부터 통용되어 온 유효한 가치의 권위, 즉 전통적인 형이상학과 그리스도교가 각인한 도덕법전의 오래되고 존귀한 규범 및 가치의 관념을 의미한다.[219] 정신은 이처럼 가장 무거운 것이라고 생각하는 것 앞에서 무릎을 꿇고 순종하는 데서 최상의 행복과 안정을 얻는다고 생각한다.

정신의 이러한 태도는 인간이란 존재를 벌레의 단계까지 추락시킨다. 다시 말해 자기 자신의 힘에의 의지를 지속적으로 강화시키지 않고 오히려 자기의 의지를 약화시키고 대신 벌레처럼 자기의 힘에의 의지의 투영화된 외적 대상에 기식하는 가장 쓸데 없는 인간으로 전락시키는 정신의 이러한 태도는 힘에의 의지의 왜곡이다.

정신이 가장 무겁고 가장 두려운 것으로 간주하는 가치의 관념의 총체성은 니체에 의하면 神이라는 이름으로 언표된다. 정신이 자신의 힘을 측정하는 측도기로서 외경하는 이 神은 근본적으로 인간 내면의 심리적 작용에서 찾을 수 있다.

인간의 내면에는 갑자기 강렬한 힘의 감정이 그 자신을 압도할 때가 있는데, 대개 이런 경우 인간은 자기의 인격에 대한 회

---

219) S.T.U., S. 112

의를 가진다. 따라서 인간은 이 놀라운 힘의 감정의 원인을 자기자신에게 돌리지 않고 자기 이외의 강한 인격과 神性(신성)에 연결시킨다.[220] 왜냐하면 이 놀라운, 그리고 고조된 힘의 감정이 불완전하고 나약한 인간 자신에게서 나올 수 없기 때문이다. 이러한 회의가 자기 자신에게 일어나면 인간은 자기와는 다른 어떤 외적 존재로서의 神을 상정하게 된다.

神을 상정하는 이러한 심리학적 근거에서 모든 위대함과 강함이 초인간적인 것으로 생각되는 한 인간 자신은 왜소할 수밖에 없다. 인간은 자기의 내면을 두 가지의 면, 즉 나약하고 가련한 면과 강하고 놀라운 면으로 분할하여 전자를 인간이라고 일컫고 후자를 神이라고 일컫는다.[221]

니체에 의하면 궁극적으로 힘에의 의지의 부단하고 지속적인 강화가 부정된 상태에서 이것이 오히려 神性으로 전위되는 순간 정신의 몰락은 필연적이 되고, 따라서 神에의 신앙이 드디어 역사의 데카당을 촉진한다. 그럼에도 불구하고 정신은 가치 관념의 총괄개념으로서 神에게 자기 자신을 맡겨 버리고 神에 의지함으로써 자기 강화, 자기 긍정, 자기 창조 등에의 지향을 포기하고 있다. 정신은 이처럼 神 앞에 자기 굴종의 표현을 나타내기 위해 자기의 힘에의 의지를 억제하고 자기 고양에의 충동을 저지하는 것이다.

정신의 힘에의 의지를 억제하는 그리스도교적 도덕은 특히 정신의 몰락을 촉진하고, 그럼으로써 정신의 자기 고행을 지시하고 있다.

---

220) 정영도, 「현대유럽철학」, 215쪽
221) 같은 책, 216쪽

니체는 정신의 이러한 국면을 서양정신사의 발전 과정에서 묘사하기 위해 낙타, 사자, 어린이의 형상들로 이용하고 있다.

"나는 정신의 세 가지 변화를 너희들에게 말한다. 어떻게 정신이 낙타가 되며, 낙타가 사자가 되며, 마침내 사자가 어린이가 되는가."222)

이 인용문을 통해서 니체는 서양정신사에는 세 가지의 유형화가 단계적으로 일어나고 있다고 확신한다. 이 세 가지의 유형화 가운데 제1단계인 낙타로의 변화는 서양 전통의 자기이해를 특성화하고 있고, 제2단계인 사자로의 변화는 전통적인 제가치에 대한 비판을 시도하는 단계를 나타내고 있으며, 제3단계인 어린이로의 변화는 아직 오지 않고 있는 것으로 위버멘쉬를 시사한다.

니체는 낙타 단계에서의 정신의 자기 이해의 실례를 세 가지로 들고 있다. 즉 정신의 복종, 굴종, 자기고행의 태도에 있어서의 훈련이 바로 그것이다.

이러한 문제에 대해서는 이미 앞서 논의했기 때문에 여기서는 낙타가 사자로 변하는 문제에 대해서 논의해야 할 것 같다.

"참을성 있는 정신은 이처럼 모든 무거운 것을 짊어지고 마치 짐을 지고 사막을 달리는 낙타처럼 자기의 사막을 달린다. 그러나 가장 고독한 사막에서 두 번째의 변화가 일어난다. 여기서 정신은 사자가 되며, 정신은 자유를 획득하고 자기 자신의 사막에서 지배자가 되고자 한다."223)

낙타가 된 정신이 달리는 사막은 안네마리 피이퍼의 해석에

222)「Zarathustra」, S. 30
223) Ebd

따르면 정신의 對極(대극), 즉 물질이다. 정신은 자기가 짊어진 모든 규범과 가치평가들을 이제는 물질 가운데로 운반해 놓는다. 정신은 자기에게 부과된 명령을 행동으로 따름으로써 사막을 비옥하게 만든다.

정신은 필연코 자기 반성과 자기 개안을 하고 자기의 낙타 태도를 굴종과 자기 고행의 타율성의 형식임을 인식한다. 정신은 드디어 낙타 단계에 있어서 전통적인 도덕과 그리스도교적 편견을 버리고 자유정신인 사자로 변한다.

사자 단계에서 정신은 일체의 가치관념에 의한 지배에서 벗어나 자율적으로 자기를 다스려 나가고자 한다. "정신은 자유를 창조한다."224)

이러한 사자 단계에 있는 정신은 전통적인 형이상학과 그리스도교의 규범체계가 가지고 있는 타율성을 부정하고 있지만, 그러나 그것이 획득한 자유는 아직 그 자체에 있어서는 실현되지 않는다. 이러한 자유는 종래에 지배했던 모든 도덕, 가치, 규범으로부터 해방이라는 의미의 자유에 불과하다. 이 자유는 부정적·소극적인 테두리로부터 벗어나지 못하고 있다.

사자 단계의 정신이 자기 자신에게 자율적으로 명령하고 사막을 비옥하게 만들기 위해서는, 정신이 먼저 자기가 지금까지 복종했고 굴종했으며 동시에 자기에게 자기 고행을 지시했던 옛 도덕의 규범체계와 그리스도교적 도덕을 파괴하지 않으면 안 된다.

니체의 다음과 같은 말은 정신의 이러한 내적 결의를 반영하여 주고 있다.

---

224) Ebd

"정신이 이제 더 이상 지배자라고도 神이라고도 부르지 않으려는 거대한 龍이란 어떤 것인가. '너는 마땅히 해야 한다.'가 바로 거대한 용을 의미한다. 그러나 사자의 정신은 '나는 하고자 한다.'라고 말한다. '너는 마땅히 해야 한다.'는 황금빛으로 빛나는 정신의 길에 놓여 있다. …… 수천 년 동안의 가치들이 이 비늘에서 빛나며, 그리고 모든 용 가운데 가장 힘이 센 용은 이렇게 말한다. 사물들의 모든 가치—그것은 바로 나이다. 진실로 '나는 하고자 한다'란 이제는 있어서는 안 된다! 이렇게 용은 말한다."225)

여기서 용은 종래의 전통적인 도덕의 규범체계와 그리스도교의 교의 및 가치체계를 상징한다. 전통적으로 유효한 것으로 통용되어 왔고 또 사람들의 의식구조 속에서 지배적인 명령을 가지고 있는 그리스도교적인 도덕의 규범체계 및 가치체계는, 항상 이것은 해서는 안 되고 저것은 반드시 해야 한다는 금기와 당위의 논리를 구현하고 있다.

이러한 그리스도교적인 명령은 '나는 마땅히 해야 한다'라는 이른바 정신의 복종을 요구하는 뜻을 포함하고 있다.

정신은 자기 반성을 통해서 "너는 마땅히 해야 한다"가 자기의 자율성을 박탈하고 자기에게 도덕과 교의라는 굴레를 덮어씌우는 것으로 인식한다. 따라서 정신은 이제 자유에의 염원에서 "나는 하고자 한다"를 실현하고자 시도한다.

"새로운 가치를 창조하는 것—그것은 사자조차도 아직 할 수 없었다. 그러나 새로운 창조를 위하여 자유를 창조하는 것—그것은 사자의 힘으로서만 이루어질 수 있다. 자유를 창조하는

---

225) Ebd

것과 의무 앞에서도 역시 신성한 부정을 말하는 것—그것을 위해서, 나의 형제들이여, 정신은 사자를 필요로 한다."[226]

정신은 자기의 과거의 낙타 단계에서의 굴종과 순종의 태도를 비판적으로 돌아보고, 우선 자기 부정과 옛 도덕의 규범체계와 가치관념에 대한 부정을 구현한다. 이러한 부정의 태도에서 "너는 마땅히 해야 한다"에 "나는 하고자 한다"를 대립하고자 한다. 이 경우에 정신은 자기가 하고자 하는 자유 공간을 연다. 새로이 열린 자유 공간과 더불어 정신의 제3의 단계, 즉 어린이 단계가 드디어 열리기 시작한다.

"어린이는 천진난만하며 망각이고 새로운 시작, 하나의 놀이, 스스로 구르는 수레바퀴, 최초의 운동, 신성한 긍정이다."[227]

정신의 사자 단계가 허무주의의 단계, 혁명과 거부의 단계, 부정의 단계라면 이 사자의 단계는 어린이의 단계에서 극복된다. 어린이는 낙타 및 사자와는 근본적으로 다른 차원에 속하는 인간으로서 순진무구성 그 자체를 상징한다. 낙타와 사자는 여하튼 동물의 차원에 속하는 것으로서 넓은 의미에서 동일한 범주로 간주될 수 있으나 어린이는 차원을 달리하는 초극이라는 높이에의 도약을 시사한다.

니체는 어린이라는 은유를 통해서 인간의 실질적인 재탄생, 또는 예수를 모방하는 듯한 심리의 발상인 듯 하나의 부활을 나타내고 있다. 다시 말해 사자에서 어린이로의 발전은 정신의 자기 초극 및 자기 창조를 뜻한다.

---

226) Ebd
227) A. a. O., S. 31

안네마리 피이퍼가 말하는 바와 같이 불사조가 잿더미에서 솟아오르듯이, 그리고 잿더미를 자기 뒤에 남겨 놓듯이 어린이가 된 정신은 자기의 과거를 자기 뒤에 남겨 놓는다.[228]

"나는 하고자 한다"의 어린이 단계에서 비로소 정신은 생동적, 활동적, 창조적이 된다. 말하자면 스스로 구르는 바퀴가 된다. 자기가 자기를 의지하되 더욱 강화된 자기를 창조하는 형태로 자기를 의지한다. 자기가 자기를 의지하는 것이 지속적이고 부단하다는 점에서 하나의 형상으로 나타내자면 원형을 구성한다. 이러한 원형에서는 오직 "자기가 자기를 의지한다."와 정체 또는 중단을 거부하고 부단히 "강화된 자기가 보다 강화된 자기를 창조해 나아간다."라는 이중적인 의미가 있다. 따라서 어린이의 단계에서는 정신의 자기 동일성이 수레바퀴가 굴러가듯이 원을 그리며 감행하는 원형운동만이 있을 뿐이다. 다시 말해서 여기서는 시작이면서 끝이고 끝이면서 시작이라는 영원한 원형운동만이 있고, 이러한 점에서 자기 긍정의 생성이라는 순진무구성만이 원형운동을 충만시킨다.

3) 자기 초극의 행위로서 위버멘쉬

전통적인 이원론에 따르면 인간은 자기 자신 속에 앞서 이야기한 바와 같이 정신과 육체 간의 相互 離反(상호 이반) 상태에서 병존하는 그러한 존재로 규정되고 있다. 그러므로 니체는 다음과 같이 말하고 있다.

"너희들 가운데 가장 현명한 자도 역시 식물과 유령의 분열

---

228) S.T.U., S. 125.

이며 튀기에 불과하다. 그러면 나는 너희들에게 유령 또는 식물이라고 말해야만 할 것인가? 보라, 나는 너희들에게 위버멘쉬를 가르친다. 위버멘쉬는 대지의 의미이다. 너희들의 의지여 말하라! 위버멘쉬는 대지의 의미라고!"229)

인간은 자기 자신으로 완결되고 완성된 전체가 아니라, 오히려 정신과 육체의 결합이다. 따라서 인간은 한 측면에서 본다면 식물이라는 은유로 표현되는 육체의 존재이다. 식물이 땅 위에 우뚝서서 존재한다는 점에서—니체가 여기서 상징적으로 언표하고 있는—식물은 인간의 한 측면을 구성하는 육체이다.

육체와 결합하고 있는 다른 한 측면은 유령으로 표현되고 있는 可視的(가시적) 정신이다.

전통적인 이원론에서는 육체와 정신을 분리시켜서 인식하며 동시에 육체를 경멸하고 정신에 의미와 우월을 부여한다. 따라서 정신은 초월적인 존재로 전환되고, 일체의 현실적 삶은 격하되어, 초월적 존재는 모든 존재자에 의하여 지향되는 不動(부동)의 動者(동자)로서 이해되고 있다. 이러한 전통적인 이원론은 오르테가(Ortega)의 말처럼 서양의 전통 철학에서 여당으로 군림해 왔다.

니체는 전통 철학이 이처럼 정신과 육체의 離反(이반) 및 정신의 평가절상의 입장을 견지하고 있는 데 대해서 가혹할 정도로 비판하고 부정하고 있다. 안네마리 피이퍼는 니체의 이러한 입장을 다음과 같이 해석한다.

"식물과 유령의 튀기를 일면적이면서 잘못된 자기 이해의 결과로서 들여다본 인간에게 대지의 의미와 삶의 의미는 정신의

229) 「Zarathustra」, S. 14.

정태적, 구상적 형상에 있는 것이 아니고—이러한 형상이 神, 관념, 순수이성이라고 불려지든 그렇지 않든 간에—즉 유령에 있는 것이 아니고, 오히려 양극적 대립에서 일어나는 저 生起(생기)의 긴장된 역학에 있다는 것이 확인된다."230)

정신과 육체 간의 양극적 대립이 야기시키는 生起의 긴장된 역학이 위버멘쉬라는 활동을 가능하게 한다. 그것은 헤라클레이토스(Herakleitos)에게서는 모순·대립이 통일로 발전하듯, 정신과 물질이라는 양극적 대립의 통일에 해당한다. 실제로 헤라클레이토스의 이러한 사유는 니체의 자기 초극에로의 발전과정에 커다란 영향을 미치고 있다. 헤라클레이토스의 다음과 같은 잠언을 상기할 필요가 있다.

"대립된 긴장이 통일되는 곳에는 가장 아름다운 조화가 있다.…… 圓柱(원주)에서 시작과 끝은 동일하다. ……오르막길과 내리막길은 하나이면서 동일하다. ……전쟁은 만물의 아버지, 즉 만물의 왕이다."231)

활과 시위는 서로 대립의 긴장된 역학을 형성하면서 동시에 통일된 형상, 즉 하나인 표적에 적중함으로써 통일을 창출한다. 원주에서도 시작과 끝은 대립의 긴장을 생기하면서 동시에 하나이면서 동일한 원주를 구성한다. 일체가 모순·대립의 긴장을 통해서 자기 창조를 획득한다.

이처럼 만물을 창조하는 모순·대립의 긴장의 역학으로서 전쟁이야말로 존재자의 존재를 유지·향상시킨다. 헤라클레이토스의 이러한 사유는 니체에 이르러 식물(육체)과 유령(정신)

---

230) S.T.U., S. 55.
231) Herakleitos, Fragmente, 53, 60.

의 퉈기(통일)로서의 위버멘쉬를 구현한다.

니체에게 위버멘쉬는 피이퍼의 말과 같이 그 어떤 내용적인 것을 의미하는 것이 아니라 '넘어섬'의 활동 또는 운동을 의미한다.[232] 다시 말해 위버멘쉬는 자기 자신(정신과 육체의 상호 이반)을 넘어섬과 동시에 하나이면서 동일한 것으로서 힘에의 의지라는 자기 자신으로 돌아오고자 하는 노력을 나타낸다.

위버멘쉬는 내용을 가진 존재 전형이 아니기 때문에 인식 대상도 아니고 또 언표되거나 전달될 수 있는 형상도 아니다. 위버멘쉬는 자기를 부단히 넘어서 나아가는 역동적인 활동 그 자체이다.

니체가 역동적인 활동 자체로서 위버멘쉬라고 할 때 그것은 Über와 Mensch의 합성어로서 언표될 수 밖에 없다. Über는 불가피적으로 '이쪽'과 '저쪽', 그리고 '그 아래'를 동반한다. 이것은 문자 그대로 아프리오리 하다. Über와 합성된 Mensch는 분명히 초극되어야 하는, 즉 뒤에 남겨두고 저쪽으로 건너가야 하는 그러한 인간, 즉 終末人(der letzte Mensch)을 뜻한다.

니체는 어떤 점에서 종말인의 카테고리 속에 벌레, 원숭이, 또는 낙타, 사자라는 상징적 은유로 언표되는 비본래적 인간을 귀속시키고 있다. Über+Mensch라고 할 때, 그것은 결론적으로 말하면 이러한 비본래적 인간을 넘어서는 진행형의 활동에 대한 명칭이다. 이러한 활동 및 행위는 이른바 비본래적 자기로부터 넘어섬과 동시에 본래적 자신으로의 복귀의 형식적 구조를 가지고 있다. 그러나 超克(초극)은 인간 자신에 의한

---

232) S.T.U., S. 56.

자기단절의 의미로서 실현되지는 않는다. 초극은 오히려 자기 자신 가운데 자기 자신을 넘어서는 경우에 이루어진다. 다시 말해 초극은 아득히 먼 곳에 있는 목표에 전념함으로써 자기자신의 상실을 야기하는 것이 아니고, 오히려 자기 자신을 넘어 가는 가운데 근본적으로 자기 자신으로 복귀하는 것을 가능토록 한다. 이러한 자기 초극의 활동은 지속적 시도를 요구하며, 활동의 어느 한 시점이나 지점에서의 머무름을 배제한다.

자기 초극의 활동은 내면에서의 자기 부정과 자기 창조를 끊임없이 반복하는 내면적 행위로서 체험될 뿐이다. 따라서 자기 초극의 활동 자체로서 이행되는 위버멘쉬는 어떤 누구에 의해서도 可視的인 형상으로 인식될 수 없으며, 오히려 부단히 실현되어야 하는 실천 또는 운동이다.[233] 만일 위버멘쉬가 객관적인 형상을 가지고 있는 것으로 이해된다면 이러한 위버멘쉬는 존재하지 않는다. 안네마리 피이퍼의 말처럼 자기 자신을 초극함으로써 위버멘쉬를 실천하는 한 위버멘쉬는 존재한다.[234]

니체에게 정신의 발전은 神이 죽고 없는 이승의 삶 속에서 실현되며 동시에 삶 자체가 정신의 발전으로 충만된다.

왜냐하면 삶이란 정신과 육체 간의 긴장된 대립의 통일이기 때문이다. 사실 정신이라는 개념도 니체에게는 전통적인 형이상학에서 존재의 의미로 사용하는 것과는 다른 개념으로 해석되고 있다. 니체가 말하는 정신은 육체의 동반된 대립 개념으로 해석되고 있다. 다시 말해 니체가 말하는 정신은 육체의 동

233) Ebd
234) Ebd

반된 대립 개념으로 이해되지 않으면 안 된다. 니체의 다음과 같은 말을 상기할 필요가 있다.

"나의 형제여, 네가 정신이라고 일컫는 너의 작은 이성도 너의 육체의 도구이고 너의 거대한 이성의 작은 도구이며 장난감이다."235)

정신이 작은 이성이라면 육체는 거대한 이성이다. 작은 이성으로서 정신과 거대한 이성으로서 육체가 상호 이반과 협력을 통해서 인간의 자기를 구현하고 삶을 실천한다.

따라서 니체에게 정신의 발전 과정이란 작은 이성과 거대한 이성 간의 대립을 통한 통일의 형태로 전개된다. 엄격히 논의한다면 육체 자체가 섬세한 이성의 기능을 실현하며, 전통적인 철학에서 말하는 육체를 지배하는 존재로서의 정신을 니체는 부정한다. 플라톤 이후 존재의 세계로부터 주어진 가장 神的인 것으로서 추앙받는 이성이 니체에게서만은 철저히 부정되고 오로지 육체, 삶, 현실, 이승, 세계만이 힘에의 의지의 다양한 면모로서 긍정될 뿐이다.

그러므로 니체에게는 정신의 발전도 육체의 자기 전개에 해당한다. 육체 자체가 이성, 감성, 의지, 충동 등으로 구성된 복합적 존재자이다. 다시 말해 육체 자체가 힘에의 의지 그 이외 아무것도 아니다.

요컨대 작은 이성으로서 정신의 발전은 힘에의 의지의 자기 실현이다. 어떻게 보면 힘에의 의지는 한 개인의 내면에서 맹목적으로 실현되는 것이 아니고 작은 이성으로서 정신의 자기 이해 및 자기 반성에 의해서 전개된다라고 말할 수 있을 것 같

---

235)「Zarathustra」, S. 39.

다. 여하튼 정신이 상승과 하강의 구조적 법칙성을 따라서 자기 초극을 감행하고 위버멘쉬를 구현한다는 것은 결국 힘에의 의지의 원형운동을 감행한다는 것이다.

니체에게 존재하는 것은 힘에의 의지라는 행위 또는 활동, 그것뿐이다. 바꾸어 말하면, 자기 초극에 이르고자 부단히 시도하는 노동과 이 노동을 통해서 위버멘쉬를 구현하는 것은 힘에의 의지의 영원한 자기 발전 또는 자기 창조이다.

니체에게 神, 피안, 존재, 초감성적 세계가 인간의 자기 부정과 自己 懦弱(자기 나약)에서 나오는 허구인 한 긍정되어야 하는 것은 이 세계, 이 삶, 이 현실이라는 이승일 뿐이다.

자기 초극에의 길은, 니체에게는 위버멘쉬로의 건너감을 지시해 주지만 그 이상은 지시해 주지 않는다. 오직 위버멘쉬로의 건너감 그것만이 지시의 전부요, 그 이상의 예상이나 상상은 철저히 차단되고 있다.

정신의 발전 과정은 단지 이 현실, 이 세계, 이승의 삶에만 국한되며, 따라서 이승에서의 인간의 삶에서만 자기의 정신을 영원한 원형운동으로 실현시킬 수 있을 뿐이다. 이 점에서 니체는 이승의 삶에서 인간의 자기 정신의 창조적 활동이 얼마나 깊고 넓고 높은가를 앞으로 올 시대의 정신에게 시사하고 있다. 니체는 이러한 측면에서 칸트 이후 가장 위대한 철학함을 보여 주고 있다.

그러나 니체는 이승의 삶에서의 자기 초극 행위에만 집착함으로써 초월의 세계가 인간 정신에 무제약적 요구로써 감지된다는 진리를 단순히 힘에의 의지의 외적 투영으로 규정해 버리는 철학적 확신을 지나칠 만큼 강렬하게 철학사에 표출하고 있다.

이러한 철학적 확신이 거대한 이성으로서 육체의 절대적 의미 부여로 말미암아 철학사의 자기 성찰을 야기시키는, 말하자면 철학사적 전환에 버금가는 수많은 준열한 논란을 초래하고 있다.

정신의 발전 과정 및 자기 초극에 이르는 길에의 지시는 전통적인 이성의 해체를 야기시키고, 동시에 오랫동안 방치되고 경멸되어 왔던 인간의 육체에 대한 새로운 철학적 해석을 환기시키고 있다.

2. 구름 속의 번개로서 위버멘쉬

1) Übermensch에서 Über와 Mensch의 의미

니체(Friedrich Nietzsche)에게 Übermensch는 한국에서 일반적으로 두루 알려진 바와 같은 그런 인간의 이상적 존재 전형(存在 典型)도 아니고, 또 초감성적(超感性的) 세계에서 경험할 수 있는 그런 초월적 존재도 아니며, 또한 현실세계에서 神의 계시를 받고 초능력을 발휘하는 超人(Superman)[236]은 더욱 아니다.

---

236) Übermensch는 한국에서 대체로 超人(초인)이라고 번역되어 지금까지 어떤 異論(이론)도 제기됨 없이 사용되어 왔다. 그러나 Übermensch가 단순히 초인이라는 말로 번역·언표된 것은 그릇된 해석 및 이해에서 연유한다. Übermensch는 본문에서 풀이하고 있는 바와 같이 결코 인간의 이상적 존재 전형이 아니다. Übermensch는 '힘에의 의지'의 차원에서 이해되고 일상적 현존재성에서 벗어나서 自己 超克(자기 초극)의 결단을 내리고, 그리고 인간의 非本來的 地平(비본래적 지평)에서 本來的 地平이라는 이른바 저쪽(일종의 Metapher)으로 향해 건너가는 그런 행위 또는 활동으로 이해된다.

그러므로 Übermensch는 초인이라는 말로 언표되어서는 안 된다. 초인이라고 언표될 경우 그것은 한국어가 가지는 특유성에 의해 일반의 정상인보다 유달리 힘이 센 超能力者(초능력자) 같은 이미지를 가진 존재로 수용되며, 따라서 Übermensch는 니체의 생각 및 의도와는 너무나 거리가 먼 전연 다른 존재로 이해되고 만다.

초인이라고 말하면 그것은 자칫해서 미국 영화에서 시리즈物로 등장하는 Superman으로 둔갑하여 인식되기 십상이다. Übermensch

Übermensch는 '힘에의 의지(der Wille zur Macht)'의 구현이고, 개인마다 자기의 내면에서 자기 자신을 생장(生長)시키고 향상시키고 강화시키고자 하는 활동이며, 동시에 '힘에의 의지'로서 자기 자신을 부단히 고양(高揚)시켜 나가는 내재적 자기 초극(自己 超克)이다. 그러므로 Übermensch는 개념적 정의 또는 체계적, 논리적 기술(記述)을 허용하지 않는다. Übermensch는 자기 초극을 감행하는 활동의 도상에서 체험되고 깨달아진다.

그럼에도 불구하고 Übermensch를 구조적으로 분석한다는 것은 니체의 입장에서 보면 그것에의 체험 및 이해를 도식화하고 체계화하고 논리적으로 형식화하는 것을 의미한다. Übermensch에 대한 구조적 분석은 니체의 역동적 Philosophieren으로서 Übermensch라는 니체 특유의 철학적 Stimmung을 훼손하는 행위일 수 있다. 그러나 Übermensch라는 엄청나고 심오한 실존적 활동을 이해하는 효과적인 방법의 일환으로 일단 Über와 Mensch를 분리하여 분석하고 음미하는 것은 시도해 봄직 하다.

따라서 Übermensch에서 Über와 Mensch가 각각 어떤 철학적, 함축적인 의미를 가지고 있는가에 대하여 탐구한다는 것은 니체의 철학사상의 근본적인 핵심을 터득하고자 하는 것을 뜻한다.

Übermensch에서 Über가 도대체 무엇인가라는 물음과 그

의 적절한 한글·譯語(역어)는 없다. 그러므로 Übermensch는 독일어 발음 그대로, 즉 위버멘쉬라는 原語·發音(원어·발음)대로 표기하여 사용하는 것이 니체의 본래의 뜻에서 결코 멀어지지 않을 것 같다.

물음에 대한 답을 도출해 내는 데 있어 그 언어구조적 측면에서 Über를 해석하는 것도 중요하지만, 니체의 철학적 의도를 헤아린다면 새로운 가치 설정의 원리로서 '힘에의 의지'의 차원에서 Über에 대한 해석을 수행하는 것이 더욱 근본적이다.

'힘에의 의지'를 구조적으로 분석하는 가운데서 Über의 철학적 의미, 즉 니체가 의도하고 있는 Über의 — '힘에의 의지'의 구조 속에서 — 구조적 역할을 논구하지 않으면 안 된다.

그리고 Übermensch에서 Über에 의해 제약을 받는 Mensch의 이해 역시 '힘에의 의지'의 차원에서 감행되면서 동시에 개인마다의 내면에 내재하는 비본래적(非本來的) 경향의 분석에서 수행되어야 할 것 같다. 더욱이 그것이 서양정신사의 발전 과정 차원에서 시도된다는 것은 Übermensch가 단순한 철학적 개념이 아니라는 점을 인식시켜 주고 있다.

여기서는 니체의 Übermensch에서 Über와 Mensch를 분리하여 Über가 '힘에의 의지'의 자기 생장과 자기 강화에서 가지는, 이른바 '힘에의 의지'의 자기 의지함 속에서 가지는 그때마다의 일종의 '굽이'[237]를 토구(討究)하고 überwinden되어야 하는 Mensch의 日常性과 데카당 성향을 구조적으로 분석·음미하는 데 그 논지(論旨)를 둔다.

---

237) Übermensch에서 Über가 '힘에의 의지'의 차원에서 해석될 경우 Über는 강물의 흐름에 있어서의 '물굽이'에 해당한다. 일반적으로 사람들은 "강물이 굽이쳐 흘러 간다"라고 말하곤 한다. 이 경우 '물굽이'는 물결치는 흐름에 있어서 물결마다 아래에서 위로, 위에서 아래로 운동한다. 이러한 물결운동에 있어 언제나 윗부분이 '굽이'의 核을 이룬다.

Übermensch에 있어서 Über는 '굽이'라는 Metapher로서 언표되고 또 이해될 수 있다.

니체에 의하면 이 세상에 존재하는 일체의 생명적 존재는 '힘에의 의지' 그 이외에 아무것도 아니다.[238] 예컨대 들녘에 외로이 핀 한 송이 백합도, 대지에 몸을 붙여 기어다니는 한 작은 미물(微物)도 '힘에의 의지' 그 이외 아무것도 아니다.

일체의 생명적 존재는 자기의 생명을 유지시키고 향상시키고자 부단히 힘쓰고 또 시도하는 어떤 '하고자 함' 그 이외 아무것도 아니다. 생명적 존재가 '하고자 함'에 불과하다고 말할 때 이 의미를 가장 적절하게 드러낼 수 있는 언표는, 니체에 따르면 '힘에의 의지'라는 말 이외 다른 알맞은 말이 없다.

우선 여기서 '힘에의 의지'를 분석하고 음미할 경우에만 Übermensch에서 Über라는 말의 의미가 분명하게 드러난다. '힘에의 의지'라고 말할 때 이 말이 내포하고 있는 근본적인 의미는 개념을 시사하지 않고, 오히려 하나의 역동적인 활동을 시사하고 있다. 따라서 의지란 심리학에서 知, 情, 意로서 구분할 때 의지라는 하나의 기능과는 근본적으로 다르다. 의지는 관념론에서와 같이 근본 실재로서 사유되고 있는 정신보다도 우위에 설정되어 있는 존재 자체의 다른 또 하나의 언표는 더욱 아니다.[239]

니체가 'der Wille zur Macht'라고 말할 때 Wille는 한국말로는 결코 적절하게 옮길 수 없다. 지금까지는 '힘에의 의지'라는 한국말로 옮겨서 사용되었지만, Wille는 오히려 한국말

---

238) 니체의 이러한 입장은 ≪Also sprach Zarathustra≫의 제2부 곳곳에서 감지된다. Martin Heidegger도 역시 Holzwege에서 이처럼 감지된다는 점을 피력하고 있다. ≪Also sprach Zarathustra≫는 이하 'Zarathustra'라고 約記함

239) F. Nietzsche, Jenseits von Gut und Böse, S.31.

로 풀어서 옮긴다면 '뜻', '氣', '情熱', '하고자 함' 등으로 새겨진다. 그러나 이처럼 옮겨진 어떤 말도 Wille를 적절하게 나타내지 못한다. Wille는 오히려 이 모든 의미를 복합적으로 내포하고 있다. 그렇다고 하더라도 여하튼 Wille가 '의지'라는 말로 옮겨져서 사용되고 있으므로, 일단 이 언표를 수용한 가운데 그것에 대한 철학적 해석 또는 이해를 도모하는 것이 불가피할 것 같다.

니체는 '힘에의 의지'를 이해함에 있어서 힘과 의지를 분리해서 이해하는 것을 경고하고 있다. 근본적으로 '힘에의 의지'는 전체로서, 즉 힘과 의지를 하나로 통일한 전체로서 이해되지 않으면 안된다.240) 그러나 '힘에의 의지'에의 조명이라는 일종의 학습상의 이해를 위해서는, 비록 니체의 경고를 위배하는 오류를 범하는 위험을 무릅쓰는 한이 있더라도, 조명의 방법상 힘과 의지를 일단 분리하여 이해할 필요가 있을 것 같다.

'힘에의 의지'에서 의지는 결코 근원도 아니고 존재도 아닌, 오히려 직유(直喩)를 빌려서 말하자면 휴지(休止) 없는 흐름(Fluß)에 불과하다. 흐름으로서의 의지는 원인도 결과도 아닌 작용, 즉 의지 자신이 자기에 대하여 가지는 작용이다. 의지는 자기 아닌 다른 그 무엇을 지향하는 것이 아니고 항상 자기 자신을 지향한다. 이 점에 의지는 자기 심화, 자기 생장, 그리고 자기 강화의 형식으로 향상하고 발전한다.

의지는 일종의 흐름이다라는 Aphorismus(잠언)로서 언표될 때 이 흐름은 생장과 강화를 상징한다. 따라서 이러한 흐름은 더욱 강한 '많은 힘(mehr Macht)'을 뜻하기도 한다. 다시

240) Martin Heidegger, Holzwege, S.216

말해 생장과 강화로서의 흐름은 자기를 더욱 강화시키고자 하는 힘을 의미한다.

엄밀하게 분석하면 '힘에의 의지'에서 힘은 의지의 목적이다. '意志하다', '의욕하다', '하고자 하다'라는 의미의 의지가 여기서 목적하는 것은 바로 힘이다. 의지는 의지하되 자기를 의지하고, 의지되는 자기는 이전의 자기가 아니고 생장되고 강화되고 심화된 자기이다. 의지가 의지하는 바 목적으로서 힘은 '더욱 강하게 함'이라는 의미를 가리킨다.

따라서 힘은 그것이 힘의 향상(Macht-Steigerung)의 도상에 있고, 그리고 '보다 더 많은 힘'을 요구하는 경우에만 힘이다. 그러나 힘이란 그것이 단순히 힘의 향상에 머물러 있을 경우, 즉 힘의 한 단계에 단순히 머물러 있을 경우 이미 힘이 아니다.[241] 만일 힘이 힘 자신의 한 단계에 머물러 있다면 힘은 오히려 몰락하기 시작한다. 힘은 자기를 압도하고 자기를 극복하며 자기를 향상시켜 나갈 경우에서만 힘으로서 작용할 뿐이다.

가령 강물이 흘러가는 흐름을 작용으로서의 힘으로 빗대어 말한다면, 즉 의지가 자기를 지속적으로 강화시켜 나가는 작용을 하나의 흐름에 투영하여 살펴본다면 굽이쳐 흘러가는 흐름 자체가 의지이고 하나의 '물굽이'에서 다음 '물굽이'로 발전하는 것은 곧 자기를 강화하는 것이면서 동시에 힘이라는 물리적 작용의 양태이기도 하다.

강물이 흘러갈 때, 흐름의 한 '물굽이'가 다음 '물굽이'로 넘어가려면 넘어가는, 또는 흘러가는 작용, 진행, 전개는 반드시

---

241) 같은 책, S.217

이쪽에서 저쪽으로 '넘어간다' 또는 '건너간다'라는 운동의 필연성을 가진다. 여기서 '넘어간다', 또는 '건너간다'라는 운동의 양태이면서 그 운동을 나타내는 언어가 곧 Übermensch에 있어서의 Über이다.

니체의 Übermensch에서 Über는 운동성(運動性)과 넘어가는, 또는 건너가는 '굽이性'을 함유하고 있다. 다시 말해 Über는 역동성을 그 본질로 하고 있다.

'힘에의 의지'에서 의지 자신이 자기의 목적하는 바로서 '더욱 강하게'라는 양태로 생장하고 강화하는 도상에서 Über는 생장과 강화의 매순간을 나타내는 하나의 '물굽이'와 같은 흐름 또는 지속의 '굽이', 즉 '하고자 함'으로서 의지의 '굽이'가 된다. Über는 생장하고 향상하고 발전하고 강화하는 것만을 지시하며, 정체하고 머무르고 제자리에 서 있음을 허용하지는 않는다.

힘을 향해서, 즉 더욱 강하게라는 국면으로 의지하는 의지는 이처럼 Über를 하나의 형식으로 수반한다. 물론 니체는 형식이라는 말을 혐오하고 제거하고자 했지만, 이 의지를 조명하고 이해하기 위해서는 방법상 니체의 경고를 거스르는 모순을 범하지 않을 수 없다.

힘에의 의지에서 Über는 힘의 단계로서 '굽이'를 나타낸다라고 앞서 기술했는데, 여기서 이 말을 좀더 구체적으로 말하자면 이 경우에 Über에는 힘의 전·후 단계가 동시에 수반되어 있다. 어떤 점에서 보면 힘에의 의지는 Über의 연쇄에 불과하다.

Über가 이쪽에서 저쪽으로 건너가는 것을 지시하고 있다면,

저쪽에 도달했을 때 그 지점에는 도달과 더불어 즉시 다시금 이쪽이 존재하게 되고 동시에 저쪽으로 건너가야 하는 것을 지시하는 새로운 Über가 현존한다.

의지가 마치 강물의 흐름과도 같이 부단히 의지 자신을 지향하고 의지하는 가운데 Über는 굽이굽이마다, 또는 한단계 한단계마다 이쪽과 저쪽을 一新(일신)해 가면서 현존한다.

Über가 역동성 및 운동의 필연성을 불가피하게 가질 수밖에 없는 이유는 힘에의 의지가 자기 강화 또는 자기 생장이라는 작용 및 운동을 부단히, 그리고 지속적으로 감행하는 필연성, 또는 운명성에 있다. Über가 역동성 또는 운동성을 가지고 있기 때문에 Über는 공간적 차원과 시간적 차원을 동반한다.

Über는 공간적 차원에서 본다면 '위로 치솟아 올라감', '이쪽에서 저쪽으로 건너감', 그리고 '뛰어 넘어감'의 역동적 운동성을 가지고 있다. 다른 말로, Über는 수직적인 공간에서 본다면 밑에서 위를 향해 부단히, 그리고 지속적으로 치솟아 올라감을 지시하고, 수평적인 공간에서 본다면 이쪽에서 저쪽으로, 즉 직선형으로 저 건너 地平(지평)을 향해 나아감을 지시한다.

니체의 다음과 같은 말은 Über에 대한 공간적 차원에서의 이해를 촉구하고 있다.

"인간은 超克되어야 할 그 무엇이다. 너희들은 인간을 超克하기 위해 무엇을 했는가?(Der Mensch ist Etwas, das überwunden werden soll. Was habt ihr getan, ihn zu überwinden?)"[242]

이 인용문에서 본 바와 같이 überwinden(超克하다)은 밑에서 위를 향해 치솟아 올라감, 또는 여기서 저 위쪽을 향해서 뛰어 넘어감이라는 이른바 고양(高揚), 도약(跳躍),초극(超克) 등의 의미를 시사하고 있다. 그렇다고 해서 이 Über가 초월, 즉 존재 자체 또는 피안으로의 초월을 시사하고 있다라고 이해한다면 그것은 그릇된 해석이다.

니체가 사용하는 'Über'는 엄밀히 말하면 transzendieren(초월하다)을 함유시킨 가운데 수용되는 것이 아니고, 오히려 'hinuber'라는 의미로서 이해되고 있다. 이 지상에서, 즉 이 현실 또는 이 세계 내에서의 자기 초극을 지시하고 있는 역동적인 운동성이 이 Über에 함축되어 있다.

이 Über는 자기 초극의 운동을 시사하면서 동시에 이러한 운동에는 반드시 추락 및 역행의 위험도 수반한다는 경고도 함께 지시하고 있다. 니체의 다음과 같은 말은 이것을 암시하고 있다. '인간은 짐승과 위버멘쉬 사이에 연결된 밧줄이다. 심연 위에 놓여 있는 밧줄이다. 저쪽으로 건너가는 것도 위험하고, 건너가는 도상도 위험하고, 뒤돌아보는 것도 위험하고, 무서워 벌벌 떨면서 제자리에 머무르는 것도 위험하다.(Der Mensch ist ein Seil, geknüpft zwischen Tier und Übermensch, — ein Seil über einem Abgrunde.

Ein gefährliches Hinüber, ein gefährliches Auf-dem-Wege, ein gefährliches Zurückblicken, ein gefährliches Schandern und Stehenbleiben.)"[243]

242) Zarathustra, S. 14
243) 같은 책, S. 16

Über는 이쪽에서 저쪽으로 향해 부단히 건너가는 역동적 활동이라는 창조의 열정도 수반하지만, 그러나 동시에 위험과 긴장도 수반한다. '힘에의 의지'에 있어서도 의지가 의지 자신을 향해서 의지하는 경우에 그 Über에는 위험과 긴장이 따른다. 의지함이 의지하는 한 지점에 머무르거나 역행할 경우 의지는 의지하는 것을 중단하고 일체의 힘을 상실한다. '힘에의 의지'의 구현으로서 인간이라는 정신과 육체의 복합체 역시 자기 강화 및 자기 고양, 또는 자기 생장의 형식으로서 Über가 건너감을 지시하는 경우에도 거기에는 심연으로 추락하는 위험이 내재한다.

Über는 이쪽에서 저쪽으로 건너가는 것을 지시하면서 동시에 건너가는 자에게 모험을 무릅쓰지 않으면 안 되는 그런 긴장도 시사하고 있다.

Über는 언제나 저쪽으로 건너간 자로서 현존하거나, 아니면 짐승으로 퇴영하거나, 또는 심연으로 추락하는 전율의 순간을 야기시키기도 한다. 다시 말해 Über는 건너가는 도상에서도 자기 집중 및 자기 긴장을 요구하고, 또 순간적으로나마 긴장을 이완시키는 경우에는 심연으로의 추락과 더불어 자기 종말을 가지고 오며, 이 긴장을 견지하지 못하는 경우에는 인간이기를 그만두고 짐승과 같은 존재로 역행하는, 이른바 이것이냐 저것이냐라는 결단의 상황을 조성한다.

Über가 지시하는 '건너감'의 공간상 길이는 끝이 없다. 구체적으로 말하면, 이쪽에서 저쪽으로 건너갔을 때 그 건너간 지점에서는 다시금 하나의 단계, 즉 하나의 '굽이'에 직면한다. 따라서 이 '굽이'가 이전의 저쪽이 이쪽이 되고 동시에 건너가

야 할 저쪽을 지시하는 다른 또 하나의 Über로서 현존하게 된다.

이렇게 본다면 Über는 강물의 흐름에서 그 흐름이 당도하는 매지점(每地點)마다에서 다음 흐름을 可動(가동), 또는 作用(작용)시키는 하나의 '물굽이'처럼 건너간 매지점 또는 매 단계마다에 현존하면서 저쪽으로 건너가도록 지시한다.

그런데 이 Über는 직선형의 운동을 지시하는 것이 아니고 원형운동을 시사한다. 니체의 다음과 같은 Aphorismus는 Über가 지시하는 원형운동을 시사하고 있다.

"차라투스트라는 날카롭게 우짖는 새소리를 듣는다.

그리고 보라! 한 마리의 독수리가 넓은 원을 그리며 공중을 날고 있었고 한 마리의 뱀이 독수리에 매달려 있었다. 먹이가 아니라 연인처럼. 왜냐하면 뱀이 독수리의 목을 휘감고 매달려 있었기 때문이다.(Er hörte über sich den scharfen Ruf eines Vogel. Und siehe! Ein Adler zog in weiten Kreisen durch die Luft, und an ihm hieng eine Schlange, nicht einer Beute gleich, sordern einer Freundin: denn sie hielt sich um seinen Hals geringelt.)"244)

이 인용문에서 언급된 것처럼, 독수리와 뱀이 서로 원형으로 뒤엉킨 채 공중을 선회하고 있는 형상을 음미하는 가운데 Über가 원형운동을 지시하는 필연적인 법칙성이 이해될 수 있다.

독수리와 뱀은 正午와 같은, 것 즉 對立項(대립항)의 통일

244) 같은 책, S. 27

을 상징한다. 이러한 통일에서 대립항들은 완전히 사라지는 것이 아니고 보존·유지된다.

여기서 독수리는, 구체적·직접적으로 해석한다면, 높은 차원으로서의 공중에서 날 수 있는 가장 자랑스러운 동물로 이성, 즉 정신을 나타낸다. 가장 영리한 동물로서의 뱀은 생활권을 땅에서 찾고 있는 동물로서 육체를 나타낸다. 독수리와 뱀 간에는 이동방식의 상이성에도 불구하고 圓形性(원형성)이라는 공통점이 있다.245)

독수리는 공중을 선회하며, 뱀은 자기 자신을 고리처럼 휘감는다. 이러한 형상은 그것이 대립항들의 통일을 명백히 하는 한 살아 있는 모든 것의 동적 구조, 즉 '힘에의 의지'의 원리를 가리킨다.246)

따라서 이러한 동적 구조에서도 Über는 대립항들의 통일을 가능하게 하는 근거, 토대, 계기의 역할을 한다. 위의 인용문에서 보는 바와 같이 독수리와 뱀, 즉 정신과 물질이란 높이와 깊이를 대표하는 차원으로서 양자는 정적인 고정 가운데 상호 대립되는 것이 아니고 오히려 대립적인 양극으로서 원운동의 동적 실현에서 통일된다.

이처럼 대립항의 통일로서 자기 동일성이 다시금 대립항으로 모순·갈등을 일으키고, 이 대립항이 또다시 통일을 지향하는, 이른바 대립항의 통일의 연쇄를 이루는 형상으로서 영원한 원운동의 국면을 드러낸다. 목에 뱀을 휘감은 독수리가 공중을

245) Annemarie Pieper, Ein Seil geknüpft zwischen Tier und Übermensch, S. 95. 이하 S. T. U라고 약기함

246) 같은 책, S. 96

선회하는 이 형상은 분명히 '힘에의 의지'의 생장, 강화, 고양을 본질로 하는 원운동의 국면을 상징하면서 동시에 위버멘쉬와 짐승 사이에 연결된 밧줄에서 이쪽으로부터 저쪽으로 건너가는 행위를 시사하고 있다.

Über는 이처럼 '힘에의 의지'의 원형운동에서 대립항의 통일의 근거, 토대, 계기로서 그 의미를 가진다.

Über는 공간적 차원에서 보면 이쪽에서 저쪽으로 건너가는 데 있어서 현존하는 하나의 '굽이'라는 점에서 이쪽과 저쪽을 동시적으로 통일하고 있는 지점이면서 시간적 차원에서 보면 이쪽이라는 과거와 저쪽이라는 미래를 통일하는 단일 시점(單一 時點)으로서의 현재이다. 따라서 Über는 '힘에의 의지'의 원형운동에서 항상적(恒常的)인 現在, 또는 과거와 미래를 포괄하는 단일 시점으로서의 영원한 현재이다.

이 Über가 Mensch에 적용될 때, 즉 Mensch의 접두어로 이해될 경우에도 Über 뒤에 첨가되는 Mensch는 초극되지 않으면 안 되는, 즉 이쪽이 되고 과거의 것이 됨으로써 止揚(지양)되지 않으면 안 되는 Etwas이다.

2) Übermensch에서 Über와 Mensch를 분리해서 본 Mensch의 형상

니체에게 Übermensch는 앞서 말한 바와 같이 이상적인 존재 전형도 인식 대상도 아니며, 또 언표되거나 전달될 수 있는 형상도 아니다. Übermensch는 자기를 초극하여 나아가는 역동적인 활동이다.

니체가 구름 속에서 떨어지는 빗방울에 의해 고지(告知)되는 소위 구름 속의 번개라[247]는 Metapher로 언표하는 Übermensch는 Über와 Mensch의 합성어이다. Mensch의 접두어로서 Über는 단순한 어휘가 아니고, 오히려 Mensch 앞에 버티어 섬으로써 철학적으로 엄청날 정도로 깊은 의미를 가진다는 것을 앞의 장에서 이미 논의했다. 그러므로 여기서는 논의의 방향을 바꾸어서, 말하건대 Über가 자기 앞에 버티어 섬으로써 압도되고 차단되는 Mensch는 도대체 무엇일까?

Über의 사족(蛇足)으로서 Mensch는 분명히 überwinden(초극)되어야만 하는 인간, 즉 저쪽으로 건너가면서 뒤에 남겨두도록 시원스레 걷어차 버림을 받아야 하는 Mensch를 뜻한다. 이러한 Mensch에는 두 가지 스타일의 人間種(인간종)이 있다.

하나는 인간의 내면에 내재하고 있는 데카당적 경향의 Mensch이고, 다른 하나는 니체 자신의 동시대와 앞으로 올 시대에 대두하게 될 사회학적 경향의 Mensch, 즉 'der letzte Mensch(終末人)'이다.

인간의 내면에 내재하는 경향으로서 초극되어야 할 Mensch로는 벌레, 원숭이, 인간 등이 있다.

니체는 차라투스트라의 입을 통해 다음과 같이 말하고 있다.

"너희들은 벌레로부터 인간이 되는 길로 걸어왔다. 그러나 너희들은 아직도 많은 점에서 벌레이다."[248]

---

247) Zarathustra, S. 18. 여기서 번개(der Blitz)란 Übermensch를 가리키는 Metapher이다. Übermensch에의 체험이 일회적이면서 찰라적으로만 가능하다라는 것을 의미하기 위해 Blitz란 말이 사용되고 있다.

248) 같은 책, S. 14

인간의 내면에는 초극되어야 할 가장 저급한 성향, 곧 벌레라는 은유로써 규정할 수 있는 부분이 있다.

벌레는 원래 슬금슬금 기어다니면서 움직이는 근육모피이다.249) 벌레가 보여 주는 생존상의 표현들은 한정적이면서 획일적이다. 벌레는 자기 이외의 다른 자연 존재와의 긴밀한 공동체 생활을 영위하기도 한다. 예컨대 벌레는 기생충처럼 식물들, 또는 어떤 생물에 기식하기도 하고 지렁이처럼 흙을 먹고 다시금 배설하기도 하는 그러한 방식으로 공동체 생활에 참여한다.

벌레의 이러한 습성이 인간의 내면에도 있을 수 있다. 인간의 내면에 벌레 습성의 성향이 있다면 그것은 곧 비굴과 위선이다. 이러한 벌레의 습성·지향적 성향은 인간 존재의 데카당化를 촉진한다.

벌레의 성향에서 한 단계 발전한 것이 원숭이의 성향이다. 원숭이의 성향을 지향하는 인간은 벌레의 성향에서처럼 자기의 宿主(숙주)에 기식하지 않고, 오히려 자기 스스로 독립하고 자주적으로 행동함으로써 벌레의 성향을 넘어서고 있다.

원숭이의 단계에서 원숭이는 벌레가 가지고 있지 못한 손과 발을 가지고 있다. 이 손과 발은 생명을 유지하고 종족을 번식하는 데 매우 효과적인 수단 및 도구로서 작용한다. 원숭이가 자기의 영양을 섬세할 정도로 공급시키며 동시에 활동영역을 넓게 확보해 가는 데 있어, 원숭이는 벌레가 결여하고 있는 도구로서의 손·발을 자유자재로 사용할 수 있다는 점에서 벌레에 비해 엄청난 진보의 징표를 보여 주고 있다. 따라서 자립과

---

249) S. T. U, S. 49

독립에 기여하는 수단으로서 손과 발은 해방의 징표, 즉 벌레의 상태에서 벗어나는 해방의 징표이기도 하다. 그러나 이와 동시에 원숭이의 손과 발은 자기 이외의 다른 존재를 흉내내기 위해서 이용되는 도구이기도 하다.250)

원숭이는 손과 발을 마음대로 이용하면서도 그것을 자기의 창조성에 근거하여 시도하지는 못한다. 그러므로 인간의 내면에서의 원숭이의 성향은 이처럼 창조성 및 독립성이 결여되어, 주어진 전통적인 사유방식과 인습적인 행동 및 감정 양식, 그리고 기존의 도덕 및 가치를 맹목적·무비판적으로 순응하는 이른바 畜群的, 대중적 성향을 뜻한다.

이러한 무비판적 순종의 성향이 바로 '힘에의 의지'에 거역하여 자기를 나약하게 만드는 초감성적 세계, 피안, 존재 자체, 神 등을 배태시킨다.

여하튼 원숭이는 자기의 도구를 사용하여 대상을 흉내내고, 그렇게 함으로써 이 대상과 동일한 의미로서가 아니라 대상을 단순히 반복해서 흉내낼 뿐이다.

원숭이의 단계를 초극하지 못한 인간은 다른 인간이 사유하고 느끼고 행동하는 것을 그대로 모방하고 畜群化된 대중에 맹목적으로 따라갈 뿐이다. 다시 말해 원숭이 성향의 인간은 畜群道德(군축도덕)에 순종할 뿐이다.

이러한 성향의 인간은 자기의 이익 지향만을 행동의 지침으로 삼는다. 구체적으로 말해서 이러한 인간은 다른 인간과의 충돌을 피하고 삶을 마찰 없이 안전하게 영위하기 위해 다른 인간들을 흉내내고 또 그들을 모방해서 행동한다. 다른 인간들

---

250) 같은 책 S. 50

을 흉내내고 모방하고 그들처럼 사유하고 느끼고 행동하는 것은 그들의 행위에 대한 동의를 의미하고, 동시에 이 행위와의 일치를 암시한다. 이러한 일치에 대한 보상으로 개인은 아무런 걱정 없이 자기의 이익을 추구할 수 있다. 이런 경우에 인간은 자기 성찰 없는, 즉 단순히 흉내만 내는 몸짓을 본성으로 가지는 원숭이 존재 그 이외 아무것도 아니다.

이 때문에 인간은 자기의 내면 속에 내재하는 이러한 원숭이의 성향을 초극하지 않으면 안 된다. 이 초극의 계기는 자기의 내면에 현재하는 원숭이 성향에 대한 자기 수치이다. 그러므로 니체는 다음과 같이 말하고 있다.

"원숭이는 인간에게 무엇인가? 웃음거리, 또는 고통스러운 수치이다. 위버멘쉬에게 인간은 바로 그러한 존재이다. 웃음거리, 또는 고통스러운 수치이다."251)

자기의 내면 속에서 원숭이 성향을 인식하는 순간 인간은 자기 수치와 더불어 자기 냉소 및 자기 비판을 감행한다. 자기 수치는 원숭이 단계로부터 벗어나서 저쪽으로 건너가는 것을 가능하게 한다.

따라서 니체가 '차라투스트라'에서 "인간이란 "Übermensch와 짐승 사이에 연결된 Seil이다."라고 말한 그 의도에 근거해서 음미할 때, 인간의 내면에 내재하는 짐승인 원숭이 단계에서 저쪽을 향해서 건너가는 행위가 Mensch를 überwinden하는, 즉 초극하는 행위, 또는 건너가는 행위로서 Übermensch이다.

251) Zarathustra, S. 14

3) 정신사적 발전과정에서 본 Übermensch에서 Mensch의 형상

Übermensch에 내재하고 있는 이른바 überwinden(초극, 超克)되어야 할 Mensch는 서양의 정신사적 발전과정에서 드러난 정신의 세 가지 유형화에서도 통찰된다. 니체는 이것을 짐짓 Zarathustra에서 Metapher로서 냉소하고 있다.

"나는 너희들에게 정신의 세 가지 변화를 말한다. 어떻게 정신이 낙타가 되며, 낙타가 사자가 되며, 마침내 사자가 어린이가 되는가."252)

이 인용문에서 보는 바와 같이 니체는 überwinden되어야 할 Mensch에는 —정신사적 발전과정에서 보았을 때— 정신의 두 가지 유형, 즉 낙타와 사자 등이 포함된다고 말하고 있다.

서양의 정신사는 정신의 이 세 가지 유형화로 점철되고 있다. 이러한 정신사는 니체에 의해 데카당의 역사로 규정되고 있다. 따라서 서양의 2000년 정신사는 운명적으로 überwinden되어야 하고 거부되지 않으면 안 된다. 이 정신사가 파괴되는 자리에 새로운 창조를 위한 고양, 생장, 강화의 노동, 즉 저쪽으로 건너가는 지속적인 노동이 시도되지 않으면 안 된다.

Übermensch에는 바로 이러한 노동에의 시도가 충만되어 있다. 직설적으로 말해서 Übermensch는 서양 정신사의 발전과정에서 나타난, 즉 낙타와 사자로 상징되는 Mensch를 überwinden하여 어린이(das kind)로 생장하는 활동이다.

---

252) 같은 책 S. 29

여하튼 정신의 발전사에서 überwinden되어야 하는 낙타는 무엇이며 사자는 무엇인가?

낙타는 정신의 굴종과 자기 고행을 상징한다. 낙타는 등에 짐을 실을 때 먼저 앞다리를 구부리고 앉은 다음 엉덩이를 땅에 붙이는 자세를 취한다.

그리스도교 신자가 교회에서 기도를 드리는 모습, 즉 예수像 앞에서 무릎을 꿇고 두 손을 모아 기도하는 자세를 낙타가 짐을 실을 때의 모습에 투영시키고 있는 니체의 생각 깊숙한 곳에는 필경 예수像 앞에서의 굴종에 대한 냉소가 흐르리라.

인간의 내면에서 솟아 오르는 걷잡을 수 없는 '힘에의 의지'의 감지를 주재하지 못하는 나약한 인간은 어쩔 수 없이 그 힘의 감정이 자기에게서 연유하는 것이 아니고 자기를 압도하는 他者(타자)에게서 비롯된 것으로 생각한다. 이럴 경우에 나약한 인간은 자기의 힘의 감정을 이 他者에 투영하고 그 他者를 Gott라는 허구로 만든다. 그리하여 그 Gott 앞에 무릎을 꿇고 기도를 드린다. 이것이 바로 그리스도교 도덕이라고 니체는 규정한다.

니체는 낙타라는 짐승의 형상과 생활 모습에서 그리스도교의 굴종과 자기 고행을 투영하여 조명하고 있다. 따라서 니체는 서양의 정신사는 낙타로 상징되는 그리스도교의 도덕으로서 굴종과 자기 고행이 지배해 왔다고 역설하고 있다.

그리스도교적 도덕, 그리고 그리스도교적 인간은 반드시 überwinden되지 않으면 안 된다. 니체의 Übermensch에서 Mensch는 이처럼 überwinden되지 않으면 안 되는 그리스도교적 인간으로서 규정된다.

Übermensch에서 Mensch에는 또한 사자로 상징되는 자유정신이 내재하고 있다.

이 자유정신은 서양 정신사의 발전 과정에서 보면 제2단계에 속한다. 사자로 상징되는 자유정신은 서양의 전통적인 도덕과 그리스도교적 편견을 버리고 획득되는 정신을 뜻한다.

사자 단계에 있는 정신, 즉 자유정신은 일체의 전통적인 가치관념에 의한 지배로부터 벗어나서 자율적으로 자기를 다스려 나가고자 한다. 이러한 자유정신은 전통적인 형이상학과 그리스도교의 규범체계가 가지고 있는 타율성을 부정하고 있지만, 그러나 그것이 획득한 자유는 그 자체에 있어서 완전하게 실현되지 않고 있다. 이러한 자유는 과거에 지배했던 모든 도덕, 가치, 규범으로부터 해방이라는 의미의 자유에 불과하다. 이 자유는 부정적, 소극적 테두리로부터 벗어나지 못하고 있다.

따라서 이 자유정신조차도 überwinden되어야 할 Mensch에 포함된다. 이러한 Mensch를 überwinden하는 경우 이 자유정신은 어린이라는 Metapher(은유)로 고양·생장하지 않으면 안 된다.

니체는 다음과 같이 말하고 있다.

"어린이는 천진난만하며 망각이고, 새로운 시작, 하나의 놀이, 스스로 구르는 수레바퀴, 최초의 운동, 신성한 긍정이다."253)

정신사적 발전과정에서 사자 단계로서 자유정신이 허무주의의 단계이면서 혁명과 거부의 단계, 즉 부정의 단계라면 이 자유정신의 단계는 '어린이' 단계에서 überwinden된다. 어린이

---

253) 같은 책, S. 31

는 낙타 및 사자와는 근본적으로 다른 차원에 속하는 인간으로서 순진무구성 그 자체를 상징한다. 낙타와 사자는 여하튼 동물의 차원에 속하는 것으로서 넓은 의미에서 동일한 범주로 간주될 수 있지만, 어린이는 차원을 달리 하는 Überwindung이라는 높이에의 상승을 시사한다.

"어린이는 스스로 구르는 바퀴이다."라는 인용문이 지시하는 바와 같이 스스로 구르는 바퀴로서 어린이는 이쪽에서 저쪽으로 부단히 건너가는 원형운동을 상징하며, 동시에 기존의 모든 가치, 관념, 도덕, 그리스도교까지도 부정하는 천진난만, 순진무구, 새로운 시작, 신성한 긍정으로서 Übermensch의 Metapher이기도 하다.

낙타와 사자의 단계로서 Mensch를 초극함으로써 도달하는 Übermensch의 Metapher로서 어린이 단계에서는 수레바퀴가 굴러가듯이 원을 그리며 감행하는 원형운동만이 있을 뿐이다. 다시 말해 어린이 단계에서는 시작이면서 끝이고 끝이면서 시작이라는 영원한 원환운동만이 있을 뿐이다.

니체가 내세우고 있는 Übermensch에서 überwinden되어야 하는 Mensch로서는 낙타와 사자라는 Metapher뿐만 아니라 앞으로 올 고도산업사회에서 출현하게 될 대중인의 Meta- pher인 der letzte Mensch(終末人)도 있다.

니체는 앞으로 올 시대는 분명히 과학, 기술, 그리고 기계에 의해 지배되는 고도산업사회의 시대가 될 것으로 예언하고 있다. 이러한 시대에서는 대중인이 인간 존재의 전형이 될 것임은 말할 나위 없고 대중인의 사유방식, 감정방식, 그리고 행동방식이 일체의 것에 침투할 것으로 니체는 진단하고 있다. 니체는 대중인이라는 말을 Zarathustra에서 終末人으로 표현하고 있다. 이러한 종말인은 그 배태 과정에서부터 überwinden 되지 않으면 안 된다라고 니체는 역설하고 있다.

특히 니체는 19세기를 풍미한 공리주의 및 사회주의를 혐오한다. 이러한 사회사상에서는 다수의 큰 행복이니, 형제애니, 만민평등 따위와 같은 윤리학적·정치학적 이론의 슬로건만 발견될 뿐 개인의 삶의 향상, 고양, 생장, 강화 등과 같은 힘에의 의지는 결여되어 있다. 이러한 이론에 근거한다면 대중으로서의 인간의 삶은 相異(상이), 모순, 대립, 갈등으로부터 벗어날 수는 있지만, 창조를 야기하는 Chaos(혼돈), 즉 새로운 것을 창출하는 Chaos는 결여된다. 그러므로 니체는 말한다. "인간은 춤추는 별을 탄생시키기 위해서는 자기 자신 속에 Chaos를 가지지 않으면 안 된다."[254]

춤추는 별, 즉 자신의 내면에서 자기 자신을 강화하고, 고양시키고, 생장시키기 위해서 치솟아 올라오는 Chaos와 같은 '힘에의 의지'를 분출시키는 행위, 그것은 분명히 개인의 새로운 창조적 삶의 전개이며 매순간 자기의 일상성에서 해방되어 저쪽으로 건너가는 창조적 모험이다. 이쪽의 일체의 진부하고 정체적인 것을 걷어차 버리고 미지의 저쪽을 향해 건너가는 생생한 걸음, 즉 긴장과 위험을 수반하는 Seiltanz같이 밧줄(Seil) 위에서 가볍게 춤추며 저쪽으로 건너가는 행위는 진실로 고도산업사회, 또는 대중사회가 지시하는 일체의 가치, 관념, 도덕 등을 überwinden하는 행위이다.

니체가 대중사회의 모범이라고 조소하는 종말인은 제멋대로

---

254) 같은 책, S. 19

모든 것을 평균화시키고 모든 위대를 왜소화시킨다. 그러므로 니체는 다음과 같이 말한다.

"…… 대지는 작아지고 대지 위에서는 모든 것을 작아지게 만드는 종말인이 날뛴다. 이 종족은 벼룩과도 같이 말살되지 않는다. ……

사람들은 이제 가난해지지도 않고 부유해지는 것도 아니다. …… 모든 사람은 평등을 원하고 모든 사람은 평등하다.

……우리는 행복을 발명했다. — 종말인은 이렇게 말하고 눈을 깜박거린다."255)

이 Aphorismus가 시사하고 있는 바와 같이, 종말인은 모든 모험을 비켜나가며 더 이상 모험을 감행하지 않고 과도한 노력을 혐오한다. 종말인은 자기 자신을 높이와 깊이를 더 이상 알지 못하는 中位(중위)에 세운다. 이 中位에서 종말인은 만족스럽고 행복한 삶을 영위한다.

종말인은 고도산업사회가 만들어 준 유용성과 편리에 만족해하고, 하물며 행복을 느낀다. 따라서 종말인은 현실에 안주하며 어떤 창조적 활동도 단념한 채 다른 사람들과 더불어, 그리고 다른 사람들과 평균화된 삶을 살아 가고자 한다. 눈을 크게 열고 세계를 인식하기를 싫어한다. 세계를 향해 눈을 뜨는 것보다는 차라리 눈을 깜박거리는 것이 편하다. 그러므로 세계를 향해 눈을 크게 뜬다는 것은 종말인에게는 귀찮고 괴롭기조차 하다.

Übermensch에서 Mensch를 상징하는 이러한 종말인을 überwinden하는 행위 역시 니체의 Übermensch이다.

---

255) 같은 책, S. 20

니체의 Übermensch는 "Gott ist tot.(신은 죽었다)"라는 역동적인 '굽이'와 表裏(표리)를 이루고 있다. Übermensch 속에 "Gott ist tot."가 실현되고 있다. Über라는 역동적인 '굽이'라는 지시자, 또는 명령자에 의해 überwinden되는 Mensch는 "Gott ist tot."라는 명제로서 반영되고 있다. 다시 말해 Gott ist tot는 Über라는 역동적인 '굽이', 또는 Über라는 '힘에의 의지'의 연쇄에 의해 "Mensch ist tot."라는 명제로 轉變(전변)될 수도 있다.

"Gott ist tot."라는 명제에서 Gott는 두루 인식되고 있는 바와 같이 서양의 전통적인 형이상학에서 논의되고 있는 Sein selbst, der absolute Geist oder Freiheit, die Idee, 그리고 그리스도교를 비롯한 피안을 설정하는 종교상의 Gott, 바꾸어 말하면 Platonismus와 그리스도교를 상징하는 Metapher이다. 이와 마찬가지로 Übermensch도 über라는 '굽이'에 의해 'Mensch가 überwinden된다'라는 인간의 내재적 행위를 시사하는 Metapher이다.

이때 Mensch의 카테고리에 편입될 수 있는 것으로는 형식론에서 말하면 저쪽으로 건너가기 전의 시작으로서 이쪽이 있고, 내용론에서 말하면 인간의 내면에 내재하는 경향성으로서 벌레와 원숭이라는 Metapher로 언표되는 비본래적(非本來的) 현존재, 서양의 정신사적 발전 과정에서 조명될 수 있는 낙타와 사자라는 Metapher로서 언표되는 그리스도교적 도덕 및 자유정신, 그리고 초고도산업사회에서의 존재 전형으로 나타나는 대중인의 Metapher로서 종말인 등이 있다.

요컨대 Übermensch라고 말할 때 Mensch는 überwinden되어야 하고, 이 경우 überwinden되지 않으면 안 되는 Mensch는 곧 벌레, 원숭이, 낙타, 사자, 종말인이라는 Metapher로서 상징된다.

언어의 구조분석적 측면에서 보면 Übermensch는 Über라는 전치사와 Mensch라는 명사 간의 단순한 합성어에 불과하다.

니체는 이러한 언어구조의 활용을 통해서 근대적 이성을 거부하고, 전통적인 가치로서 Platonismus와 그리스도교를 파괴하고, 새로운 가치 설정의 원리로서 '힘에의 의지'를 구현하고자 하는 새로운 Philosophieren을 Übermensch라는 창조적 활동의 Metapher로 제시하고 있다.

니체의 Übermensch라는 Metapher가 이상적인 존재 전형도 아니고 새로운 人間 変種(인간 변종)의 개념도 아니고, 오히려 자기 자신을 생장하고 강화시켜 나가는 자기 초극(Selbstüberwindung)의 행위인 한 Übermensch는 다양한 차원과 측면에서 조명되고 이해될 수 있는 하나의 Philosophieren이다.

그러므로 Übermensch에서 Über와 Mensch를 분리하여 분석 · 음미하면서 동시에 전체적 통일의 차원에서 사유하는 그런 이중적인 이해의 시도 역시 니체의 Übermensch의 깊이를 고려한다면 수용됨직 하다.

3. 위버멘쉬와 영원회귀의 교사로서 차라투스트라

1) 니체의 차라투스트라는 누구인가?

이 물음에는 쉽사리 대답할 수 있을 것같이 생각될 것이다. 왜냐하면 우리는 이 대답을 니체 자신이 명백히 작성하여 격자체로 인쇄에 부친 글들에서 발견할 수 있기 때문이다. 이러한 글들은 특히 차라투스트라의 형상을 묘사하고 있는 니체의 작품 가운데 나와 있다. 이 책은 4부로 구성되어 있는데, 1883년에서 1885년 사이에 나왔으며, ≪차라투스트라는 이렇게 말했다≫라는 제목을 붙이고 있다.

니체는 이 책에다 '모든 사람을 위하면서도 어느 누구를 위한 것도 아닌 책'이라는 부제를 작별의 선물로 붙여 주었다. '모든 사람을 위한'이란 물론 임의의 사람들로서 '모든 사람을 위한'이라는 것을 뜻하는 것은 아니다. '모든 사람을 위한'이라는 이 말은 인간으로서의 모든 인간을 위한, 즉 그때마다의 '한 사람 한사람을 위한'을 의미하며, 또 '그 한사람 한사람이 본질에 있어서 깊이 생각할 만한 가치가 있는 한, 그러한 모든 사람을 위한'이라고 한 것을 의미한다……. 그리고 '어느 누구를 위한 것도 아닌'이라는 이 말은 사방에서 밀려와서 쌓이고 쌓인 호기심을 가진 그러한 사람들을 위한 것이 아니라는 의미를 지니고 있다. 이러한 사람들은 이 책의 여기 저기에 흩어져 있는 단편들과 특별한 격언들에 심취하며, 또 자기의 말을 찾는 사유를 감행하는 대신 반은 노래하고 반은 절규하는, 즉 때로는 사려 깊고 때로는 격렬한, 가끔은 고상하면서도 이따금 평범한 언어들에 맹목적으로 취해 비틀거린다.

≪차라투스트라는 이렇게 말했다≫ ―'모든 사람을 위한 것이면서도 어느 누구를 위한 것도 아닌 책.' 이 작품의 부제가 나온지 70년 만에 얼마나 섬뜩할 정도로 진실임이 판명되었는가!―그러나 정확히 말해서 전도된 의미에서라고는 하더라도 말이다. 이 작품은 모든 사람을 위한 책이 되었으면서도, 이 책의 근본사상을 이해할 수 있을 만큼 성장했고 또 이 근본사상의 근원을 그 사정거리 내에서 확인할 수 있는 어떤 사상가도 지금까지 나타나지 않고 있다. 차라투스트라는 누구인가? 이 작품의 제목을 주의 깊게 읽을 경우 우리는 '차라투스트라는 이렇게 말했다'라는 하나의 신호를 알아챌 수 있다. 차라투스트라는 말한다. 차라투스트라는 연설가이다. 어떤 종류의 연설가인가? 대중연설가인가, 또는 설교가인가? 아니다. 연설가로서 차라투스트라는 대변자이다. 이 명칭에서 우리는 독일어에서의 매우 오래된 단어와 다의적인 의미에 직면한다. '위하여'(Für)란 본래 '앞에서(vor)'를 의미한다. '앞치마(Für-tuch)'는 오늘날 알레만 사람들의 앞치마에 대한 일반적 常用(상용) 명칭이다. 대변자는 무엇, 또는 누구인가를 대변하면서 말을 이끌어 간다. '위하여(Für)'는 무엇, 또는 누구를 위하여와 동시에 정당화하는 것을 의미한다. 대변자는 결국 자기가―그것에 관하여, 그리고 그것 때문에―말하는 바 그것을 해석하

고 설명하는 자이다.

차라투스트라는 이 세 가지의 의미에서 대변자이다. 도대체 차라투스트라는 무엇을 변호하는가? 누구를 위하여 차라투스트라는 말하는가? 차라투스트라는 무엇을 해석하고자 하는가? 차라투스트라는 단지 그 어떤 것을 위한 그 어떤 대변자에 불과한가? 아니면 차라투스트라는 인간들에게, 특히 언제나 마음에 호소하는 것을 대변해 주는 그런 대변자인가? ≪차라투스트라는 이렇게 말했다≫의 제3부 종반에는 <회복자>라는 제목을 붙인 장이 있다. '회복자'. 바로 그가 차라투스트라이다. 이것은 歸鄕(귀향)하다를 의미한다. 노스탤지어는 고향을 그리워하는 아픔, 향수병이다. 회복자는 귀향을 가다듬는, 즉 자신의 목적지에서의 체류를 가다듬는 자이다. 회복자는 자기 자신으로 향하는 도상에 있다. 그러므로 그는 자기가 누구인가를 자기에게 말할 수 있다. 위에 언급한 장에서 회복자는 다음과 같이 말하고 있다.

"나, 차라투스트라, 삶의 대변자, 고뇌의 대변자, 圓(원)의 대변자……."

차라투스트라는 삶·고뇌·원을 위하여 말하며, 이것을 그는 가르친다. 이 세 가지, 삶·고뇌·원은 상호 의속적이고, 그러기에 동일하다. 만일 우리가 이 세 가지를 진실로 동일하게 생각한다면 우리는 차라투스트라가 누구의 대변자이며, 이러한 대변자로서 그 자신이 누구이고자 하는가를 예감할 수 있을 것이다. 우리는 지금 조야한 설명을 통해서 관여할 수 있고 논의할 여지가 없는 정당성을 가지고 다음과 같이 말할 수 있다. 즉 삶은 니체의 용어에 의하면 인간뿐만 아니라 모든 존재자의 근본 특징으로서 힘에의 의지이다라고 말이다. 고뇌란 무엇을 의미하는가를 니체는 다음과 같은 말로 말한다.

"고뇌하는 모든 것은 살기를 원한다……."256)

모든 것은 힘에의 의지의 방식으로 존재한다. 이것은 다음과 같은 것을 의미한다.

"형상으로 나타나는 힘들은 상호 충돌한다."257) 원은 고리의 징표이다. 이 원의 고리는 자기 자신으로 되돌아오고 또 항상 회귀하는 동일성을 획득한다. 그러므로 차라투스트라는, 모든 존재자는 힘에의 의지라는 것, 그리고 이 힘에의 의지는 창조적이고 충동적인 의지로서 고뇌하며, 동일성의 영원회귀 가운데서 자기 자신을 의지한다라는 것, 바로 이러한 것의 대변자로서 소개된다.

우리는 이러한 진술로써, 마치 사람들이 규칙에 맞게 말하는 것처럼 차라투스트라의 본질을 정의했다. 우리는 이 정의를 기록하고 마음에 새길 수 있으며, 경우와 필요에 따라 이 정의를 제시할 수 있다. 우리는 이미 언급한 장인 <회복자>에게 "너 (즉 차라투스트라)는 영원회귀의 교사이다……."라는 것을 읽을 수 있다.

그리고 이 작품의 서설에는 다음과 같은 말이 있다.

"나(즉 차라투스트라)는 너희들에게 위버멘쉬를 가르친다."

이 문장에 의하면 차라투스트라는 명백히 동일성의 영원회귀와 위버멘쉬를 가르친다. 그러나 사람들은 우선 차라투스트라가 가르치고 있는 것들이 상호 연관되어 있는지 어떤지, 또

---

256) WW. Ⅵ, S.469.
257) XⅥ, S.151.

어떻게 상호 연관되어 있는지를 전연 보지 못하고 있다. 하여간 이 상호연관을 명백히 설명한다 하더라도 우리가 대변자의 말을 들을 것인지, 우리가 이 교사로부터 배울 것인지라는 것이 문제로 남는다. 이 경청과 배움 없이는 우리는 차라투스트라가 누구인지를 결코 바르게 알지 못한다. 그러므로 대변자이면서 교사가 자기에 관하여 말하고 있는 문장들만을 총괄하는 것으로는 충분하지 않다. 우리는 그가 그것을 어떤 기회에, 어떤 의도에서, 어떻게 말하고 있는가에 대하여 주의를 기울이지 않으면 안 된다. "너희는 영원회귀의 교사이다!"라는 결정적인 말을 차라투스트라는 스스로 자기 자신에게 말하지 않는다. 이것을 그의 동물들이 그에게 말해 주고 있다. 그의 동물들은 이 작품의 서두에서 이것을 즉시 일컫는가 하면, 결론에서는 더욱 명백히 일컫고 있다.

"태양이 정오에 서 있었을 때 차라투스트라는 의아한 눈으로 하늘을 쳐다보았다—왜냐하면 그는 머리 위에서 날카롭게 우짖는 새소리를 들었기 때문이다. 그리고 보라! 한 마리의 독수리가 넓은 원을 그리며 공중을 날고 있었고, 한 마리의 뱀이 독수리에게 매달려 있었다. 먹이가 아니라 연인처럼, 왜냐하면 아마 뱀이 독수리의 목을 휘감고 매달려 있었기 때문이리라."

우리는 독수리의 선회와 뱀의 휘감음 가운데 원과 고리가 어떻게 이루 형언할 수 없이 절묘하게 서로를 에워싸는가를 이 은밀한 포옹 가운데서 예감한다. 그러므로 영원의 고리(anulus aleternitatis)라고 일컬어지는 이 고리, 즉 영원의 인장반지이며 영원의 해는 빛난다. 이 두 동물의 모습에서, 이 두 동물이 선회하고 휘감음을 감행함으로써 무엇을 구성하려고 했는가가 나타난다. 왜냐하면 두 동물은 결코 원과 고리를 만들려는 것이 아니고, 그렇게 해서 자기들의 본질을 소유하기 위하여 원과 고리 속으로 적응해 들어갔기 때문이다. 두 동물의 모습에서 의아스러운 눈으로 하늘을 쳐다보는 차라투스트라가 관심을 가지는 것이 나타나고 있다. 이러한 상황에 관해서 원문은 다음과 같이 쓰고 있다.

"'저건 나의 동물들이다!'라고 차라투스트라는 말하고 마음속으로부터 기뻐했다. 태양 아래서 가장 자랑스러운 동물, 태양 아래에서 가장 영리한 동물—그들은 정세를 살피러 왔나 보다.

차라투스트라가 아직 살아 있는지 어떤지를 알고자 한다. 진실로 나는 아직도 살아 있는가?"

우리가 '힘에의 의지'의 의미에서 삶이라는 모호한 말을 이해할 경우에만 차라투스트라의 물음은 무게를 가진다. 차라투스트라는 다음과 같이 묻는다. 나의 의지는 힘에의 의지로서 존재자의 전체를 지배하는 의지에 상응하고 있는가? 라고 말이다.

차라투스트라의 동물들은 차라투스트라의 본질을 정찰한다. 차라투스트라는 아직 자기 자신이란 존재로 살고 있는지, 일찍이 자기 자신이란 존재로 살고 있었는지 자문한다. 한 유고[258]에 쓰여져 있는 ≪차라투스트라는 이렇게 말했다.≫에 관한 註解(주해)에는 다음과 같은 말이 있다.

"나는 나의 동물들을 기다릴 수 있는 시간을 가지고 있는가? 나의 동물들이 있다면 그들은 나를 찾아낼 수 있을 것이다. 차라투스트라의 침묵."

그러므로 <회복자>에서 차라투스트라의 동물들은 다음과

---

258) XIV, S.279.

같이 말하고 있다.

"왜냐하면 오, 차라투스트라여! 너희는 누구이며 무엇이 되어야 하는가를 너희의 동물들은 잘 알고 있기 때문이다. 보라. 너희는 영원회귀의 교사이다.—이것이 지금 너희의 운명이리라!"

그러므로 다음과 같은 사실이 밝혀진다. 즉 차라투스트라는 무엇보다도 먼저 자기 자신으로, 그러한 자가 되어야 한다는 것 말이다. 이와 같은 자가 되는 것에 대해 차라투스트라는 놀라서 주춤한다. 이 놀람은 차라투스트라를 묘사하고 있는 전 작품을 관통하고 있다. 이 놀람은 작품 전체의 스타일을 규정하고, 또 작품 전체의 진행을 주춤거리게 하며, 언제나 다시금 지체시키고 있다. 이 놀람은 차라투스트라의 도정의 첫 시작에서 차라투스트라 자신의 모든 자기 확신과 자만을 압도하고 있다. 이 놀람을—때로는 불손하게 들리면서 때로는 도취 상태에서 행해지는 모든 연설로부터—미리 인지하지 못하고, 또 항상 인지하지 못하는 사람은 차라투스트라가 누구인지 결코 알 수 없을 것이다.

차라투스트라가 진정 영원회귀의 교사가 되어야 한다면 차라투스트라는 또한 이 가르침을 곧바로 시작할 수 없다. 그러므로 그의 도정의 첫 시작에서 다른 말, "나는 너희들에게 위버멘쉬를 가르친다."가 나오고 있다.

'위버멘쉬'라는 말에서 우리는 물론 통상적인 견해로 들리는 모든 거짓되고 애매한 음조들을 미리 멀리 하지 않으면 안 된다. 니체는 지금까지의 단순한 통상적인 테두리를 벗어난 인간을 위버멘쉬라는 명칭으로 명명하지는 않는다. 니체는 또한 인간적인 것을 내던져 버리고, 적나라한 恣意(자의)를 법칙으로 삼으며, 거대한 광기를 법칙으로 삼는 인간 종류를 생각하고 있는 것도 아니다. 오히려 위버멘쉬는, 이 말을 순수하게 언어적으로만 표현하자면, 무엇보다도 먼저 지금까지의 인간을 아직 도래하지 않은 자기의 존재로 이끌어 와서 이 존재 가운데 확정시켜 놓기 위해 지금까지의 인간을 넘어서는 그러한 인간이다. '차라투스트라'에 대한 한 유고 형식의 메모는 다음과 같이 쓰고 있다.259)

"차라투스트라는 인류의 과거를 상실하지 않고 모든 것을 용광로 가운데 집어넣고자 한다."

그런데 위버멘쉬의 비상호출은 어디에서 유래하는가? 무엇 때문에 지금까지의 인간으론 더 이상 만족하지 못하는가? 왜냐하면 니체는 인간이 대지 전체를 지배할 준비를 하는 역사적 순간을 인식했기 때문이다. 니체는 처음으로 닥쳐올 세계와 관련하여 결정적인 물음을 제기하고, 이 물음을 그 형이상학적인 도달거리 안에서 숙고한 최초의 사상가이다. 이 물음은 다음과 같다. 자신의 지금까지의 본질에서 인간으로서 인간은 대지의 지배를 떠맡을 준비가 되어있는가? 그렇지 못하다면 지금까지의 인간에게는 무엇이 일어날 것인가? 인간은 대지를 '복종'시키고, 따라서 舊約(구약)의 말씀을 실현하지 않을까? 이 경우 지금까지의 인간은 이 지시에 상응하기 위해 자기 자신을 넘어서서는 안 되는 것일까? 그렇다고 하더라도 올바르게 사유된 위버멘쉬는 고삐가 풀려 퇴폐하고 공허 속에 빠진 환상의 산물일 수는 없다. 그러나 위버멘쉬의 종류는 시대 분석에 의하여 역사적으로 발견되지 않는다. 우리는 위버멘쉬의 본질적 형상

---

259) XIV, S.271.

을 피상적이며 잘못 이해된 힘에의 의지의 주요 기능으로서 다양한 조직 형식의 정상으로 격상된 그러한 형상에서 찾을 수는 없다. 위버멘쉬를 가르치는 교사의 형상으로 주려고 생각하는 이 사유는 오늘날 뿐만 아니라 내일에 있어서도 우리와 관계하고 유럽과 관계하고 전 대지와 관계한다. 우리가 이러한 사유를 긍정하거나 또는 그것과 싸우거나 간에, 사람들이 이러한 사유를 넘어서거나 또는 거짓된 음모로 모방하거나 간에 여기에 상관없이 그것은 그러할 수밖에 없다. 모든 본질적인 사유는 모든 신봉자와 적대자에 의하여 침해받음 없이 그들을 관통하여 나아간다.

우리가 교사에게서 배우는 것을 비로소 배운다는 것은 중요하며, 그리고 이것은 또한 교사를 뛰어넘어서 묻는다는 것을 의미한다. 우리는 니체의 차라투스트라가 누구인지를 어느 날 멋지게 경험하거나 아니면 전연 경험하지 못한다. 니체의 사유를 넘어서 묻는 것이 니체의 사유의 속행일 수 있는가, 또는 일보 뒤로 물러서는 것이 되지 않을 수 없는가 하는 것은 물론 언제나 깊이 생각해 볼만 하다.

이러한 '뒤로 물러섬'이, 단지 사람들이 새롭게 하고자 하는, 역사적으로 확인할 수 있는 과거(예컨대 괴테의 세계)를 생각하는 데 불과한 것인가, 아니면 이러한 '뒤로 물러섬'이, 새벽을 여는 새로운 시작이 되도록 하기 위해, 그것의 기초가 언제나 하나의 회상을 기다리는 바의 그러한 하나의 旣在(기재)라는 *存在樣式*(존재양식 Gewesen)을 가리키는 것인가 하는 것은 먼저 깊이 생각할 만한 일이다.

그러나 지금 우리는 차라투스트라에 관해서 약간 알거나 잠정적으로만 아는 데 그치고 있다. 그러므로 우리가 차라투스트라라는 교사의 첫 걸음에 동행하고자 시도하는 것은 가장 좋은 방법이다. 차라투스트라는 가리켜 보임으로써 가르친다. 그의 위버멘쉬의 본질을 미리 들여다보고, 그것으로 하여금 하나의 뚜렷한 자태를 갖추게끔 한다. 차라투스트라는 위버멘쉬 자체가 아니고 단지 교사에 불과하다. 그리고 또 한편으로 니체는 차라투스트라가 아니고 차라투스트라의 본질을 구상하고자 시도하는 자로서 한갖 물음을 묻는 자이다.

위버멘쉬의 지금까지의 인간과 오늘의 인간의 유형을 넘어서며, 그러므로 위버멘쉬는 건너감이요, 다리이다. 우리는 위버멘쉬를 가르치는 교사에게 배우면서 따라갈 수 있기 위해서는, 비유로써 말하자면 다리 위에 이르지 않으면 안 된다. 만약 우리가 다음의 세 가지 사항을 고려한다면, 건너감을 어느 정도 완벽하게 사유하게 된다.

1) 저편으로 넘어가는 자가 떠나는 곳
2) 건너감 자체
3) 건너가는 자가 그쪽으로 향해서 건너가는 그곳

우리는 여기서 맨 끝에 언급한 것을 고려하지 않으면 안 된다. 특히 저편으로 넘어가는 자는, 그리고 그 꼬리도 그에게 가리켜 보지 않으면 안 될 교사는 거기로 향해 건너가야 할 그곳을 고려하지 않으면 안 된다. 그 목표에 대한 先見(선견)이 결여되어 있을 경우 저편으로 넘어가는 것은 핸들 없이 가는 셈이 되고, 또 저편으로 넘어가는 자가 떠나지 않으면 안 될 그곳은 불확정함 가운데 남게 된다. 그러나 다른 한편으로, 저편으로 넘어가는 자가 부름을 받은 곳은 그가 이곳으로 넘어왔을 경우 비로소 환하게 드러난다. 저편으로 넘어가는 자에게는, 더욱이 교사로서 건너감을 가리켜 보여 주어야 하는 자, 즉 차라투스트라 자신에게 이르러야 할 저곳은 항상 저먼 곳에 남아 있다. 먼 곳은 그대로 남아 있다. 먼 곳이 그대로 남아 있는 한 먼 곳은 가까운 곳에, 즉 먼 곳을 상상하고 먼 곳을 그리워함으로써 먼 곳을 먼 곳으로서 보존하는 그러한 가까운 곳에 머무른다. 회상에 의한 먼 곳에의 접근은 우리의 언어로 동경이라고 일컫는다. 우리는 '추구하다'와 '내몰리다'를 '……狂(광 Sucht)'이라는 말과는 다른 하나로 만드는 그런 잘못을 곧잘 저지른다. 그러나 '……狂'이라는 옛말(황달, 폐결핵)은 질병, 고뇌, 고통을 의미한다. 동경은 먼 곳에 가까이 가고자 하는 아픔이다.

저편으로 넘어가고자 하는 자가 넘어가는 곳이 바로 그가 동경하는 곳이다. 저편으로 넘어가는 자와 그가 동경하는 곳을 가리켜 보이는 자, 즉 교사는 우리가 이미 들은 바와 같이 자기의 가장 고유한 존재로의 귀향 도상에 있다. 그는 회복자이다. ≪차라투스트라는 이렇게 말했다.≫의 제3부에는 <회복자>라는 제목을 붙이고 있는 장에 뒤이어 바로 <커다란 동경에 대하여>라는 제목을 붙인 장이 나온다. ≪차라투스트라는 이렇게 말했다≫, 이 작품 전체는 제3부의 맨 끝에서 세 번째에 있는 장에서 절정을 이룬다. 한 유고[260]에서 니체는 다음과 같이 적고 있다.

"神的인 고뇌가 바로 '차라투스트라'의 제3부의 내용이다."

---

260) XIV, S.285.

<커다란 동경에 대하여>에서 차라투스트라는 자기의 영혼과 말한다. 서양 형이상학에게 척도가 된 플라톤의 가르침 이후 사유의 본질은 영혼의 자기 자신과의 자기 대화에 기인한다. 이것을 플라톤 말로 표현한다면, 사유의 본질은 영혼이 언제나 응시하는 것에 둘러싸인 가운데 자기 자신에게로 돌아가는 도상에서 통과하는, 그러한 말하는 자기 집중에 있다.[261]

차라투스트라는 자기의 영혼과의 대화에서 자기의 심연 같은 사상을 사유한다.[262] 차라투스트라는 <커다란 동경에 대하여>라는 장에서 다음과 같은 말로 시작한다.

"오, 나의 영혼이여. 나는 너에게 '언젠가'와 '이전에'를 말하는 것과 마찬가지로 '오늘'이라고 말하는 것을 가르쳤고, 모든 여기・거기・저기를 넘어서 輪舞(윤무)로 춤추며 가는 것을 가르쳤다."

세 가지 말, '오늘', '언젠가', '이전에'는 대문자로 쓰여져 있고 또 인용부호를 달고 있다. 이 말들은 시간의 특징들이라고 일컬어진다. 차라투스트라가 진술하는 것처럼 이러한 말들은 차라투스트라 자신이 자기의 존재의 근저에서 장차 말해야 하는 것을 시사한다. 이것은 무엇인가? '언젠가'와 '이전에', 미래와 과거가 '오늘'과 같이 존재하고 있다는 것, 그것을 의미한다. 그러나 오늘이란 것은 지나간 것과 앞으로 올 것과 같다. 시간의 이러한 세 가지 국면은 모두 다 유일한 현재 속으로, 부단한 지금 속으로 모여서 같은 것이 된다. 형이상학은 항상적인 지금을 영원성이라고 부른다. 니체 또한 시간의 세 가지 국면을

261) 테아이테토스 189e: 소피스트 263e 참조.
262) 회복자, 1., 환영과 수수께끼에 대하여 , 2. 참조.

恒常的(항상적)인 지금으로서의 영원성에서 사유한다. 그러나 이 항상성이란 니체에게 정지 상태에 기인하는 것이 아니고, 오히려 동일한 것의 영원회귀에 기인한다. 차라투스트라가 자기의 영혼에게 저 말을 가르치고 있다면 차라투스트라는 동일한 것의 영원회귀의 교사이다. 동일한 것의 영원회귀는 기쁨과 고뇌의 삶의 무진장한 충만이다. 동일한 것의 영원회귀의 교사가 가지는 커다란 동경은 이러한 충만을 지향한다.

그러므로 '커다란 동경'은 이 제목을 붙인 장에서 '충일의 동경'이라고 일컬어지고 있다.

'커다란 동경'은 그것이 유일한 위로, 즉 신뢰를 길어내는 것으로 해서 존속한다. '위로'라는 옛말(신뢰하다, 믿다라는 말과 함께) 대신에 우리 말에서는 '희망'이라는 낱말을 쓸 수 있다. 커다란 동경은 그것으로 고무된 차라투스트라로 하여금 '가장 큰 희망'을 품게 하고, 또 이러한 희망을 품지 않을 수 없는 자로 규정한다.

그런데 무엇이 차라투스트라에게 이러한 희망에 대한 권능을 주며, 무엇이 그를 이러한 희망으로 이끌어 가는가?

차라투스트라로 하여금 위버멘쉬로 넘어가게 하고, 그리고 차라투스트라로 하여금 지금까지의 인간으로부터 벗어나서 저편으로 넘어감에 있어서 이러한 인간으로부터 떠나가도록 하는 다리는 어떤 것인가?

저편으로의 넘어감의 이행을 나타내 보이고 있는 ≪차라투스트라는 이렇게 말했다≫의 독특한 구조상, 방금 제기된 물음에 대한 답이 이 작품의 제2부에 주어져 있다. 니체는 이 작품의 <타란툴라에 대하여>라는 節(절)에서 다음과 같이 말하고 있다.

"인간이 복수로부터 구제된다는 것—그것은 나에게는 최고의 희망에 이르는 다리이며 오랜 폭풍우 뒤의 무지개이기 때문이다."

사람들이 니체의 철학에 대해서 가지고 있는 통상의 견해란 얼마나 기이하고 의아스런 것인가? 사람들은 니체의 철학을 힘에 대한 의지, 폭력정치 및 전쟁에 대한 의지, '금빛 털짐승'의 광기에 대한 의지로서 간주하고 있는 것은 아닌가?

인간이 복수로부터 구제된다라는 말들은 더욱이 원문에서는 행간에 간격을 두고 인쇄되어 있다. 니체의 사상은 복수의 정신으로부터 구제를 꾀한다. 니체의 사유는 복수심으로부터 자유로서, 모든 단순한 友愛에 앞장서고, 그러나 오직 징벌만을 욕구하는 정신, 즉 계약에 의하여 평화를 확증하고 안전하게 하고자 하는 정신 바깥에서, 모든 평화를 위한 노력과 전쟁의 노력 이전에 놓여 있는 정신에 봉사한다. 복수로부터의 자유의 공간은 한결같이 파시즘, 폭력정치, 타산적인 중립성 바깥에 있다.

니체의 이른바 자유정신은 복수로부터의 자유의 정신에 속한다.

'인간이 복수로부터 구제되는 것'—우리가 대충 이러한 자유의 정신을 니체의 사유의 특징으로서 간주할 경우, 지금까지 여전히 유포되고 있는 니체의 像은 그 자체로서 붕괴되고 만다.

"인간이 복수로부터 구제되는 것, 그것은 나에게는 최고의 희망에 이르는 다리이다."라고 니체는 말하고 있다. 니체는 이와 동시에 자기의 '커다란 동경'이 어디로 가고 있는가를 미리 준비한 은폐의 말로 말하고 있다. 그런데 니체는 복수라는 말을 여기서 어떻게 이해하고 있는가? 복수로부터의 구제란 니체에 의하면 어디에 있는가?

우리는 이러한 두 가지의 물음 가운데 약간의 빛을 가지고 오는 것만으로 만족한다. 이 빛은 우리로 하여금 이와 같은 사유를 지금까지의 인간으로부터 위버멘쉬로 인도하는 다리를 아마도 명백히 보도록 해줄 것이다. 저편으로 넘어가는 자가 넘어가는 저곳은 넘어감에 의해서 나타난다. 이 경우에 차라투스트라가 어느 정도까지 삶의 대변자로서, 고뇌의 대변자로서, 동시에 동일한 것의 영원회귀와 위버멘쉬를 가르치는 교사로서 존재하는 것인지가 오히려 우리에게 분명해질 수 있다.

그러나 왜 복수로부터의 구제에 결정적인 것이 걸려 있는가? 복수의 정신은 어디에 거주하는가? 니체는 ≪차라투스트라는 이렇게 말했다.≫의 제2부의 끝머리에서 세 번째 장, 즉 <구제에 대하여>에서 다음과 같이 답하고 있다. "'복수의 정신', 그것은 나의 벗들이며, 지금까지 인간의 최상의 성찰이었다. 그리고 고뇌가 있는 곳에는 항상 형벌이 있어야만 했다."

이 문장에 의해서 복수는 원래 인간의 지금까지의 전 성찰과 관련되어진다. 이 문장에 언급되어 있는 성찰은 어떤 숙고를 의미하는 것이 아니고 오히려 존재하는 것, 즉 존재자에 대한 인간의 관계가 그 속에 깃들고 움직이곤 하는 바 그러한 사유를 의미한다. 인간이 존재자와의 관계를 가지는 한 인간은 존재자를 존재하는 것은 무엇이며 그것은 어떻게 존재하는가, 즉 존재하는 것은 어떻게 존재하고자 하며 또 어떻게 존재해야 하는가라는 것과 관계하여 표상한다. 간단하게 말해서 인간은 존재자를 자기의 존재와 관련하여 표상한다. 이 앞에 세움(Vor-stehen)이 곧 사유이다.

니체의 문장에 의하면 지금까지의 이러한 표상은 복수의 정신에 의하여 규정된다. 인간들은 존재라는 것과 자기들 간의 이러한 확고한 관계를 최선의 것이라고 생각한다.

인간이 존재자를 어떻게 표상하건, 인간은 그것을 자기의 存在를 고려하여 표상한다. 이러한 고려를 통해서 인간은 항상 존재자를 넘어서 존재에로 넘어간다.

그러므로 존재자 자체에 대한 인간의 모든 관계는 그 자체로 형이상학적이다.

니체가 복수를 존재자에 대한 인간의 관계를 철저하게 규정하는 정신으로서 이해할 경우, 니체는 복수를 처음부터 형이상학적으로 사유하고 있는 것이다.

복수는 여기서는 도덕의 단순한 테마가 아니며 복수로부터의 구제는 도덕교육의 과제도 아니다. 복수와 복수심은 심리학의 대상으로 머무는 것도 아니다. 니체는 복수의 본질과 영향력을 형이상학적으로 보고 있다. 일반적으로 복수는 무엇을 의미하는가?

만일 우리가 필요한 선견지명으로 먼저 복수라는 말의 뜻에 대하여 깊이 생각해 본다면, 우리는 이때 하나의 암시를 받을 수 있다. 복수, 복수하다, 일하다는 충돌하다, 몰다, 혼자 뒤쫓아다니다, 추적하다, 추격하다라는 의미가 있다. 복수는 어떤 의미에서 하나의 추격인가? 복수는 여하튼 단순히 그 무엇을 쫓아가서 잡고, 그 무엇을 체포하고, 그 무엇을 占取(점취)하는 것만을 추구하는 것이 아니다. 복수는 그것이 추격하는 것을 단순히 쓰러뜨리고자 추구하는 것이 아니다. 복수하기 위해 감행하는 추격은 추격을 받는 자에게 미리 저항한다. 낮추어진 것에 대해서 자기 자신을 우월한 지위에 놓기 위해서, 그리고 자기 자신의 표준적이라고 생각한 가치를 재확립하기 위해서 복수하기 위한 추격이 경멸하는 방식으로 추격을 받는 자에게 저항한다. 왜냐하면 복수는 정복당하고 침해를 받았다는 감정에 의해 휘몰아치기 때문이다. 니체는 ≪차라투스트라는 이렇게 말했다≫를 완성했던 해에 다음과 같은 소견을 피력했다.

"나는 모든 순교자들에게 복수심이 그들을 가장 극단에까지 몰아붙이지 않은 것인지 어떤지에 대하여 깊이 숙고할 것을 권유한다."263)

복수란 무엇인가? 우리는 잠정적으로 다음과 같이 말할 수 있다. 복수는 반항하고 경멸하는 추격이다. 그리고 이러한 추격은 지금까지의 모든 성찰, 존재자의 존재에 대한 지금까지의 표상을 가지고 관통해야 하는가? 이른바 형이상학의 영향력이 복수의 정신에 속한다면 이 형이상학의 영향력은 형이상학의 이러한 근본 상태에서 推察(추찰)될 수 있지 않으면 안 된다. 이러한 조망이 성공하도록 하기 위해서 우리는 근대의 형이상학에서 존재자의 존재가 어떤 본질적 특징에서 나타나는가에 대하여 주의를 기울이지 않으면 안 된다. 존재의 이러한 본질구조는 셸링이 인간의 자유의 본질 및 이것과 관련한 대상들에 관한 철학적 연구에서 1809년에 기록한 약간의 명제에 의해서 고전적 형식으로 言明되고 있다. 이 세 가지 명제는 다음과 같이 쓰여져 있다.

---

263) XIII, 3, S.298.

"최후적, 그리고 최고의 審級(심급)에 있어서 의욕 이외 어떤 존재도 없다. 의욕이란 原存在(Ursein)이며, 그리고 原存在(원존재)의 모든 述語(술어), 즉 밑바닥 없음, 영원성, 시간으로부터의 독립, 자기 긍정은 오직 의욕에만 적합하다. 전 철학은 오직 최고의 述語들을 발견한다는 목표를 향해서만 한다."264)

셸링은 형이상학의 사유가 예부터 존재에게 부여하고 있는 述語들을 그의 궁극적이고, 至高(지고)하고, 따라서 완전한 형태에 따라 의욕하는 가운데 발견하고 있다. 그러나 여기서 이러한 의욕이라는 의지는 인간의 영혼의 능력으로서 생각되고 있지는 않다. '의욕'이라는 낱말은 여기서는 존재가 전체의 존재를 지칭한다. 이것(存在者의 存在)이 곧 의지이다. 이 말은 우리에게는 괴이하게 들리며 그리고 서양 형이상학의 기본이 되는 사상이 우리에게 생소한 것으로 남아 있는 한 역시 그럴 수 밖에 없다. 우리가 이 사상을 사유하지 않고 항상 이 사상에 관하여 보기만 하는 한 그럴 수밖에 없다. 사람들은 예컨대 존재자의 존재에 관한 라이프니츠의 진술을 역사적으로 정확하게 확증할 수 있다. 그 경우 그가 존재자의 존재를 單子(단자)에서, 즉 표상과 열망의 통일로서, 다시 말하자면 조금이라도 사유함으로써 말이다.

라이프니츠가 사유하고 있는 것은 칸트와 피히테를 통하여 理性的 意志(이성적 의지)로서 表明(표명)되고, 셸링이 각각 자기 방식대로 이 理性的 意志에 대하여 숙고하고 있는 것이다. 가령 쇼펜하우어가 자기의 주저에다 '의지와 표상으로서의 세계(인간이 아닌)'라는 제목을 붙이고 있다면 쇼펜하우어도

264) 셸링의 철학저작집 제1권, 란드슈트, 1809, S.419.

역시 이와 동일한 것을 사유하고 있는 것이다. 가령 니체가 존재자의 原存在를 힘에의 의지로서 인식하고 있다면 니체도 이와 동일한 것을 사유하고 있는 것이다.

니체에게 존재자의 존재가 일반적으로 의지로서 나타나고 있다는 것은 몇몇 철학자들이 존재자에 대하여 해석하고 있는 견해에 근거하는 것이 아니다. 존재자의 존재를 의지라고 일컫는 것에 대해서는 어떤 박학도 그것을 통찰하지 못한다. 존재자의 존재는 근대의 형이상학에서는 의지로 나타나고, 그리고 근대의 형이상학을 통해서, 특히 의지로서 진술되어진다. 그러나 인간은 사유하면서 존재자와 관계하고 그렇게 해서 존재 가운데 보존되는 한에서 인간이다. 사유는 그 자신의 본질에 있어서 그것이 관계하는 바의 것, 즉 의지로서의 존재자의 존재에게 상응하지 않으면 안 된다.

그런데 니체의 말에 의하면 지금까지의 사유는 복수의 정신에 의하여 규정되어 있다. 가령 니체가 복수의 본질을 형이상학적으로 사유하고 있다고 가정한다면 니체는 그것을 어떻게 사유하고 있는가? ≪차라투스트라는 이렇게 말했다≫의 제2부의 이미 언급한 바 있는 장, <구제에 대하여>에서 니체는 자기의 차라투스트라를 통해서 다음과 같이 말하고 있다.

"이것이, 그렇다. 이것만이 복수 자체이다. 즉 시간과 시간의 '그랬었다(Es War)'에 대한 意志(의지)의 反抗(반항)이 곧 복수 자체이다."

복수의 본질 규정이 복수에 있어서의 지겨운 것과 반항적인 것, 그리고 반감(Widewille)에서 두드러지게 보인다는 것은 우리가 앞에서 복수의 특징으로, 그러한 것으로서 특징되는 추적에 상응한다. 그러나 니체는 다음과 같이 말하지는 않는다. 즉 복수는 反感(반감)이다라고 말이다. 이것은 증오에 대해서도 들어맞는다. 그러나 '의지'는 존재자 전체의 존재를 일컫고, 단지 인간의 의욕만을 일컫는 것은 아니다. 복수를 '의지의 반감'으로 표시함으로써 복수의 반항적인 추적은 처음부터 存在者의 存在와의 관계 안에 머무르고 있다. 사태가 그렇다는 것은 우리가 복수의 反感 아래 반대하는 바의 것을 고려할 경우엔 명료해진다. 복수는 시간과 시간의 過去形(과거형), 즉 '그랬었다(Es War)'에 대한 意志의 反感이다.

이러한 복수의 본질 규정을 맨처음 읽을 때나, 또한 두 번째 읽을 때나, 그리고 또한 세 번째 읽을 때도 우리는 '시간'에 대한 복수의 강조된 관계를 처음엔 놀라운 것으로, 두 번째는 불가해한 것으로, 그리고 마지막으론 恣意的인 것으로 여기게 될 것이다. 사람들은 만약 여기서 '시간'이라는 명사가 무엇을 뜻하는가를 더 계속해서 숙고하지 않는다면, 이와 같이 여기지 않을 수 없다.

니체는 다음과 같이 말하고 있다.

"복수는 시간에 대한 의지의 反感이다…… 복수는 시간적인 것에 대한 반감도 아니고 시간의 특성에 대한 그것도 또한 아니다. 시간에 대한 반감이 바로 복수이다……."

물론 '시간과 그것의 그랬었다(Es War)에 대한'이라는 말이 즉시 뒤따라 나온다. 그러나 이것은 여하튼 다음과 같은 것을 말하고 있다. 즉 복수는 '시간에 있어서의 그러했었다.'에 대한 반감이라는 것 말이다. 사람들은 당연히 '그랬었다' 뿐만이 아니라 본질적으로 '그러한 것이다'와, 그리고 '지금 그러하다'가 시간에 속한다는 것을 시사할 것이다. 왜냐하면 시간은 과거에 의해서 뿐만 아니라 미래와 현재에 의해서도 결정되기 때문이다. 그러므로 니체가 강조하는 방식으로 '시간에 있어서 그랬었다'를 두드러져 보이게 하고 있다면 니체 역시 시간 자체를 복수의 본질에 대한 특성 묘사에서 분명히 생각하고 있는 것이 아니고 특별한 관계에서 시간을 생각하고 있다. 그렇다면 시간은 어떤 상태에 있는가? 시간은 가고 있는 상태에 있다. 시간은 경과함으로써 간다. 시간의 도래는 머물기 위해서 오는 것이 아니고 가기 위해서 온다. 어디로? 사라짐으로. 한 인간이 죽었을 때 그는 덧없는 것과 이별을 고했다라고 말한다. 시간적인 것은 무상한 것으로서 간주된다.

니체는 복수를 '시간과 그랬었다'에 대한 의지의 반감으로서 규정하고 있다. 이러한 원한에 사무친 규정은 이 양자 가운데 다른 한쪽을 일방적으로 무시한 가운데 시간의 일면적인 특성을 강조하고 있는 것이 아니고, 오히려 그것은 시간의 특성을 그 완전하고도 본래적인 시간 존재에서 드러내 보여 주고 있다. 니체는 '시간과 그의 그랬었다'라는 표현에서 '~과'를 특별한 시간 특성의 단순한 부가로 이끌어가지는 않는다. '~과'는 여기서 많은 것을 의미한다. 즉 복수는 시간에 대한 반감, 말하자면 사라짐과 그것의 無常함에 대한 의지의 반감이다……. 시간과 '그랬었다'는 의지의 굴릴 수 없는 장애의 돌이다. 사라짐으로서의 시간은 의지가 그것으로 말미암아 고통을 받는 그러한 거슬리는 것이다. 고통을 받는 의지로서 의지 자체는 사라짐에 대한 고뇌가 된다. 고뇌는 자기 자신의 소멸을 원하며 그와 동시에 일반적으로 서명하는 모든 것이 가치 있기를 바란다. 시간에 대한 반감은 무상한 것을 경멸한다. 현세적인 것, 대지, 이 대지에 속하는 모든 것은 본래적인 것이 아니며, 또한 근본적으로 진정한 존재를 가지고 있지 않는다. 플라톤은 이미 이것을 존재하지 않는 것이라고 불렀다.

모든 형이상학의 主導的(주도적) 관념을 언명하고 있는 셸링의 명제들에 의하면 시간으로부터의 독립, 즉 영원성은 존재의 근원적 述語(Urprädikate)이다.

시간에 대한 가장 심각한 반감은 현세적인 것에 대한 단순한 경멸에 있는 것이 아니다. 가장 심각한 복수는 니체에게는 초시간적인 이상들을 절대적인 것으로서 설정하는 저 숙고에 있다. 이 절대적인 이상들을 尺度(척도)로 해서 보면 시간적인 것은 본래 존재하지 않는 것으로서 자기를 멸시하지 않으면 안 된다.

그러나 인간이 현세적인 것을 경멸한다면, 그리고 인간이 그렇게 하는 한, 즉 복수의 정신이 인간의 성찰을 규정하는 한 인간은 어떻게 대지의 지배를 감행할 수 있을까? 인간은 어떻게 대지를 자기의 감독하에 둘 수 있을까? 대지를 대지로서 구제하는 것이 필요하다면 먼저 복수의 정신이 사라져야 한다. 그러므로 차라투스트라에게 복수로부터의 해방은 최고 희망에의 다리이다.

그러나 경과에 대한 반감으로부터의 이러한 구제는 어디에 있는가? 이러한 구제는 의지 일반으로부터 해방에 있는가? 쇼펜하우어와 불교가 말하는 그러한 해탈에 있는가? 근대 형이상학 교사들의 의견에 따라 존재자의 존재가 의지인 限에서, 의지로부터의 해탈은 존재로부터의 해탈, 따라서 공허한 無 속으로의 추락과 같은 것으로 될 것이다.

복수로부터의 구제는 니체에게는 더욱이 反感으로부터 의지에 있어서의 반항적인 것과 모멸적인 것으로부터의 구제이지만, 그러나 결코 모든 의욕으로부터 풀려남은 아니다. 구제는 반항적 의지를 그 부정으로부터 해방시켜 긍정으로 나아가도록 만든다. 이 긍정은 무엇을 긍정하는가? 정확히 말해서 복수 정신의 반항 의지가 부정하는 것, 즉 시간, 경과함이다. 이러한 시간의 긍정은 경과함이 그대로 지속하고 無로 떨어지지 않게 하려는 의지이다. 그러나 어떻게 경과함이 그대로 지속할 수 있는가? 오직 그것이 경과함으로써 부단히 가기만 하는 것이 아니고 항상 오기도 한다는 형식으로 지속한다. 경과함과 그 지나갔음(과거)이 동일한 것으로서의 그 옴(來)으로 회귀하는 형식으로 지속한다. 그러나 이 회귀 자체는 그것이 영원한 회귀일 경우에만 영속적인 회귀이다. 영원성이라는 빈사는 형이상학의 교설에 의하면 존재자의 존재에 속한다.

복수로부터의 구제는 의지가 圓環(원환)의 대변자가 됨으로써 시간에 대한 반항으로부터 존재자를 동일한 것의 영원회귀 가운데서 표상하는 의지에로 넘어가는 과도이다.

달리 표현하면 존재자의 존재가 인간에게 동일한 것의 영원회귀로서 표상될 경우 비로소 인간은 다리를 넘어 저편으로 건너갈 수 있고, 복수 정신으로부터 구제될 수 있으며, 저편으로 넘어가는 자, 위버멘쉬일 수 있다.

차라투스트라는 위버멘쉬를 가르치는 교사이다. 그러나 그는 동일한 것의 영원회귀의 교사이기 때문에 이 가르침을 전적으로 혼자서 가르친다. 이러한 동일한 것의 영원회귀 사상은 위계상으로 으뜸가는 사상, '가장 '깊은' 사상' 이다. 그러므로 이 사상은 결국 교사가 항상 주저하면서 진술하는 사상이다.

니체의 차라투스트라는 누구인가? 그는 자기의 가르침으로서 지금까지의 성찰을 복수의 정신으로부터 동일한 것의 영원회귀에의 긍정으로 해방시키고자 하는 교사이다.

차라투스트라는 영원회귀의 교사로서 위버멘쉬를 가르친다. 이 가르침의 후렴이 한 유고 형식의 메모에 의하면 다음과 같이 쓰여져 있다.265)

"후렴: "오직 사랑만이 심판할지어다."(자기의 사업에 대하여 자기 자신을 망각하는 창조적 사랑)"

차라투스트라는 위버멘쉬와 영원회귀의 교사로서 이 두 가지를 각각 분리해서 가르치고 있지는 않다. 차라투스트라가 가르치고 있는 것은 그 자체로 전체를 구성한다. 왜냐하면 한쪽이 다른 쪽을 상응관계에서 필요로 하기 때문이다. 이러한 상응관계는 차라투스트라의 형상이 자기 자신 가운데 은닉하고 있으면서, 그럼에도 불구하고 동시에 드러내고 있으며, 그럼으로써 무엇보다도 먼저 고찰할 만한 가치가 있는 그러한 것이다. 이러한 상응관계는 차라투스트라의 형상 가운데 숨겨져 있으며, 그럼에도 불구하고 동시에 나타나며, 그럼으로 우선 첫째로 사유될 만한 가치가 있는 것이다.

교사만이 자기가 가르치는 것이 어디까지나 하나의 얼굴이면서 동시에 하나의 수수께끼라는 것을 알고 있다. 이러한 사려 깊은 앎 가운데서 그는 참고 견딘다. 오늘날 우리는 근대과학의 특유한 우세로 말미암아 진기한 오류에 빠져 있다. 근대과학은 知는 과학으로부터 획득되며 사유는 과학의 재판권 관

---

265) XIV, S.276.

할하에 놓여 있다고 생각한다. 그러나 그때마다 사상가가 말할 수 있는 유일한 것은 논리적으로나 경험적으로 증명되는 것도 아니고 부정되는 것도 아니다. 그것은 또한 신앙의 문제도 아니다. 그것은 물음을 묻고 사유함으로써만 보여질 수 있다. 이렇게 해서 보여진 것은 부단히 물을 만한 가치가 있는 것으로서 나타난다.

우리가 수수께끼에로의 환영을 탐지하고, 그리고 차라투스트라의 형상에서 나타나는 것을 살펴보기 위해서 우리는 차라투스트라의 편력의 시초에 나타나는 그의 동물들의 모습을 새삼 주의해 보자.

"이때 그는 의아한 눈으로 하늘을 쳐다보았다—왜냐하면 그는 머리 위에서 날카롭게 우짖는 새소리를 들었기 때문이다. 그리고 보라! 한 마리의 독수리가 넓은 원을 그리며 공중을 날고 있었고 한 마리의 뱀이 독수리에 매달려 있었다. 먹이가 아니라 연인처럼. 왜냐하면 뱀이 독수리의 목을 휘감고 매달려 있었기 때문이리라

저건 나의 동물이다!라고 차라투스트라는 말하고 마음으로 기뻐했다."

앞서 <회복자>에서 의도적으로 어느 한 부분에만 국한하여 인용한 바 있는 문장에서 차라투스트라는 다음과 같이 말하고 있다.

"나, 차라투스트라, 삶의 대변자, 고뇌의 대변자, 원환의 대변자—나는 너를 부른다. 나의 심연 같은 사상을!"

차라투스트라는 제3부에 나와 있는 한 장인 <환영과 수수께끼> 제2항에서 이와 동일한 말로서 동일한 것의 영원회귀

사상을 말하고 있다. 여기서 차라투스트라는 난쟁이와의 논쟁에서 자기의 동경이 수수께끼로 간주하고 있는 것을 무엇보다도 먼저 사유하고자 시도하고 있다. 동일한 것의 영원회귀는 차라투스트라에게는 실은 계속 환영으로 남아 있지만, 그러나 수수께끼이다. 동일한 것의 영원회귀는 논리적으로나 경험적으로 증명되지도 않고 부정되지도 않는다. 근본에 있어 이것이 모든 사상가의 본질적인 사상에 대하여 타당하다. 그것은 즉 보여진 것, 그러나 수수께끼—물을 만한 가치가 있는 것이다.

니체의 차라투스트라는 누구인가? 우리는 지금 다음과 같이 정식적(定式的)으로 대답할 수 있다. 즉 차라투스트라는 동일한 것의 영원회귀의 교사이면서 위버멘쉬의 교사이다라고 말이다. 그러나 지금 우리는 다음과 같이 보고 있다. (아마도 우리는 단순한 형식을 넘어서 더욱 분명히 볼 것이다.) 즉 차라투스트라는 이중적이면서 다양한 것을 가르치는 교사가 아니다라고 말이다. 차라투스트라는 그가 동일한 것의 영원회귀의 교사이기 때문에 위버멘쉬를 가르친다. 그러나 또한 역으로 말하면 차라투스트라는 위버멘쉬의 교사이기 때문에 동일한 것의 영원회귀를 가르친다. 이 두 가지의 가르침은 원환 전체를 구성하고 있다. 이 가르침은 그것을 통해서 존재하는 것, 즉 동일한 것의 영원회귀로서 존재자의 존재를, 말하자면 생성에 있어서의 영속적인 것을 형성하는 그런 원환에 상응하고 있다.

가르침과 사유는 그것이 다리를 넘어서 갈 경우에 이러한 원환에, 즉 복수 정신으로부터의 구제에 이른다. 복수 정신으로부터의 구제에 의하여 지금까지의 사유는 극복된다.

니체의 유고에서 끄집어내어 편집하여 ≪힘에의 의지≫라는 제목으로 출판한 책, 모두 617항으로 구성된 이 기록문서는 ≪차라투스트라는 이렇게 말했다≫라는 작품이 완성된 직후인 1885년에서 유래한다. 이 기록 문서는 밑줄로 그 아래에다 그어 놓은 '요점'이라는 제목을 달고 있다. 니체는 이 기록 문서에서 자기의 사유의 요점들을 비상한 형안을 통해서 약간의 문장들 가운데 모두 집결시켜 놓고 있다. 원문에 대해 괄호를 쳐서 강조하고 있는 한 附隨的(부수적)인 논평에서는 특별히 차라투스트라가 명명되고 있다. '요점'은 다음과 같은 문장으로 시작하고 있다.

"생성에 존재의 성격을 刻印(각인)하는 것—이것은 최고의 힘에의 의지이다."

최고의 힘에의 의지, 즉 모든 삶 가운데 생동적인 것은 경과를 동일한 것의 영원회귀에서의 부단한 생성으로서 표상하고 또 그것을 부단히 영속적으로 감행하는 그러한 것이다. 이러한 표상은 니체가 강조한 방식으로 적어 두고 있는 바와 같이 존재자에게 존재의 성격을 '각인'하는 사유이다. 이러한 사유는 부단한 자기 충돌을, 고뇌가 속하는 생성을 그의 감독하에, 그의 보호하에 수용한다. 이러한 사유에 의하여 지금까지의 성찰이 극복되고 복수의 정신이 극복되는 것인가? 모든 생성을 동일한 것의 영원회귀의 감독하에 수용하는 이 각인에는 단순한 경과에 대한 반대 의지와 최고로 靈化(영화)한 복수 정신이 은폐되어 있지는 않는가, 아니면 아직도 은폐되어 있는가?

우리가 이러한 물음을 제기하자마자, 사유의 국면이 넓혀지면서, 곧 우리는 니체를 자기가 특히 초극하고자 하는 것을 자기의 고유한 것으로 평가하고 있는 사상가로 간주하는 것이다.

다시 말해서 우리는 이와 같은 평가로 말미암아 이 사상가의 사유가 부정되고 있다라는 견해를 옹호하는 것이다.

그러나 이처럼 반박하고자 하는 욕구가 하는 일은 결코 한 사상가의 도정에 이르지는 못한다. 세상 사람들은 그들의 오락을 위해 그러한 범속한 일에 속하는 것으로서 일들을 필요로 한다. 더욱이 니체 자신은 우리의 물음들에 대한 답을 벌써 오래전에 先取(선취)했다. ≪차라투스트라는 이렇게 말했다≫라는 책에 바로 앞서 나온 저서는 1882년에 출간된 ≪즐거운 지식≫이다. 이 저서의 끝에서 둘째번에 나와 있는 단편 341항에서 처음으로 니체의 '심연 같은 사상'이 <가장 무거운 무게>라는 표제를 달고 나타났다. 이 조각글에 이은 결론에 해당하는 조각글인 342항은 말 그대로 ≪차라투스트라는 이렇게 말했다≫라는 작품의 서설의 시작으로서 수록되어 있다.

유고[266]에는 ≪즐거운 지식≫이란 저서의 서설 초안이 발견된다. 이 초안은 다음과 같다.

"정복, 모험, 위험, 하물며 고뇌조차 욕구하는 이른바 전쟁과 승리에 의하여 강화된 정신, 높은 산의 차가운 공기, 겨울의 편력, 온갖 의미의 얼음과 山頂(산정)에 대한 익숙함, 복수의 一種의 숭고한 분노와 최종적인 방자함, —왜냐하면 한 深重(심중)하게 고뇌하는 자가 삶을 자기의 보호하에 둘 경우에, 바로 거기에 복수가, 삶 자체에 복수가 있기 때문이다."

차라투스트라의 가르침은 복수로부터의 구원을 가져다 주지 않는다라고 말하는 것 이외 다른 무엇이 우리에게 남아 있을까? 우리는 그렇게 말한다. 하지만 우리는 이 말이 결코 니체

266) WW, 제14권, S.40ff.

철학에 대한 부정이라고는 말할 수 없다. 우리는 이것을 결코 니체의 사유에 대한 자칭 반박으로서 그렇게 하는 것이 결코 아니다. 그러나 우리는 니체의 사유도 지금까지의 숙고의 정신 가운데서 움직이고 있다는 사실과, 그리고 어느 만큼 그 가운데서 움직이고 있는가 하는 쪽으로 우리의 눈을 돌리기 위해 그렇게 말하는 것이다. 지금까지의 사유의 이러한 정신이 복수의 정신으로서 해석된다면 이러한 정신을 그 결정적인 본질에서도 찾아볼 수 있을지 어떨지를 명백히 밝혀 보기로 하자. 어떠한 경우에도 지금까지의 사유는 형이상학이며, 그리고 니체의 사유는 짐작건대 형이상학의 완성을 실현하고 있다. 그 때문에 니체의 사유에는 이러한 사유 자체가 더 이상 사유할 수 없는 것으로 나타나 있다. 이처럼 사유된 것의 뒤로 물러섬은 사유의 창조성을 나타낸다. 사유가 형이상학을 완성하는 곳에서 사유는 비상한 의미에서 사유될 수 없는 것을 명백히 하면서 동시에 애매하게 지시한다. 그러나 이러한 사유될 수 없는 것을 보는 눈은 어디에 있는가?

형이상학적 사유는 참된 것과, 이에 비하면 참되지 못한 존재자를 구성하는 것 간의 차이에 근거한다. 그러나 형이상학의 본질에서 결정적인 것은 이른바 이 차이가 초감성적인 것과 감성적인 것 간의 대립으로 나타나는 데 있는 것이 아니고, 오히려 갈라진 틈이란 의미에서 저 차이가 첫째이며 기본적인 것으로 지속하는 데 있다. 형이상학은 초감성적인 것과 감성적인 것 간의 플라톤적 위계 질서가 전도되고 니체가 디오니소스라는 명칭으로 명명한 의미에서 감성적인 것이 보다 본질적이면서 보다 포괄적인 것으로 경험될 경우에도 존속한다. 왜냐하면 차라투스트라의 '커다란 동경'이 지향하는 충일이 생성의 무진장한 지속성인 바, 힘에의 의지는 동일한 것의 영원회귀 가운데서 자기 자신을 그러한 것으로서 의욕하기 때문이다.

니체는 자기의 사상의 본질적으로 형이상학적인 특색을 反意志(반의지)라는 가장 극단적인 형식으로 가지고 왔으며, 더구나 자기의 마지막 저술인 ≪이 사람을 보라(Ecce homo)≫의 맨 끝 行인 "사람은 어떻게 사람으로 되는가(Wie man wird, was man ist)."라는 말로서 그렇게 했다. 니체는 이 저서를 1888년 10월에 완성했다. 이 저서는 20년 이후 비로소 한정판으로 처녀출판되었으며, 1911년 대8절지 전집 15권에 편집 · 수록되었다. ≪이 사람을 보라≫의 마지막 行은 다음과 같이 쓰여져 있다.

"사람들은 나를 이해했는가? ―십자가에 못박힌 자 對 디오니소스……."

니체의 차라투스트라는 누구인가? 차라투스트라는 디오니소스의 대변자이다. 차라투스트라는 위버멘쉬에 대한 자기의 가르침에서, 그리고 이 가르침을 위해서 동일한 것의 영원회귀를 가르치는 교사이다.

이 인용문은 우리의 물음에 대한 답을 가지고 있는가? 아니다. 이 인용문은 다리를 넘어 건너가는 그의 제1보를 내디딘 경우라고 하더라도, 차라투스트라의 길을 좇아가기 위해 그 길을 설명해 주는 암시를 우리가 따르는 경우라고 하더라도 그 답을 주지 않는다. 하나의 답처럼 보이는 이 글귀는 우리의 주의를 환기시킬 수 있고, 또 제목에서도 우리의 주의를 끌어들일 수 있다.

니체의 차라투스트라는 누구인가? 이 물음은 다음과 같은 물음으로 나아간다. 즉 이 교사는 누구인가? 형이상학의 완성 단계에 있어서 이 형이상학에 나타나는 이 형상은 누구인가? 라는 것이 바로 그것이다. 서양 형이상학의 역사에서 그 어디에도 그때마다의 형이상학적 사상가의 본질적 형상은 특히 이런 방식으로는 형성되지 않으며, 또 파르메니데스에 있어서의 서양적 사유의 시초 이외 그 어디에도 이러한 형상은 문자 그대로 고안되었다라고 우리는 말할 수 없다.

근본적으로 말해서 차라투스트라의 형상에는 교사가 그 자체에 있어서 相互 依屬(상호 의속)하고 있는 이중적인 것, 즉 영원회귀와 위버멘쉬를 가르친다는 것이 내재하고 있다. 차라투스트라는 이러한 상호 의속의 일정한 방식으로 존재한다. 이 관점에 의하면 차라투스트라 역시 우리가 아직도 그 의미를 알 수 없는 하나의 수수께끼로 존재하고 있다.

동일한 것의 영원회귀는 존재자의 존재에 대한 명칭이다. 위버멘쉬는 이러한 의미에 상응하는 인간 존재에 대한 명칭이다.

어디에서 존재와 인간 존재는 상호 의속하는가? 존재가 인간의 피조물도 아니고 인간이 존재자 내의 예외도 아니라면 어떻게 존재와 인간 존재가 상호 의속적일 수 있는가?

사유가 지금까지의 인간 개념에 매여 있는 채로 있는 한, 존재와 인간 존재 일반과의 상호 의속성은 논구될 수 있을까? 지금까지의 인간 개념에 의하면 인간은 합리적 동물이다. 두 동물, 독수리와 뱀이 차라투스트라 곁에 있다는 것, 즉 이 두 동물이 차라투스트라에게 그 자신으로서 존재하기 위해서는 차라투스트라는 누가 되어야 하는가를 말하고 있는 것은 우연인가, 또는 시적 장식에 불과한 것인가? 사유하는 자가 볼 때 두 동물의 긍지와 지혜는 함께 내재하고 있다. 여하튼 사람들은 니체가 이것을 어떻게 사유하고 있는가를 알지 않으면 안 된다. ≪차라투스트라는 이렇게 말했다≫를 집필하던 시기에 작성된 한 기록문서에는 다음과 같은 말이 쓰여져 있다.

"겸손과 긍지는 상호 의속적이다라고 나는 생각한다……. 평가의 냉철하고 확실한 시선은 이 두 가지의 사항에 공통적이다."267)

다른 한 문장에는 다음과 같은 말이 있다.

"사람들은 긍지에 대하여 아주 어리석게 말한다. —그리고 그리스도교는 긍지를 전적으로 죄가 되는 것으로 느끼게끔 했다!……. 자기 자신에게 위대함을 요구하고 그리하여 위대함을 획득하는 자는 이것을 행하지 않는 사람들에겐 매우 疎遠(소원)한 것으로서 느껴질 것임에 틀림없다. —이러한 거리는 이러한 타자들에 의하여 '자기 자신을 압도하는 평가'로서 해석된다. 그러나 저 위대함을 획득한 자는 이 거리를 단지 낮과 밤에 있어서의 지속적인 노동, 전쟁, 승리로서만 인식한다. 그 이외 다른 사람들은 이 모든 것에 대해 아무것도 모른다."268)

독수리는 가장 긍지 있는 동물이고, 뱀은 가장 지혜로운 동물이다. 이 두 동물은 圓(동그라미) 가운데 서로 얽혀서 그들의 존재를 에워싸는 고리(Ring-環)를 이룬다. 동그라미와 고리는 다시 또 서로 합친다.

영원회귀와 위버멘쉬의 교사로서 차라투스트라가 누구인가

---

267) WW, XIV, S.99.
268) a.a.O., S.101.

라는 수수께끼는 우리에게 두 동물의 모습으로 보여지고 있다. 이러한 모습 가운데 우리는 이 논술이 물을 만한 가치가 있는 것으로서 보이고자 시도했던 것, 즉 존재와 인간이라는 생물 간의 관계를 직접, 그리고 쉽사리 확인할 수 있다.

"그리고 보라! 한 마리의 독수리가 커다란 원을 그리며 공중을 날고 있고 한 마리의 뱀이 독수리에게 매달려 있었다. 먹이가 아니라 연인처럼, 왜냐하면 뱀이 독수리의 목을 휘감고 매달려 있었기 때문이리라.

'저건 나의 동물이다!'라고 차라투스트라는 말하고 마음으로 기뻐했다."

2) 동일한 것의 영원회귀에 관한 註解(주해)

니체 자신도 자신의 '가장 심연 같은 사상'이 수수께끼로 남아 있다는 것을 알고 있었다. 그러므로 우리가 그 수수께끼를 풀 수 있다고는 더욱더 생각할 수 없다. 서양의 형이상학 가운데서 이 마지막 사상이 불명료하다고 해서 이것을 구실삼아 이 사상을 회피할 수 있는 구실로는 근본적으로 두 가지가 있다.

사람들은 이 사상은 일종의 신비설이며 사유에 적합하지 않다라고 말하기도 하고, 또 이 사상은 아주 太古的(태고적)이다라고 말하기도 한다. 이 사상은 오래 전에 알려진 世界 生起(세계 생기)에 대한 循環的 表象(순환적 표상)으로 소급된다. 이 循環的(순환적) 표상은 서양철학에서 맨먼저 헤라클레이토스에서 확증된다.

이 두 번째 示唆(시사)는 첫 번째와 마찬가지로 아무것도 말해 주지 않는다. 왜냐하면 사람들이 한 사상에 대하여, 예컨대 이 사상이 이미 라이프니츠에서, 또는 하물며 플라톤에에게서조차 발견된다는 것을 확인한들 이것이 도대체 우리에게 무슨 도움이 되겠는가? 이 진술이 라이프니츠와 플라톤에 의해 사유된 것을 이와 같은 역사적 시사들에 의해 천명된 것으로 사람들이 생각하는 사상들과 꼭같은 애매함 속에 방치해 버린다면, 이 진술은 우리에게 무슨 도움이 되겠는가? 그러나 니체의 영원회귀 사상이란 환상적 신비설에 불과하다라는 첫 번째 핑계에 관해서는, 오늘날의 시대는 우리에게 아마 다른 것을 가르쳐 줄 것이다. 물론 현대 기술의 본질을 밝히는 것이야말로 사유의 임무라는 것을 가정한다면 말이다.

동일한 것의 영원회귀의 한 완성된 형태 이외 현대의 動力機(동력기)의 본질이란 무엇일까? 그러나 이러한 동력기의 본질은 기계적인 것도 아니고 기계도 아니다. 마찬가지로 니체의 동일한 것의 영원회귀 사상도 기계적인 의미로는 해석되지 않는다.

니체가 자기의 가장 심연 같은 사상을 디오니소스적인 것에 의하여 해석하고 경험하고 있다는 것은 니체가 이 사상을 아직도 형이상학적으로, 그리고 오로지 형이상학적으로만 사유하지 않을 수 없었다는 것을 입증해 준다. 그러나 이와 반대로 그것은 이 심연 같은 사상이 어떤 사유될 수 없는 것을, 즉 형이상학적인 사유에겐 동시에 폐쇄되어 있는 어떤 것을 간직하고 있는 데 대해서는 반론을 펴지 않는다.269)

---

269) 1954년 한 권의 책으로 나온 강의 ≪사유란 무엇인가?≫를 참조하기 바람, W.S., S.51~52, Verlag M. Niemeyer, Tübingen.

참고문헌

1. Ausgaben der Werke und Briefe Nietzsches

KGB; Nietzsche, Werke. Kritische Gesamtausgabe, hg. von Giorgio Colli und Mazzino Montinari. Berlin 1975 ff., W. de Gruyter, 18 Bände in 3 Abteilungen und 1 Ergänzungsband.

KSA; Friedrich Nietzsche Sämtliche Werke. Kritische Studienausgabe in 15 Bänden, Hg. Giorgio Colli und Mazzino Montinari.

SA; Karl Schlechta, Werke in drei Bänden, Carl Hauser Verlag, München, 1954.

MUSA; Friedrich Nietzsche, Gesammelte Werke, 23 Bände, München 1920-1929, Musarion.

2. Primär Literatur

Nietzsche, Freidrich; Der Wille zur Macht, Alfred Kröner Verlag, 1959.

Nietzsche, Friedrich; Briefwechsel. Kritische Gesamtausgabe, Hg. von G. Colli und M. Montinari, Berlin, de Gruyter 1974.

Biser, Eugen; Gottessucher oder Antichrist, Salzburg, Otto Müller Verlag, 1982.

ders.; Nietzsche für Christen, Freiburg, Verlag Herder,

1983.

Cancik, Hubert; Nietzsches Antike, Stuttgart. J.B. Metzler Verlag, 1995.

Jaspers, Karl; Nietzsche, Einführung in das Verständnis seines Philosophierens.

de Gruyter, Berlin, 1974.

ders.; Nietzsche und das Christentum. München, Piper, 1985.

ders.; Die Großen Philosophen. München Piper&Co. Verlag, 1988.

Herakleitos; Fragmente, in; Diels, Die Fragmente der Vorsokratiker, Erster Band, Verlag Weidemann, 1951.

Hershbell and Nimis; Nietzsche and Heraclitus, in; Nietzsche Studien, Band 8, dtv, Berlin, 1979.

Heidegger, Martin; Holzweg, Vittorio Klostermann, Frankfurt am Main, 1972.

Merserburger, Peter; Zwischen Geist und Macht. Stuttgart, 1999.

Nietzsche, Elisabeth; Der junge Nietzsche. Stuttgart, 1922.

Leis, Mario; Frauen und Nietzsche, rowohlt Taschenbuch Verlag, Hamburg, 2000.

Peter, H. F.; Zarathustras Schwester, München, 1988.

Pfeiffer, Ernst(Hg.); Friedrich Nietzsche, Paul Ree, Lou von Salome, die Dokumente ihrer Begegnung.

Pieper, Annemarie; Ein Seil geknüpft zwischen Tier und Übermensch. Stuttgart, Klett Cotta Verlag, 1990.

Podach, Erich F.(Hg.); Der kranke Nietzsche.

Salome, Lou Andreas; Lebensrückblick. Insel Verlag, 1986.

Wagner, Cosima; Die Tagebucher.

지은이 약력

영남대학교 대학원 졸업(철학박사)
독일 뮌헨대학 철학과 수학
동아대학교 인문과학대학 철학과 교수

저서 및 역서
≪니체 철학의 현대적 이해와 수용≫(저서, 세종출판사)
≪야스퍼스 철학의 근본문제≫(저서. 이문사)
≪개인과 사회≫ (오르테가/정영도 역. 서문당)
≪야스퍼스의 철학사상≫ (월래프/정영도 역. 서문문고 303번, 서문당)
≪칼 야스퍼스≫(리하르트 비서/정영도(外) 2인 역. 문예출판사)
≪니체의 자라투스트라에 대한 철학적 해석(안네마리 피이퍼/정영도 역. 이문사≫
(外) 24권

니체의 사랑과 철학 〈서문문고 305〉

초판 인쇄 / 2006년 1월 10일
초판 발행 / 2006년 1월 15일
지은이 / 정 영 도
펴낸이 / 최 석 로
펴낸곳 / 서 문 당
주소 / 서울시 마포구 성산동 54-18호
전화 / 322—4916~8 팩스 / 322—9154
창업일자 / 1968. 12. 24
등록일자 / 2001. 1. 10
등록번호 / 제10-2093
SeoMoonDang Publishing Co. 2001

ISBN 89-7243-505-8 ※ 잘못된 책은 바꾸어 드립니다